古地図で楽しむ信州《しんしゅう》

長野県立歴史館館長
笹本正治
Shouji Sasamoto
【編著】

風媒社

はじめに

笹本正治

長野県民のほとんどは浅井洌《れつ》（1849－1938）作詞、北村季晴《すえはる》（1872－1930）作曲により明治33年（1900）にできた「信濃の国」を歌うことができる。すべての都道府県が県歌などを持っているが、ほとんど知られておらず、歌える者は少ない中で、「信濃の国」ほど愛されている県歌はなかろう。

2018年はこの歌が県歌に制定されてから50年の節目を迎えた。一番二番の歌詞を見よう。

一、信濃の国は十州に　境連ぬる国にして
聳《そび》ゆる山はいや高く　流るる川はいや通し
松本伊那佐久善光寺　四つの平は肥沃《ひよく》の地
海こそなけれ物さわに　万《よそ》ず足らわぬ事ぞなき

二、四方《よも》に聳ゆる山々は　御嶽乗鞍駒ヶ岳《おんたけのりくらこまがたけ》
浅間《あさま》は殊《こと》に活火山　いずれも国の鎮めなり
流れ淀まずゆく水は　北に犀川千曲川《さいかわちくまがわ》

木曽駒ケ岳（絵はがき）

南に木曽川天竜川　これまた国の固めなり

この歌は地理教育の教材としてつくられただけに、実に巧みに信濃の地理を織り込んでいる。一番では多くの他国と高山で接し、そこから流れる川があり、松本・伊那・佐久・善光寺の四つの平が指摘される。二番では御嶽・乗鞍・駒ヶ岳・浅間山の山が取り上げられ、その対比として犀川・千曲川・木曽川・天竜川に触れる。

ところで、「信濃の国」の最初は、明治31年（1898）10月に信濃教育会が組織した小学校唱歌教授細目取調委員会の委嘱により、長野県師範学校（現信州大学教育学部）教諭であった浅井が作詞し、同僚の依田《よだ》弁之助《べんのすけ》が作曲したものであった。したがって、歌詞は120年も前につくられたものである。

120年前につくられた浅井の歌は古地図を持って歩いてもわからなくなりつつある。私たちは新しい視点を持って、この歌も頼りにしながら古地図で信州を楽しみたい。

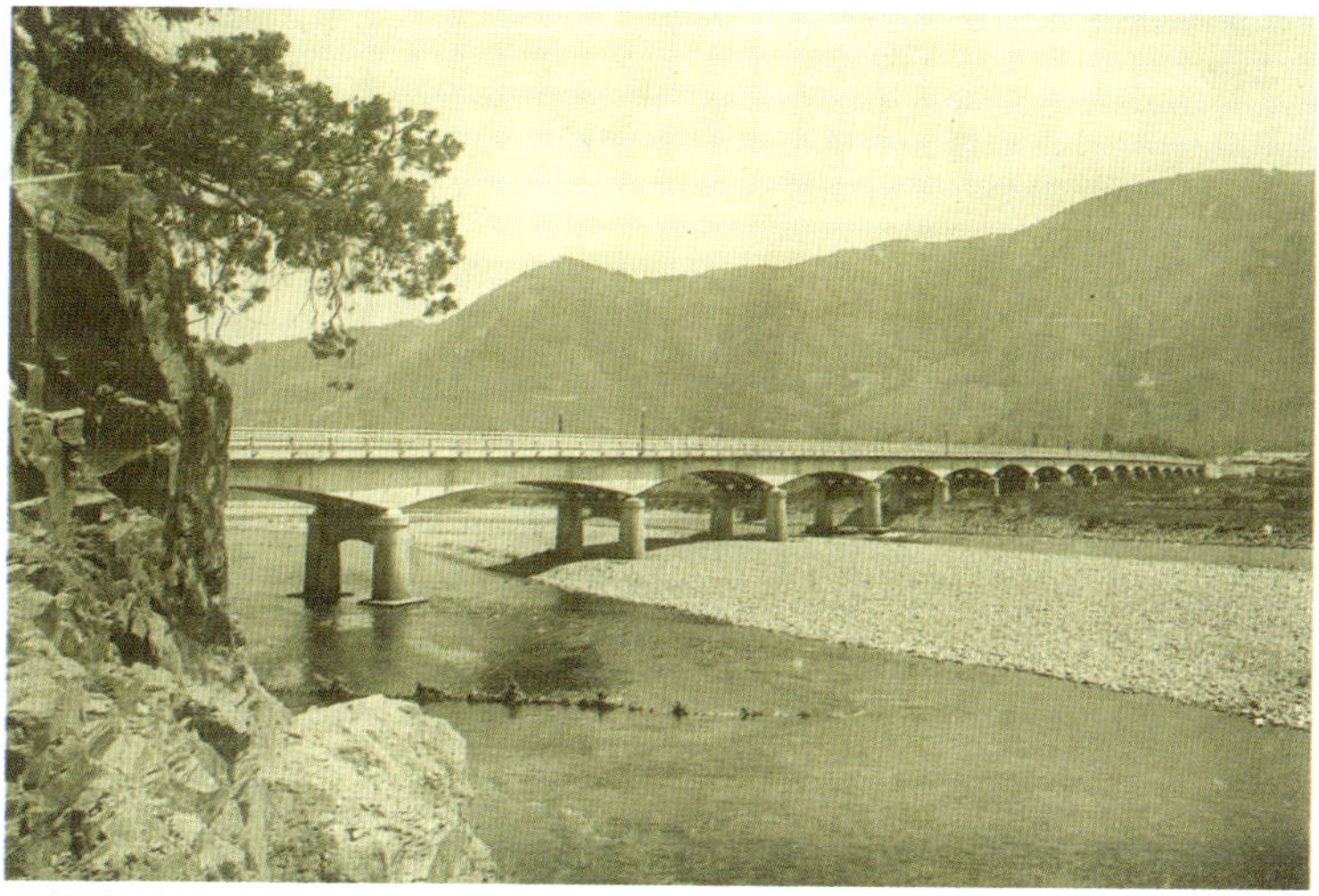

千曲川　上山田・戸倉温泉附近（絵はがき）

古地図で楽しむ信州

［目次］

信州の地形的特質

笹本正治

山と川

　現在の長野県はほぼ信州（信濃）と同義語で、県の面積が1万3562・23km²（境界未定部分がある）と全国4位の広さを誇る。まずは地図を見ていただきたい（図1）。標高500m以下の緑色の場所がいかに少ないか目に付こう。山岳地が多いため可住地面積になると全国7位、可住地面積割合だと39位に落ちてしまう。総人口206万5369人（2018年7月1日現在）は全国16位、人口密度が1km²あたり152・3人と少なく、全国第38位であることも、山国の特徴を示している。

　信州と言えば山国のイメージが大きい。まずは山から確認したい。

　県都長野市から望めることができる妙高山《みょうこうさん》（2454m、新潟県妙高市）、斑尾山《まだらおさん》（1382m）、黒姫山《くろひめやま》（2053m）、戸隠山《とがくしやま》（1904m）、飯縄山《いづなやま》（1917m）の五つの山を北信五岳《ほくしんごがく》と呼ぶ。長野県第二の都市松本市からは、西側に飛騨《ひだ》山脈（北アルプス）が雄大な姿を見せる。日本第三位の高さを誇る穂高岳《ほたかだけ》（3190m）や槍ヶ岳《やりがたけ》（3180m）、常念《じょうねん》岳《だけ》（2857m）、乗鞍岳《のりくらだけ》（3026m）が連なる。反対側の東に目を転ずると2000mの美ヶ原《うつくしがはら》などが広がっている。

　この他、伊那谷では東側に南アルプスの仙丈ヶ岳《せんじょうがだけ》（3033m）、塩見岳《しおみだけ》（3052m）、荒川岳《あらかわだけ》（3141m）、赤石岳《あかいしだけ》（3120m）などが望め、西側には中央アルプスの木曽駒ヶ岳《きそこまがたけ》（2956m）、宝剣岳《ほうけんだけ》（2931m）などが展開する。さらに木曽谷には火山で宗教の山として知られる御嶽山《おんたけさん》（3067m）が鎮座する。

　東側では群馬県境に活火山の浅間山（2568m）が現在も噴煙を上げている。

　長野県に流域をもつ一級河川は数多くある。南を代表する川は天竜川で、諏訪《すわ》湖《こ》（標高759m）唯一の出口である岡谷市の釜口水《かまぐちすい》門《もん》を源流とし、伊那谷を流れて、一部愛知県をかすめ、静岡県から太平洋へ流れ込む。天竜川は東に南アルプス、西に中央アルプスがそびえ、急峻な地形の中を流れているだけに、古くから「暴れ川」「暴れ天竜」として知られ、水害も多かった。

　南部でもう一本大きな川

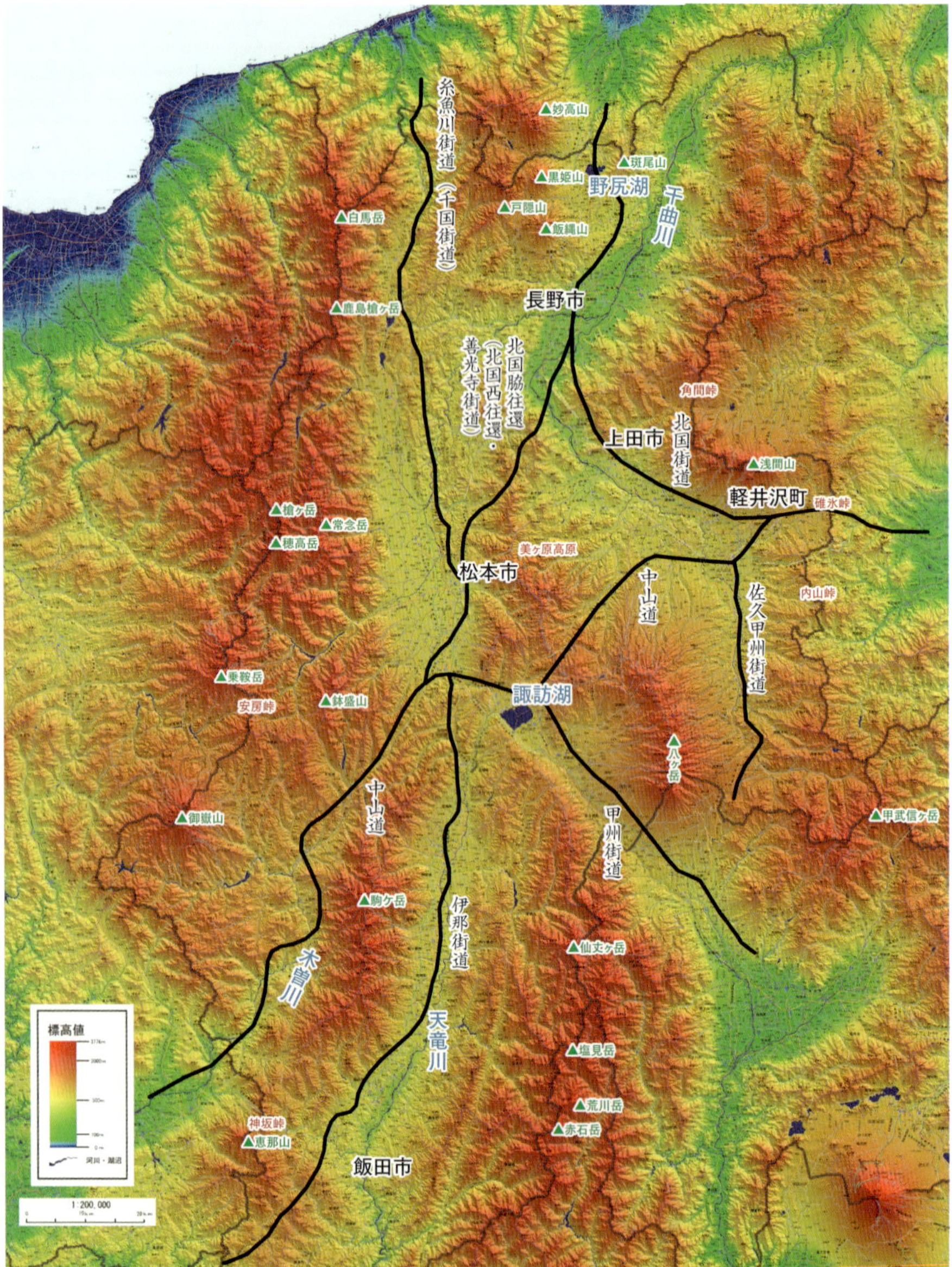

図１　長野県全図（デジタル標高地形図　長野県　国土地理院のものに加筆）

図２　上高地

は木曽川である。木曽郡木祖《きそ》村《むら》の鉢盛山《はちもりやま》（2446m）南方を水源とし、御嶽山から流れて来た王滝川《おうたきがわ》を木曽町の南方で合流させた後、岐阜県中津川《なかつがわ》市に入り、流れを西に変える。木曽川上流の長野県内の流域を木曽谷と呼ぶが、木曽川の浸食により形成されたV字谷《ぶいじこく》状地形が延長約60kmにも及ぶ。

　南の天竜川と対比されるのが北の千曲川（新潟県に入ると信濃川と呼ばれる）である。千曲川は山梨県（甲斐）・埼玉県（武蔵）・長野県（信濃）の県境に位置する甲武信《こぶし》ヶ岳《がたけ》を源流とし、佐《さ》久《く》盆地（佐久平）、上田盆地（上田平）を北流する。長野盆地（善光寺平）の川中島で、北アルプスを源流とし松本盆地（松本平）から北流してきた犀川と合流して、北東に向かう。

　梓川《あずさがわ》は犀川の上流部で槍ヶ岳に源を発し、景勝地として知られる上高地を南流する。松本盆地で塩尻市方面より北流してきた奈良《なら》井川《いがわ》と合流し、犀川となる。

　姫川《ひめかわ》は北安曇郡白馬村の親海湿原《およみしつげん》の湧水を水源とし、糸魚川《いといがわ》静岡構造線にほぼ沿って、新潟県糸魚川市から日本海に注ぐ。流域の大半を白馬岳をはじめとする標高2000mを超える山々が占め、非常に急峻な川である。山々から供給される土砂量が多く、飛騨外縁帯の脆弱《ぜいじゃく》な蛇紋岩《じゃもんがん》が広く分布するため、地すべり地形が広く分布する。

　長野県の最高地点は31

図３　松本城と北アルプス

90mの穂高岳、最低地点は小谷村《おたりむら》の姫川の177mで、高低差は3013mに及ぶ。

盆地

県の中央部に位置する松本盆地は、松本市・塩尻市周辺の松本平と安曇野《あづみの》市周辺の安曇平（安曇野）に分けられる。盆地はフォッサマグナの西縁にあたる糸魚川静岡構造線上にあり、牛《ご》伏寺《ふくじ》断層をはじめ小谷断層、神城《かみしろ》断層、中山断層、持京《もちぎょう》断層など多くの断層が分布している。

善光寺平とも呼ばれる長野盆地は千曲市から中野市に至る千曲川の流域一帯である。この盆地もフォッサマグナの一部をなす低地の一つで、千曲川とこれに合流する各河川によってもたらされた堆積物によって形成されている。

四つの平の一つ「伊那」は、伊那谷として知られる。南アルプスと中央アルプスの二つ山脈に挟まれた中央を天竜川が貫流し、広い平坦部を形成している。天竜川には、伊那市を流れる三《み》峰川《ぶがわ》、駒ヶ根市や宮田村《みやだむら》を流れる太田切川《おおたぎりかわ》、飯田市を流れる松川などの支流がほぼ直角に流れ込む。急峻なアルプスから流れ込む川は、中央アルプス側の段丘面で扇状地や台地を深く浸食し、大規模な田切地形《たぎりちけい》を形成している。

佐久盆地は佐久市を中心とした盆地で、佐久平とも呼ばれる。千曲川の上流域に位置し、北を浅間山連峰、東と南を関東山地、西を八ヶ岳連峰で囲まれる。「信濃の国」の四つの平には入っていないが、上田盆地は千曲川中流域に位置し、ほぼ全域が上田市に属し、上田平とも呼ばれる。盆地の西半部は特に塩田平《しおだだいら》と称し、信州の鎌倉として知られる。

岡谷市、諏訪市、茅野市などが入る諏訪盆地は標高が７５０ｍから９００ｍもあり、日本有数の高所に位置する。盆地の中央に諏訪湖があり、東にある八ヶ岳など数多くの山々に囲まれている。

峠道

信濃の地名について、賀《か》茂真淵《もまぶち》は「名義は山国にて級坂《しなさか》のある故《ゆえ》の名なり」(『冠辞考《かんじこう》』)と記し、山国の地形から「段差」を意味する古語である「科《しな》」や「級《しな》」に由来するとの説を示した。この説でも明らかなように、信濃は坂と峠の多い国である。

神坂《みさか》峠は下伊那郡阿智《あち》村《むら》と岐阜県中津川市の間に位置し、標高１５６９ｍである。古くは信濃国と美濃国の境に位置する東山道《とうさんどう》の難所で、荒ぶる神の坐《ざ》す峠として「神の御坂」と呼ばれた。『日本書紀』の景行《けいこう》天皇40年条には、神坂峠において日本武尊《やまとたけるのみこと》が白鹿に変じた山の神を蒜《ひる》で撃った話が出ている。また、『今昔物語集』には信濃国司の任期を終えて都へ帰る藤原陳忠《ふじわらののぶただ》が峠で谷底へ転落し、ヒラタケを抱えて生還したとの逸話がでている。

岐阜県高山市と長野県松本市の間にあるのが、標高１７９０ｍの安房《あぼう》峠である。明治の初めから大正にかけて、飛騨の女性たちが峠を諏訪地方へ女工として越え、山本茂実の書いた『あゝ野麦峠』で多くの人に知られている。

軽井沢町と群馬県安中市の間にあるのが、標高１０３８ｍの入山《いりやま》峠で、古代の東山道が通った碓氷坂《うすいざか》だと考えられている。峠からは古墳時代の祭祀遺跡が発見されており（入山遺跡）、古墳時代の古東山道はここを通ったと推定される。中世に中山道が開かれ、北方の碓氷峠を通るようになると、幹線道路からは外されたが、通行が容易で中山道の軽井沢宿や坂本宿での宿継を省くことができたので、近世には中山道の裏街道として、和美《わみ》峠（９８４ｍ）を通る下仁田《しもにた》道とともに賑わった。

碓氷峠は軽井沢町と群馬県安中市松井田町との境にあり、標高は約９６０ｍで、信濃川水系と利根川水系とを分ける中央分水嶺でもある。

内山峠は標高１０６６ｍで佐久市と群馬県甘楽郡下仁田町とを結び、現在は国道２５４号旧道が通っている。

標高１９０６ｍの角間《かくま》峠《とうげ》は、群馬県吾妻郡嬬恋村《あがつまぐんつまごいむら》と長野県上田市の間にある。阿南町と愛知県豊根村との間に位置するのが、１０６０ｍの新野《にいの》峠で、古くから遠州灘沿岸から伊那谷を結ぶ交通の要衝だった。

青崩《あおくずれ》峠は飯田市と静岡県浜松市天竜区との間にある標高１０８２ｍの峠である。武田信玄による元亀３年（１５７２）の遠江《とおとうみ》侵攻において、軍兵の一部が通過した。兵越《ひょうごし》峠は飯田市と静岡県浜松市天竜区の間にある標高１１６５ｍの峠で、武田信玄が西上作戦の折りにこの峠を越えたことにちなむとの言い伝えがある。

針ノ木《はりのき》峠は北アルプスの針ノ木岳（２８２１ｍ）と蓮華岳《れんげだけ》（２７９９ｍ）の鞍部にある標高２５４１ｍの峠である。北アルプスを横断する峠では最も高い位置にあり、戦国末から近世にかけては越中から信濃へ塩や魚を移入する交通路であった。

塩尻市と岡谷市の間にあるのが塩尻峠で、諏訪盆地と松本盆地を隔て、太平洋と日本海の分水界をなしている。近世には中山道が通っていたが、その旧峠は標高１０５５ｍであるが、国道20号は４００ｍ南方の９９９ｍを通っている。

和田峠は江戸幕府によって整備された中山道の峠で、長和町と下諏訪町の間にあり、標高１５３１ｍである。この峠は険しい山の中にあり、宿の間隔が五里半（約21㎞）弱と長い上に冬季の降雪が多く、中山道最大の難所とされていた。

中山道の難所といえば、塩尻市奈良井《ならい》と木曽郡木祖《きそ》村藪原《むらやぶはら》を結ぶ標高１１９７ｍの鳥居峠《とりいとうげ》も忘れてはなるまい。

JRの駅

ＪＲグループの駅及び日本の普通鉄道の駅として日本一高い地点に位置するのが小海線の野辺山《のべやま》駅（南佐久郡南牧村）で、駅の標高は１３４５・67ｍである。隣接する清里《きよさと》駅（山梨県北杜市）との間にＪＲグループの最高標高地点（１３７５ｍ）がある。

逆に長野県で最も海抜が低い駅は飯田線の中井侍《なかいさむらい》駅（下伊那郡天龍村）で標高２８９ｍである。ちなみにこの駅より一つ北側にある標高２９１ｍの伊那小沢駅（同村）は長野県で最初に桜が咲くところとして知られる。

篠ノ井線の姨捨《おばすて》駅（千曲市）は標高５５１ｍの山の中腹に位置し、全国でも数少ないスイッチバック方式を擁する。この駅のホームから見下ろす善光寺平は、日本三大車窓の一つとされる。

飯山線の標高２８９・９ｍにある森宮野原駅（下水内郡栄村）は長野県北端で新潟県境に近い。当駅では昭和20年（１９４５）２月12日に７・85ｍの積雪を記録した。

このように駅からだけでも長野県の多様性が見えてくる。

Part1

信州の古地図

皇国地誌は『絵図』か『地図』か

中野亮一

地図の明治維新

このところ「明治維新150年」という言葉をよく聞く。その起点を慶応3年（1867）の大政奉還とするか、明治元年（1868）の明治改元とするかは個々の判断によるとして、今、明治維新がクローズアップされていることは間違いない。

それでは地図の分野での明治維新はどうなのか。

明治新政府が早急に整備しなければならなかった課題の一つが地図であった。その大きな要因が軍事面での必要性である。

日本における地形図作成を早めたのは、明治10年（1877）の西南戦争ともいわれている。鎮圧の指揮をとった陸軍卿山縣有朋《やまがたありとも》が、田原坂《たばるざか》（熊本県）など地理に不案内な九州での戦いに非常に苦戦を強いられたことから、戦争後、首都東京周辺の関東地方の地図作成を急ぎ命じた。明治21年（1888）には、日本陸軍に「陸地測量部」が設置され、国を挙げて国内外の地理・地形などの測量がすすめられていった。

ただこの時、軍事面とは別のところでも、国内状況を把握するために地図が作成されていた。それが「皇《こう》国地誌《こくちし》」である。

皇国地誌とは

明治政府は、全国の地理・歴史・経済等の情報を網羅した「皇国地誌」の編纂を計画した。その構成は、各県が作成する「郡誌」と各町村が作成する「村誌」からなり、別途編纂する「正支（国史）」と対をなす計画であった。ここに各村の状況がよりわかるよう図をつけることが求められたのである。

具体的な作業は明治8年（1875）6月5日付太政官達第97号と「皇国地誌編集例則」によって開始された。ただしこの時図を付けることは明記されておらず、同年11月12日付太政官達第196号に伴う「地誌編集例則追補」で、「便宜のためなるべく」製図することが求められた。

つくられた「郡誌」「村誌」の原稿は、各県がとりまとめ政府に提出する方法がとられた。これらは明治8～19年（1875～86）頃に政府に提出された。

しかしこの編纂作業は、度重なる担当組織改編などで遅々として進まず、結局中止となった。この時集められた数千冊の原稿は、その後東京帝国大学（現東京大学）図書館に保管されていたが、大正12年（1923）の関東大震災によってその大半が焼失した。

ただ長野県分については政府提出の控えと思われる（正本が残っていないため断定はできない）地図が残されている。一冊に数村から十数村の「村誌」をまとめた「公文編冊」84冊が現存し、長野県立歴史館（千曲市）に所蔵されている。

皇国地誌編纂に関係して作成されたと考えられる長野県内の地図は、全部で679点にのぼる。これは宮城県などとならび、全国有数の残存数である。

個性あふれる地図

図1の地図はその中の1枚、上水内郡戸隠村（現長野市）である。この地は、近年CM等の影響もあり観光地として脚光を浴びているが、もともとは天の岩戸に関わる伝承があり、昔から修験道などが盛んにおこなわれた険しい山々が連なる地である。

図1　戸隠村之図　長野県立歴史館所蔵

余談であるが、王滝村はこの図がつくられた明治期から現在まで合併をしておらず、明治期そのままの形・大きさが残っている、大変貴重な村である。

それぞれの地図は色づかいがカラフルで、寺や神社などは建物の形がそのまま描かれるなど、「絵図」的要素が数多くみられる。

しかしこれらをあえて「地図」と呼びたい。その理由は、明らかに測量を伴った図面があるからである。

当時の測量技術は、江戸時代後期の1800年代初頭における伊能忠敬《いのうただたか》（1745－1818）の道線法・交会法・天文測量による「大日本沿海輿地全図」作成の頃から大きな進歩はみられていない。ただし、測量機器は、江戸時代後期から明治初期にかけ、制度・機能とも大きな進歩があった。また、測量機器の製作・販売店も増え、地方でも購入可能となった。これが「皇国地誌」地図作成にも大きな影響を与えた。

測量を伴った証拠としては、①方位線が記されている、②道路、河川などが屈曲した線として描かれている、③地図にグリッド（方眼）がひかれている、④測量点を示すと考えられる針穴があるなどがあげられる。

図5は、諏訪郡橋原村（現岡谷市）である。図面全体にグリッドがひかれている。測量をもとに描かれた図面は、やはり「絵図」ではなく、「地図」と呼びたい。

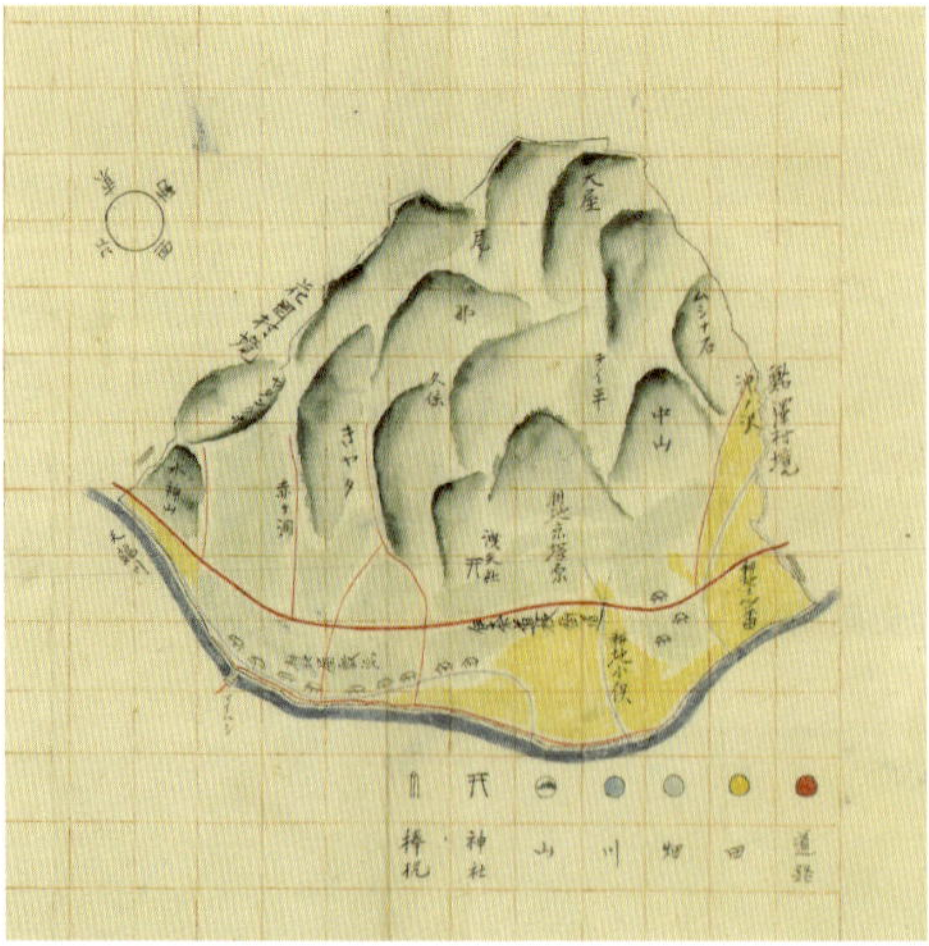

図５　橋原村（諏訪郡一村限絵図橋）
長野県立歴史館所蔵

今に活かす

100年以上前の地図を今に活かすことはできないか。

図6は、北安曇郡陸郷村《りくごうむら》（現池田町・生坂村《いくさかむら》・安曇野市）である。村の東（図の下）を流れる犀川沿いの斜面に「欠」とされた場所がある。これは地すべりを表している。古地図には今では忘れられた災害の記録が残っている。

地域の歴史を紐解く史料としてぜひ活かしてほしい。もちろん文字史料も残っているが、明治期はまだ江戸時代以来のくずし字を使っている。これには多くの人が抵抗感をもつ。

その点「絵図」的要素をもった地図は、まず見るだけで楽しい。今の地図と比べたり、見えている風景と重ねてみたり、子どもたちにとってもとりつきやすい

図６　陸郷村明細絵図　長野県立歴史館所蔵

左図は一部拡大したところ。凡例の左端に「欠」とあり、犀川沿いの斜面で地すべりを起こしたところに茶色で印がつけられているのがわかる。

教材となる。地域史研究の担い手が少なくなる中、若い世代にビジュアル的な方法を使って、地域史への興味を少しでももってもらいたい。

長野県立歴史館には、同じ明治期から大正期の測量図として「長野県測量図(長測図)」が所蔵されている。これは道路や河川、鉄道などの建設、海改修工事のために、長野県が作成した図で、３２９０点もある。

これらも当時を語る貴重な資料であるが、欠点は劣化が激しいことである。長測図には、当時最先端であった西洋からの輸入紙が用いられている。これは表面がきれいで、印刷にも適していたが、酸性紙であった。このため１００年以上を経過して酸化が進み、非常に劣化が激しい。もともと測量図は、工事が終われば用済みで長期間の保管を考えるものではないのでいたしかたないが、現状では活用は難しい。

それに対して村地図は和紙が使われている。１４０年以上を経過しても、保管状況は非常に良い。色も鮮やかに残っている。

現在は全６７７９点すべてがデジタル画像化され、教材等への活用も申請すればデータ利用が可能である。

これらは、県立歴史館のホームページからみることができる。ぜひ一度みてほしい。そして素晴しさを感じてほしい。

長野県地図の誕生

伊藤友久

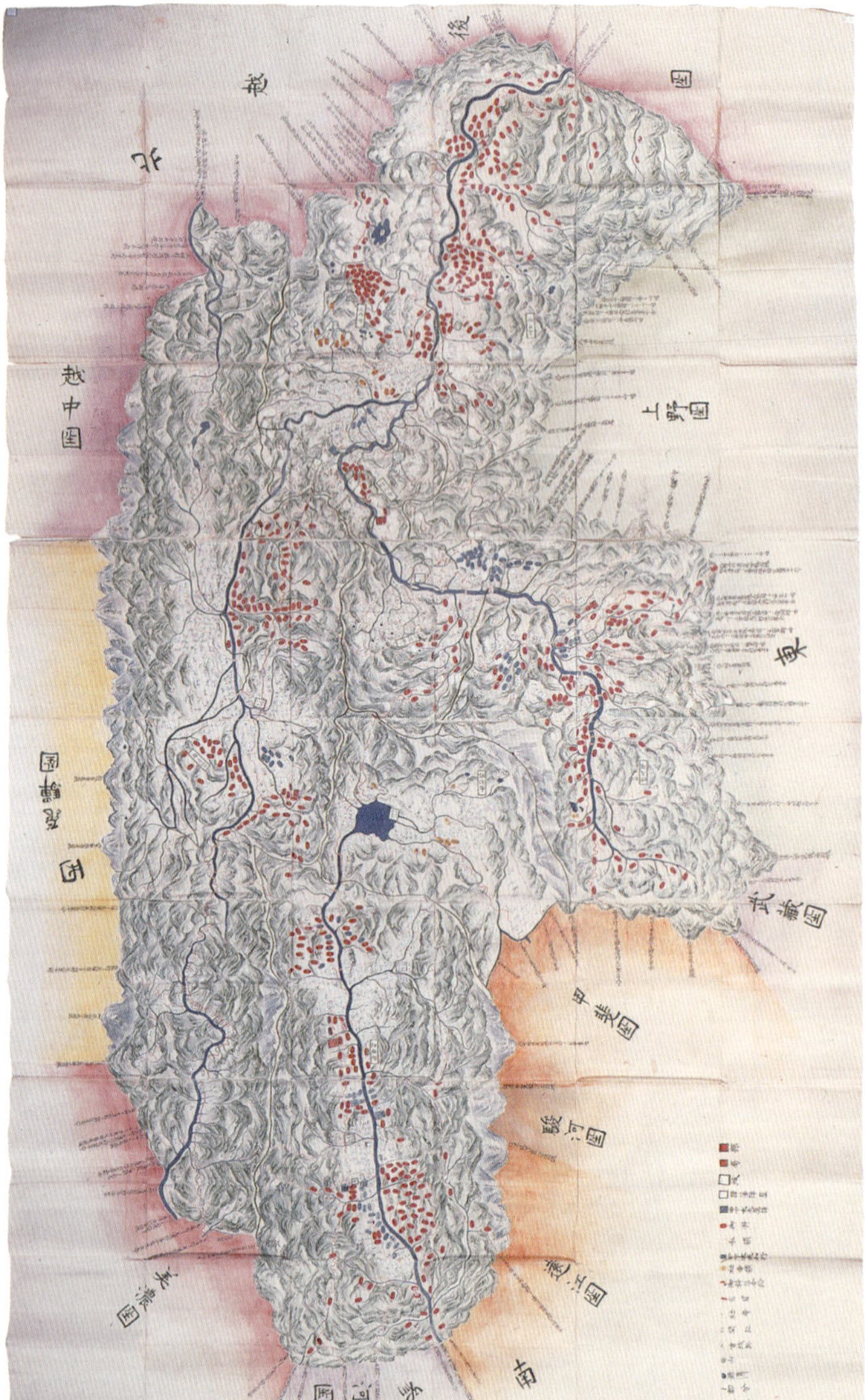

図１　伊那県管内信濃国全図（明治２年〔1869〕～４年〔1871〕）
長野県立歴史館所蔵

県藩変遷のはじまり

慶応4年1月、明治新政府はこれまで天領と呼ばれてきた幕府領をすべて「天朝ノ御料」とし、「朝敵」各藩の所領とともに没収することを命じた。信濃については2月、尾張藩に命じ、信濃にある旧幕府領を接収して管轄させることとし、各藩預かりの旧幕府領、御影陣屋、中之条陣屋、中野陣屋などの代官屋敷地や旗本知行地を接収した。閏4月、府・藩・県により地方支配を進めることとし、信濃では8月に伊那《いな》県が設置された。伊那郡飯島（現飯島町）の旧陣屋に県庁を置き、尾張藩の任を解いた。一方で、藩領は諸大名に引き続き治めさせた。ここに、伊那県と江戸時代以来の14藩が混在した姿、「県藩変遷」がはじまった。政体書で示された「県」とは、ひとまとまりの領域をもつものではなく、役所組織を意味したものだったのである。

地図による支配のはじまり

新政府は、明治元年（1868）12月24日に行政官《かん》達《たつ》で、府県と諸侯へ管轄地の地図を差し出すよう命じた。「伊那県管内信濃国全図」（明治2年〜4年）は、伊那県が管轄下に置く信濃国の状況が描かれる（図1）。この絵図に標《しる》す凡例は、通達で示された様式にほぼ従っている。しかし副本（控図）で、正本は政府に提出した。南側中央に伊那県が置かれ（図2）、越後国に北東部の一部が食い込む様子が描かれる。また、伊那県境に接する他県は、国名を記す。西境は、越中国・飛騨国と接する県西部の地域は山深く、東側ほど詳しく描かれていない。まだ、旧藩に抱えられていた絵師による絵図の延長線上とわかる。

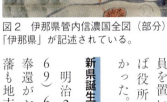

この時は、江戸幕府の支配が崩れたのちに設置された当初の府県で、旧幕府領を国単位としてまとめられ、旧幕府領以外の旧大名領は含まれていない。県といってもあちこちに散在する旧幕府領の集まりで、一円的な領域をもったものではなく、知事・判事などの職員を置いた、いわば役所に過ぎなかった。

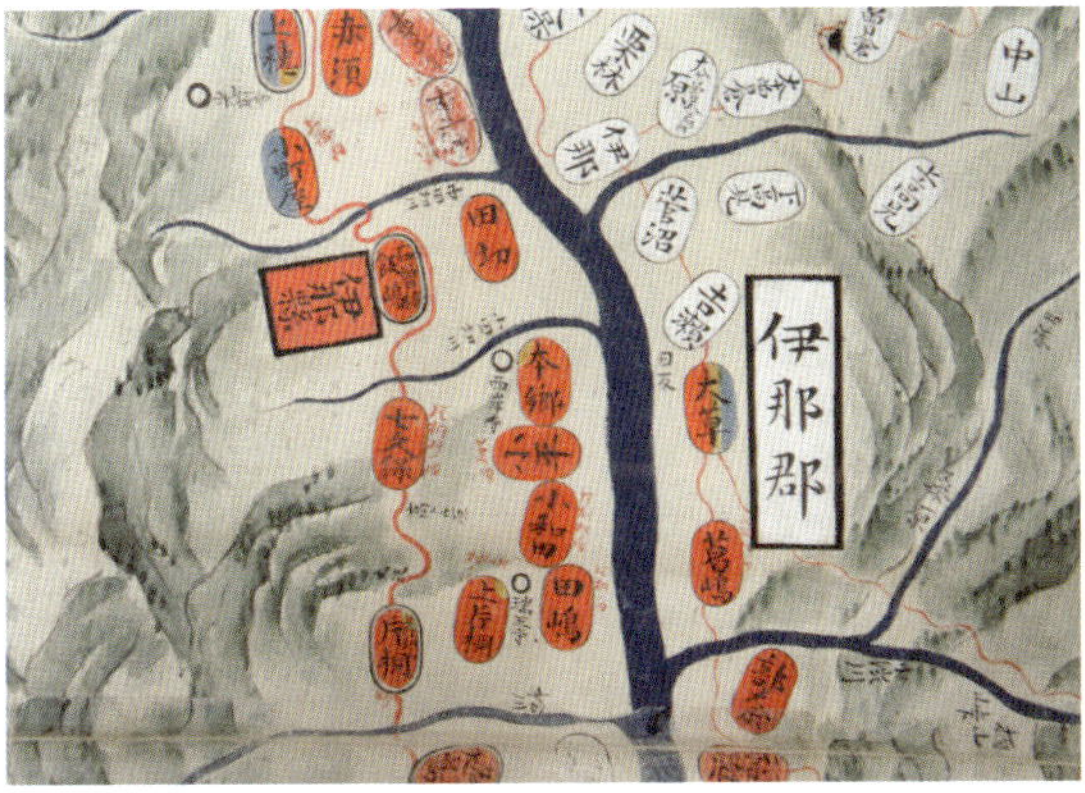

図2　伊那県管内信濃国全図（部分）
「伊那県」が記述されている。

新県誕生

明治2年（1869）6月に版籍奉還がおこなわれ、藩も地方行政組織

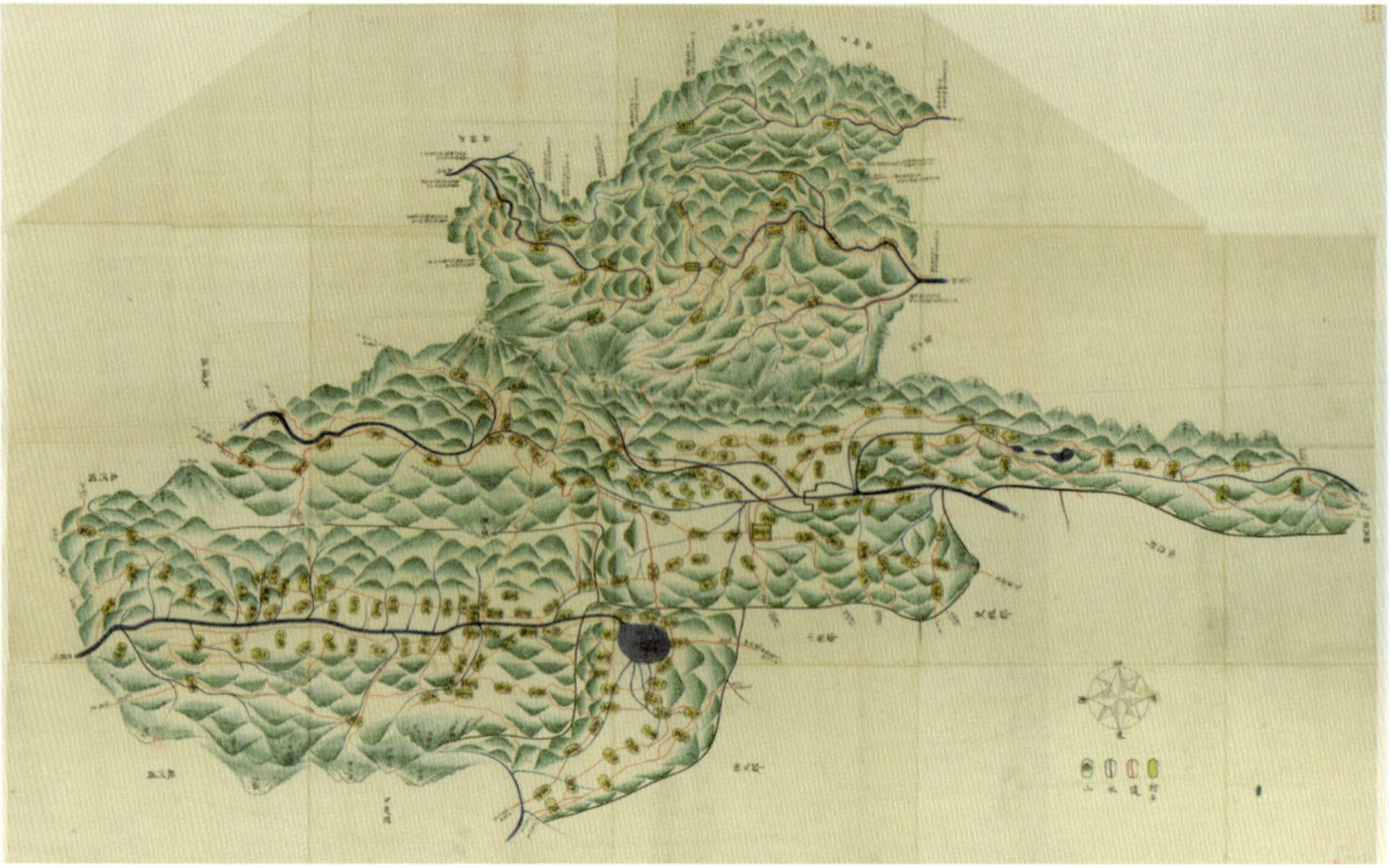

図3　筑摩県絵図（明治4年〔1871〕～9年〔1876〕）長野県立歴史館所蔵

の一つとして位置づけられた。しかし、世直し一揆が各地で興るなど、県と藩がそれぞれの政治をおこなう体制は長続きしなかった。明治3年（1870）9月に、伊那県より分割され成立した中野県が東北信分を、これまでの伊那県が中南信分を管轄して支配の強化をはかった。同年12月、旧中野代官陣屋に置かれた県庁が、一揆で焼失した。このため、明治4年（1871）6月に、中野県庁を長野村の西方寺へ仮庁舎として移し、「長野県」と改称した。そうしたなかで、7月に廃藩置県の詔書《しょうしょ》が出され、全国では3府302県、信濃には伊那県及び長野県を含め、14県が成立した。ひとまとまりの領域を持った県にはまだ程遠い状態で、同年11月に第一次統廃合がおこなわれた。全国では3府72県、信濃内は整理され2県に統廃合されたのである。

その意気込みと絵地図

そのような時期に「筑摩県絵図」は描かれた（図3）。筑摩《ちくま》県は、明治初期に存在した県だった。絵図面右下に標《しる》す方位から、向かって右側が北、左側が南の方向を指すことがわかる。では、首を右に傾けるか、本絵図右側を上にし、どこの地域を描いたものか。

北を上に中央東寄りに、凡例で水を表す濃い青色の水溜りがある。この水溜りが諏訪湖に当たる。これより南方へ一直線上に延びる

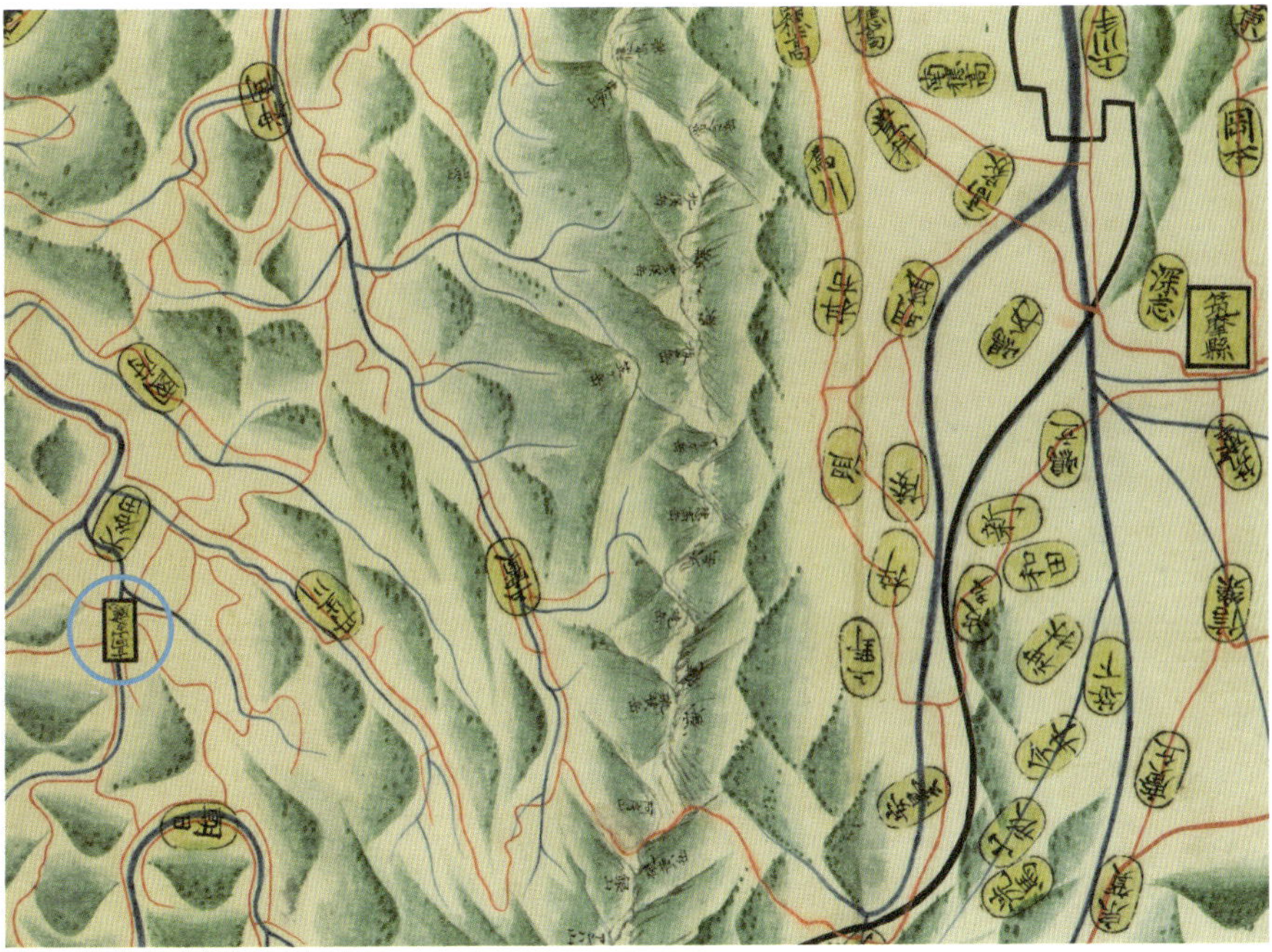

図4　筑摩県絵図（部分）「高山支庁」（青丸内）と記載されている

線が、その南端に記された「天竜川」とわかる。すると、東北側に存在するはずの佐久方面から長野方面にかけた地域が書き込まれていないことになり、西側は妙に膨らんだ山深そうな地域を広げ描かれる。それはなぜか。

　そう、飛騨国絵図と信濃国絵図から伊那・筑摩・安曇の4郡を抜き出した形で、合体させて作図したのが、この「筑摩県絵図」なのである。絵図面の中央付近に四角で囲まれ深志《ふかし》地籍の隣、松本の県庁のある場所に「筑摩県」と記される。一方、高山には「高山支庁」と記される（図4）。筑摩県は、結果的には明治4年（1871）～明治9年（1876）の5年間だけ存在したに過ぎなかった。しかし、この地図からは、あまり詳細なところがわからず描かれる飛騨国が含まれるものの、筑摩県を一つの領域として管理しようとする意気込みが伝わる。

2県から1県へ

　この「筑摩県絵図」は、おそらく筑摩県（旧飛騨国を含む）が設置されて間もない頃に作製されたものと思われる。今日の長野県境とは異なり、中南信に高山地域を加える筑摩県と東北信の長野県に分かれていた。一方で、この絵図に描かれていない長野県（東北信）の絵図を認めていない。あるいは、作図する必要がなかったのかもしれない。おそらく、その後の長野県の成り立ちにも関係があったとも思われる。

それは、明治9年（1876）8月に内務省主導の大統廃合により、筑摩県は飛騨分を岐阜県側に渡し、長野県に併合されて現在ある県境に近い長野県が誕生したことからわかる。

「長野県」とは、長野村地籍から名づけたに過ぎなかった。このため、県庁が、その北西側に位置する芋井《いもい》村に移転されていたならば、現在の県名は芋井県となっていたことになる。行政区画割による県名称の命名は、こんな安易なものだったといえる。

信濃国絵図から長野県地図へ

このように明治のはじめ、複雑な過程を経て長野県が成立した。県庁が置かれた場所から県名となり、それが浸透するには非常に長い時間と、自分たちの県だという意識が必要だった。この場所が長野県という県民意識が定着したのが、明治30年代のこと。しかし、その過程にあって、北部の位置に片寄る県庁舎の移転や、広域ゆえの分県議論も起きた。そうしたなかで、たびたび表面化したのは、もともとここは信濃国であり信州なのだという意識だった。

明治新政府は、点に過ぎない支配所を接収することから着手したが、ここに至るまでに、住所標記や所在地が重要な役目を果たした。とくに、地域でありその場所を1枚の図に表すことのできる地図は有効な手段で、「長野県管内信濃国地図」から「長野県地図」への変遷と、役所の所在地を指し示す長野県から、領域概念・地域概念として解釈される長野県への移行期が読み取れる。

明治11年（1878）の郡区町村編成法など三新法により、村・町の自治体としての性格を生んだのもこの頃から。町村の自治体成立を背景に、県も領域をもつ自治体へと変化した。領域を有し住民により成り立つ「県」の成立は、「市制・町村制」及び「府県制・郡制」が、府県制への移行に大きな契機となったのである。

信濃全図から長野県全図へ

明治13年（1880）に作製された「長野県管内信濃国全図」（図5）には、国・郡境、山・川・湖、国・県道、町や宿場が記載されている。長野県に関するものは、「県庁」標記程度にある。地図名に表れているように、長野県が管轄する信濃国の地図という意味合いが強いことがわかる。この地図は、『信濃国地誌略』上巻・下巻の付図と同じ事から数多く流布していたといる。明治24年（1891）に作製された、明治21年の市制町村制以後の県内状況地図には「信濃国全図」と記載される。また、明治31年（1898）段階でも「信濃国全図」の名称で、隣接県標記が「群馬県上野国碓氷郡」「新潟県越後国中頸城郡」など、県・国・郡の標記になっている。しかし、明治40年（1907）に作製された地図には「長野県全図」とし、「大日本分県地図全五十六枚之内」と地図右上欄外に記される。

管内図から行政区画図へ

ここに至り、地図標記から「信濃国」が消え、「長野県全図」となった。それが、明治43年（1910）作製の図では、「大日本管轄分地図」の内の「長野県管内全図」という位置づけに変わった。そして、大正12年（1923）には、40万分の1の「長野県地図」と、長野県とのみ標記する様式が定着したことがわかる。

また、『長野県統計書（昭和58年4月1日現在）』までは、「長野県管内図（昭和58年4月1日現在）」と記述される。しかし、その2年後の『長野県統計書』以降、「長野県行政区画図（昭和60年4月1日現在）」と標記が変わった。このことは、昭和60年（1985）頃まで「長野県管内図」としていたことを示すもので、実に興味深いことでもある。

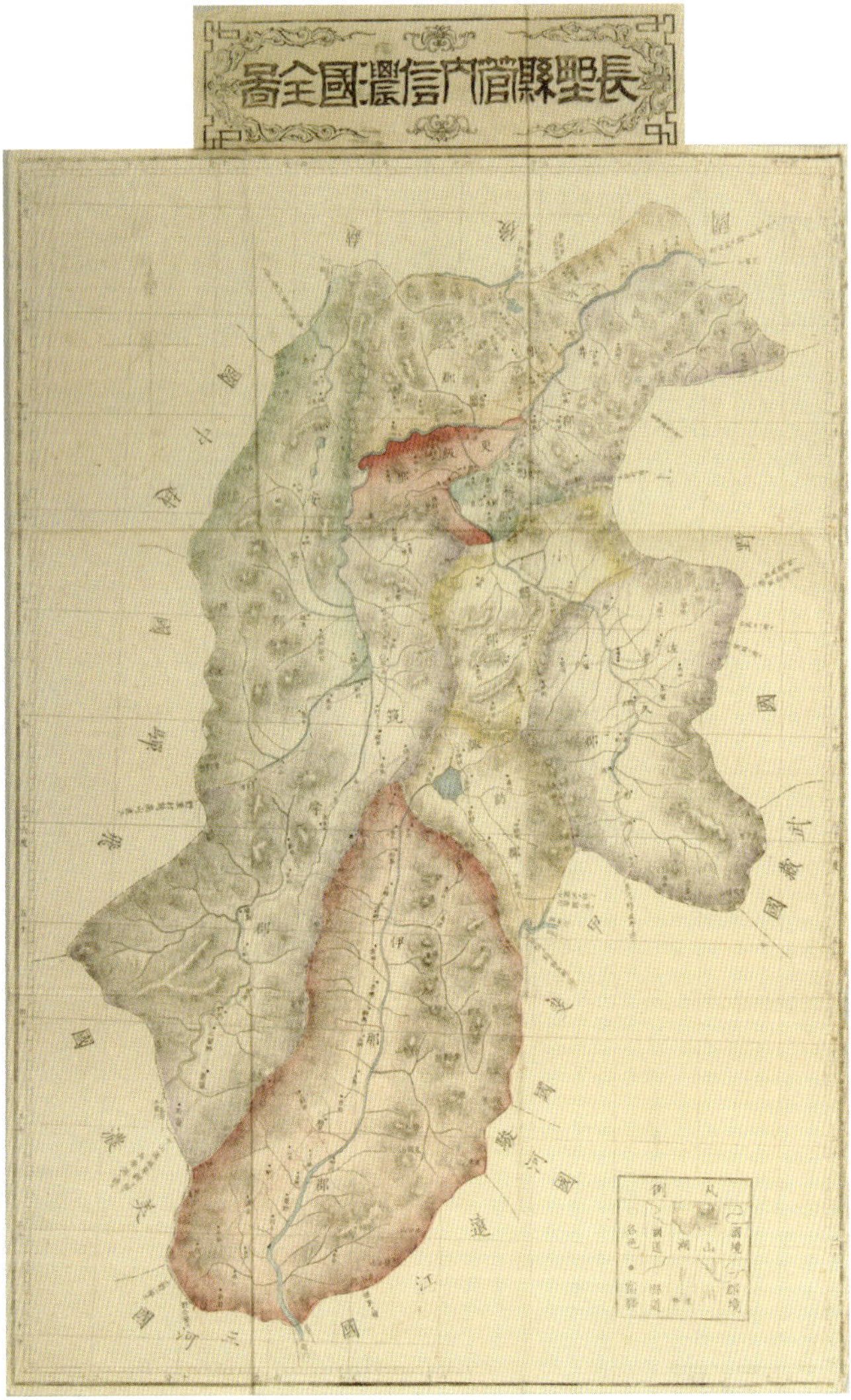

図５　長野県管内信濃国全図（明治11年）長野県立歴史館所蔵
国・郡境、山・川・湖、国・県道、町や宿場が記載されている。長野県に関するものは、「県庁」標記程度。

江戸期の天竜川水系が手に取るようにわかる

正保の信濃国絵図の成立

小野和英

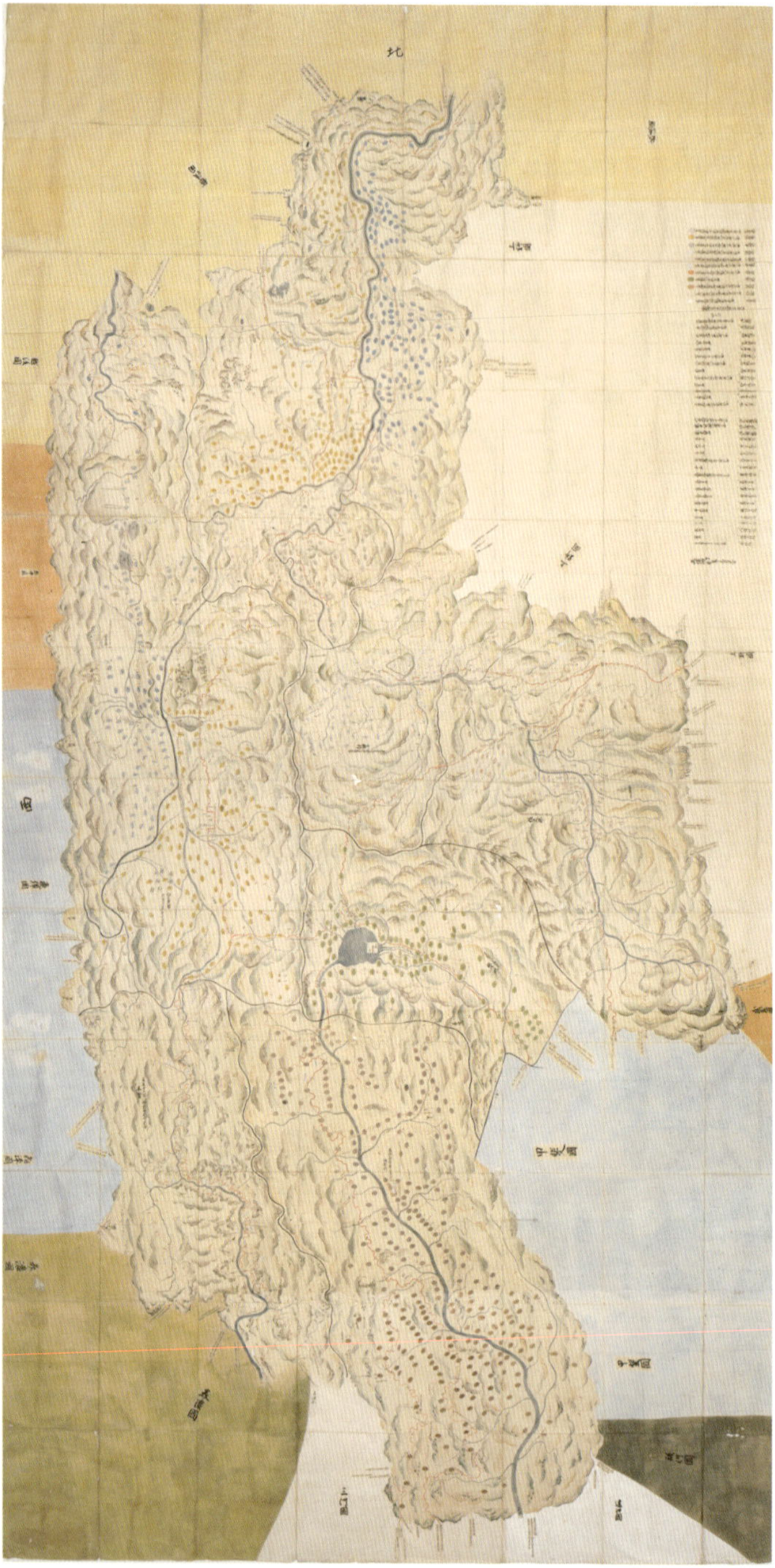

図１　紙本墨書着色正保の信濃国絵図　上田市立博物館所蔵
協力：上田市マルチメディア情報センター

国絵図の作成

江戸幕府が初めて広く諸国から国絵図と郷村帳《ごうそんちょう》の徴収を図ったのは慶長9年（1604）であるが、慶長期の国絵図（慶長国絵図）の徴収は豊臣に従ってきた外様大名の多い西国に限ったものではないかとされている。

正保元年（1644）12月、幕府は全国一斉に本格的な国絵図事業を実施する（正保国絵図）。国絵図と郷村帳を諸国から集め、将軍の下に納め置くことが目的であることを明確に打ち出した。

将軍から命を受けた大目付が、諸国の主要大名の江戸留守居役を幕府の評定所に集めて、国絵図、郷村帳、及び城絵図の作成を伝え、国ごとに絵図の作成の担当者が決められた。

正保信濃国絵図の作成

信濃国では松代藩真田信《のぶ》之《ゆき》をはじめ、飯山藩松平忠《ただ》俱《とも》・上田藩仙石政俊《まさとし》・小諸藩松平忠憲《ただのり》・高島藩諏訪忠《ただ》恒《つね》・高遠藩鳥居忠春《ただはる》・飯田藩脇坂安元《わきざかやすもと》と松本藩水野忠清の8大名と、2人の幕府代官（岡上景親《かげちか》・設楽能業《よしなり》）が共同で制作した。分担して絵図・郷村帳を調製し、これを国全体として松代藩がまとめあげ、正保4年（1647）3月幕府に提出した。

杉原紙を継紙とした1枚仕立てで、料紙が縦854cm、横464cmで、絵図部分は縦788cm、横394cmの大きさであった。

正保以降の国絵図の縮尺は6寸1里に統一され、現代の縮尺に換算すれば2万1600分の1に相当する。全国は68カ国あるが原則1国1舗で仕立てられ、最終的に諸国の国絵図をつなぎ合わせ日本総図が作成された。

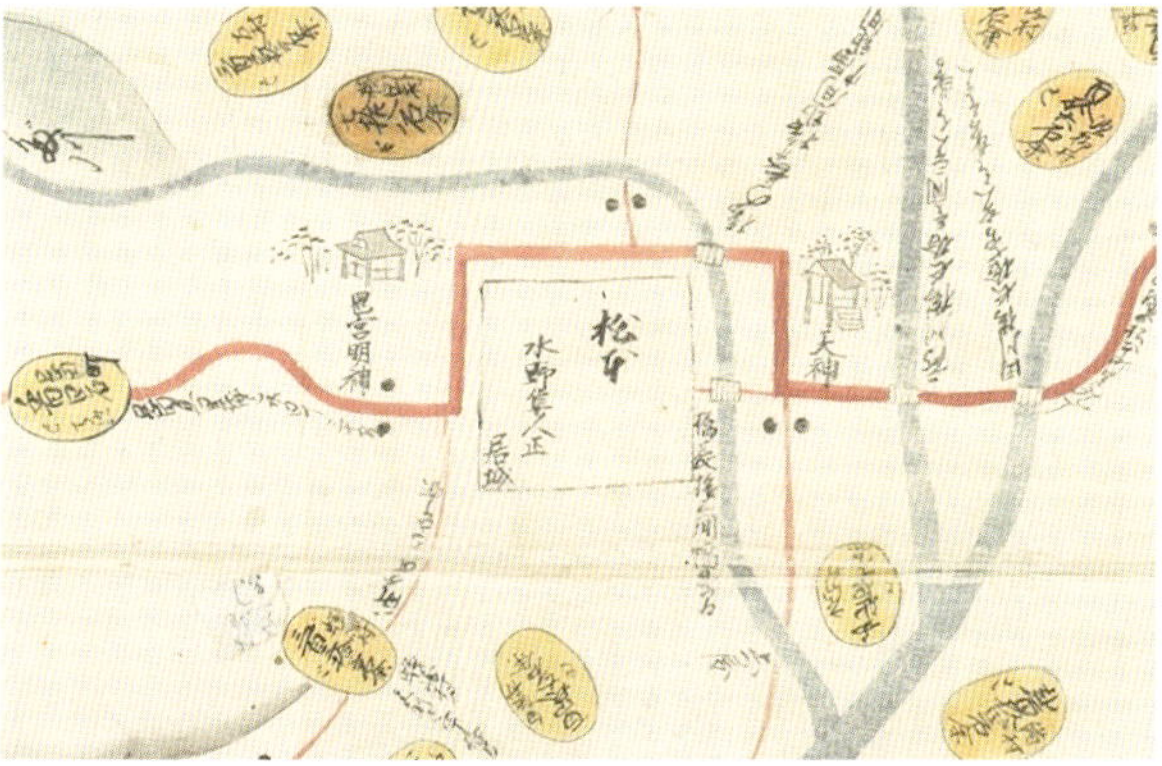

図2　松本付近　中心が松本城である。道は朱色、川は水色で描かれている

国絵図の地図表記

道は朱色、川は水色、山は薄い緑色や灰色、黄土色で色分けされている。村名は郡別に色分けされた小判型で示され、村名以外に村高が書かれ、領主名を「いろは…」の記号で示している（図2、3、4）。

郡の境が黒の実線で書かれている。山の尾根筋や、千《ち》曲川《くまがわ》、犀川《さいがわ》、梓川《あずさがわ》などの川が郡の境となっていることがわかる。また、

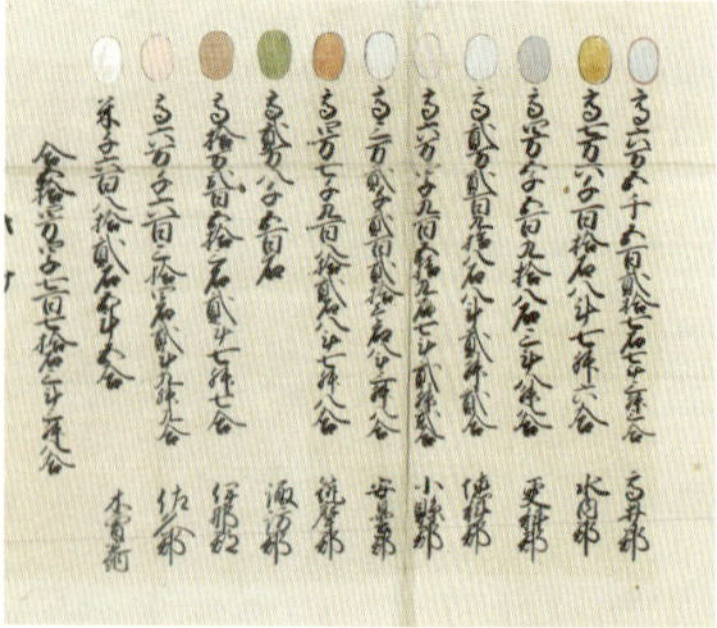
図3　郡別に色分けされている

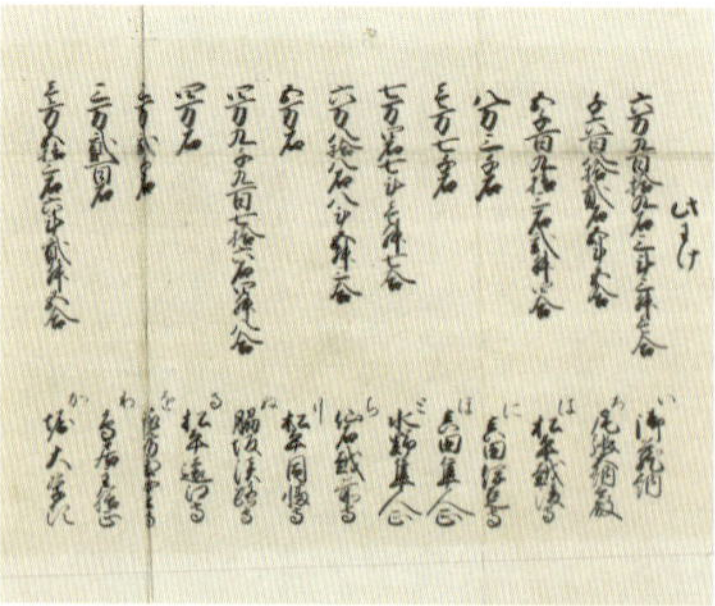
図4　いろはの文字で 領主がわかるように書いた。領主ごとの石高が記されている

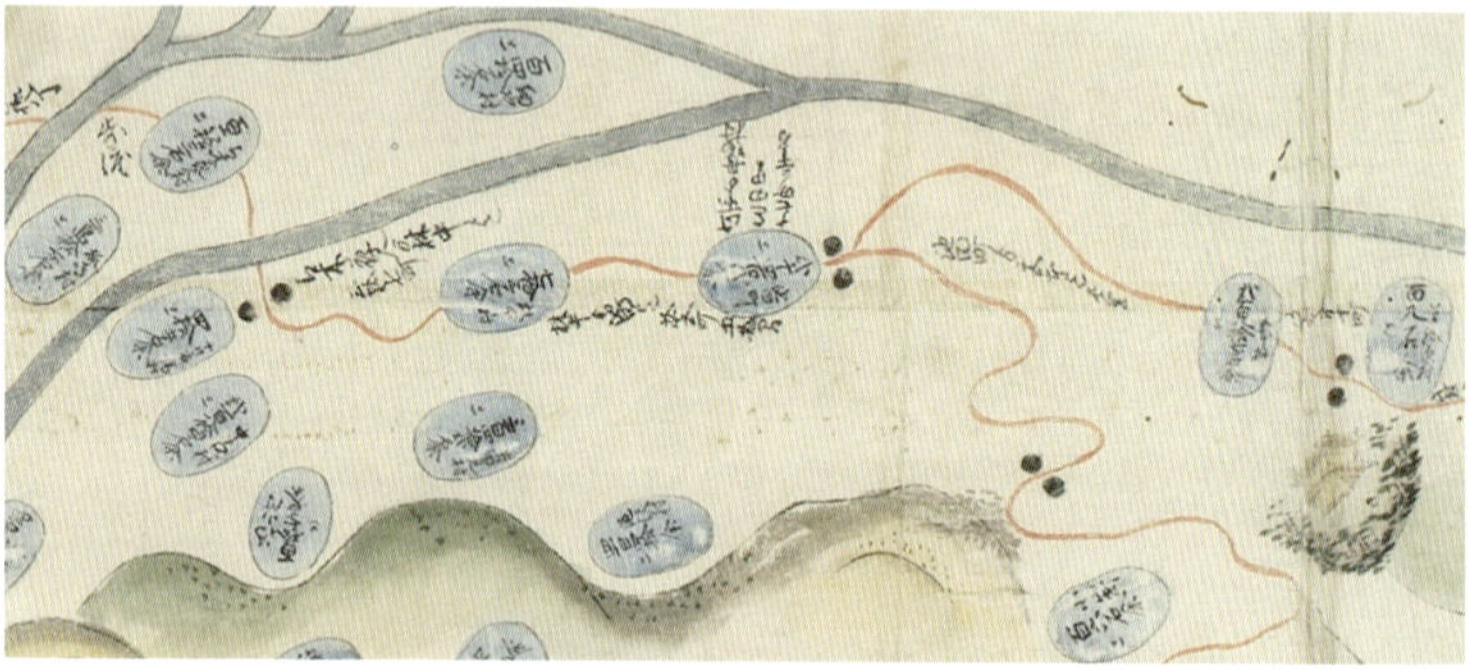
図5　池田付近（北安曇郡池田町）。道の両側に一里ごと黒点が打たれている

赤い道筋を辿ると、道の両側に2つの黒い点が描かれている。これは1里（約4㎞）ごとに打たれた点である（図5）。

川と道が交わるところを観察すると、舟で渡るのか（「舟渡」）、歩いて渡るのか（「歩渡」）を記載している。

国絵図に貼られた付箋

図1の正保の信濃国絵図は上田市立博物館所蔵で、上田藩主仙石家に伝わったものである。

国絵図に18枚以上の付箋《ふせん》が貼られている。付箋は折れてしまい、皺を伸ばして広げないと読めないものもある。

筑摩郡二子《ふたご》村（松本市）と蟻崎《ありがさき》村の隣に「此所見へ不申候而以郷村帳書入」と付箋が貼られている。元図が擦れてしまったか何かでこの部分が見えなかったため、郷村帳の記載から書き入れたとある。また、安曇郡橋爪村（安曇野市）の上には、「等々力町より青木花見迄拾八町　此書付御本絵図文字すれ見へ不申候間以控書付之（このかきつけおんほんえず　もじすれみえもうさずそうろうあいだひかえがきをもってこれをつける）」という付箋が貼られている。等々力町より青木花見迄は18町（約2㎞）あり、この文字が「御本絵図」では擦れて見えないので控え書を使って付け加えたとある。本絵図の前に「御」の文字が付けられているところから、幕府にあった絵図ということになる（図6）。

付箋の記述から考えると、次のようになる。

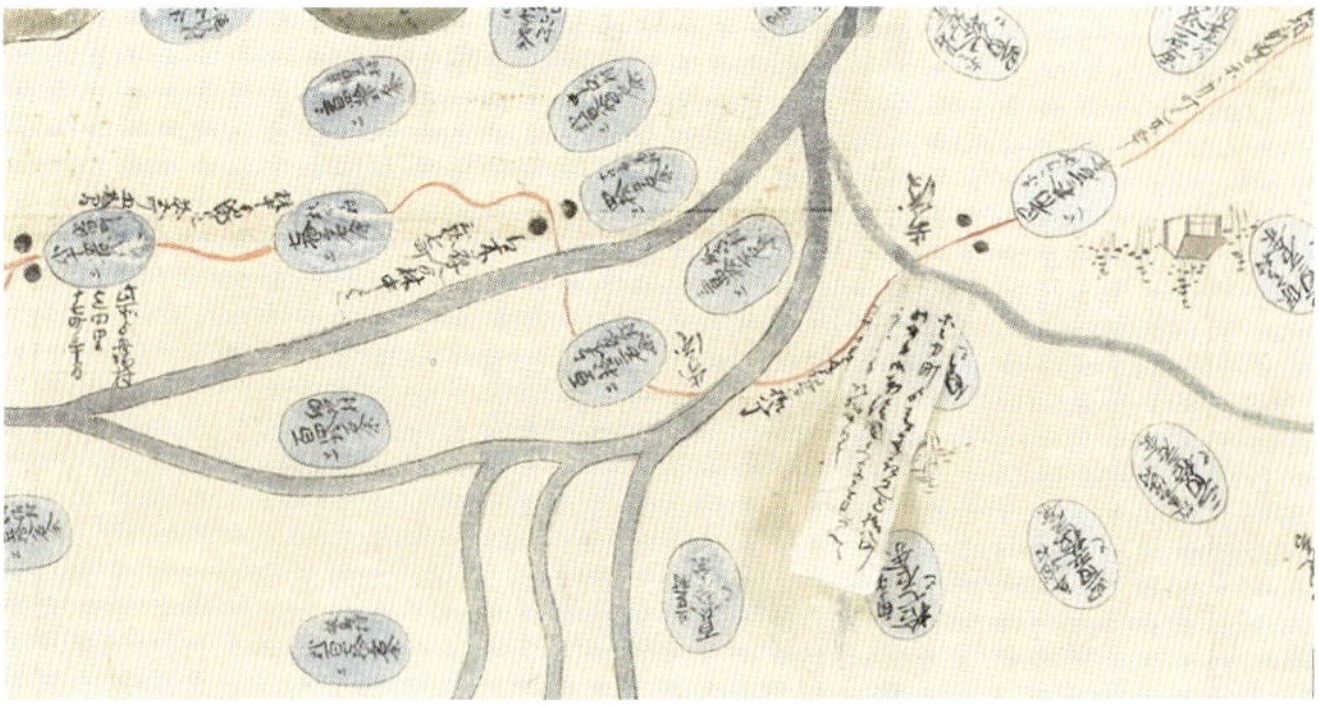

図6　安曇郡橋爪村付近の付箋

幕府に提出した正保の国絵図は何度も広げられ擦れてしまい、村名など読めない部分が出てきた。元禄の国絵図作成を幕府から命じられた際、上田藩では正保の国絵図の正本を貸し与えられ、国絵図を正確に写し取る作業をおこなった。ところが、見えない部分があったのでこの部分は郷村帳などの記載を使って補った。

　上田市立博物館所蔵の正保国絵図はこのようにして仙石家に伝わったものと思われる。

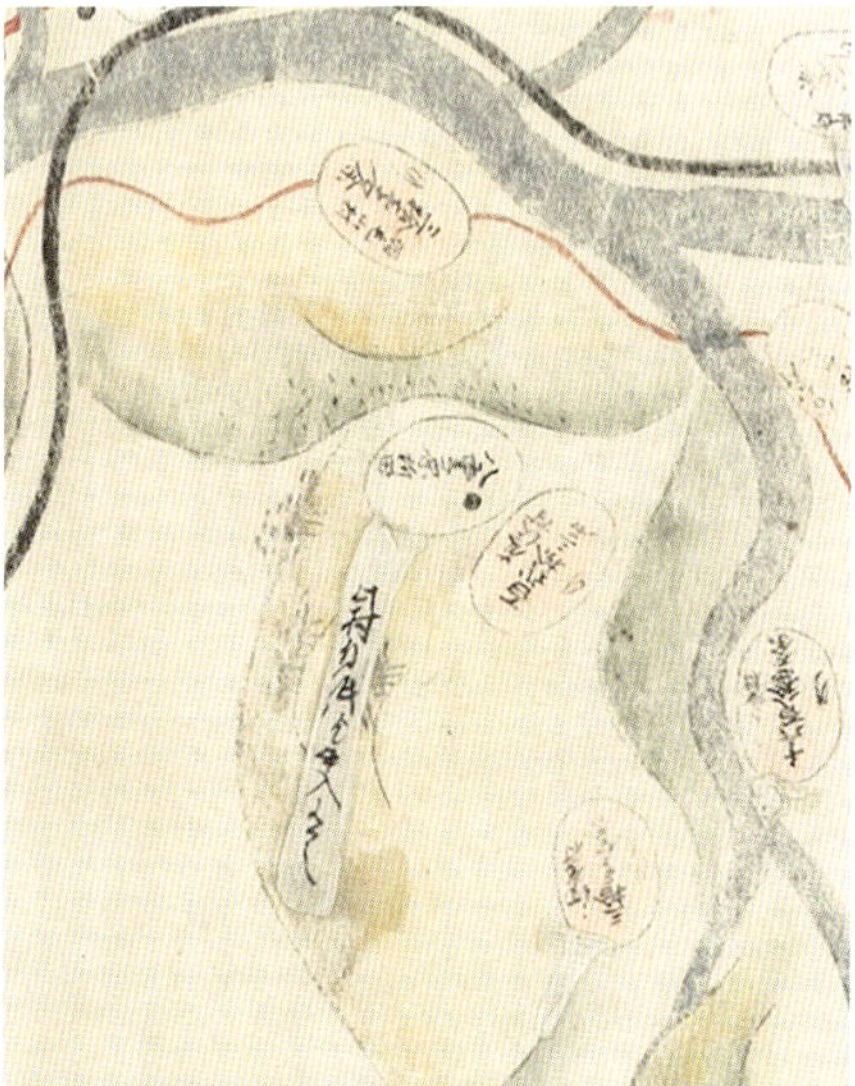

図7　佐久郡八重原村の付箋

　さらに付箋を観察すると次のようなこともわかる。

　佐久郡の5カ村（児玉村新田、赤岩村新田、市村新田、八重原新田、赤岩村新田〔前出の赤岩村新田とは別の場所〕）の村名の上には「此村付紙ニ而後書入」「此村付紙より書入有之」という付箋が貼られている（図7）。幕府に提出された正保4年（1647）の段階では正保の国絵図に村名の記載がなかったが、後に付箋で村名が加えられた。元禄期にこの正保の国絵図の写しが作成される際、5カ村が書き加えられ、正本とこの写しの違いを書き残すために付箋を村名の上に付けたと考えられる。

　5カ村のうち、「八重原新田」（東御市）は寛文4年（1664）に村名が公許され、「赤岩村新田」（のち赤岩村と改称。佐久市）は寛文6年（1666）に成立している。このことからも上田市立博物館所蔵の正保国絵図は、幕府から貸し与えられた絵図を写したものであることがわかる。

昭和初期の観光ブームと信州

吉田初三郎の鳥瞰図と観光

林 誠

次の一文は、昭和戦前に活躍した鳥瞰《ちょうかん》図《ず》専門の画家・吉田初三郎がある観光案内の中で記した一節である。

――夏は一家を挙げて旅行のシーズンである。山に海に湖畔に河辺に温泉に、緑蔭と涼風を趁《お》うて、煩雑なる都市生活を離れ、…大自然の懐に還る。まことに働きたるもの、必ず犒《ねぎら》はるべき、天の恵示に外ならない。

「絵に添へて一筆」(『日本八景名所図会』)

あたかも戦後の高度成長期を彷彿《ほうふつ》させる内容だが、意外にも発行は戦前の昭和5年(1930)のことだった。

実は、大正から昭和戦前にかけては、一般庶民の間でも観光旅行が流行し、官民挙げて「観光」に力を入れ始めていた。そして、この頃盛んに制作されたのが「観光パンフレット」で、そこには必ずといっていいほど、上空から俯瞰したような独特の「鳥瞰図」が折り込まれていた。

観光資源を描いた絵図

鳥瞰図は、鉄道会社や著名な寺社、あるいは旅館、ホテル等が競って制作したが、県や市町村が自ら編集発行した例も多い。吉田初三郎「長野県の温泉と名勝」(図1)もそのひとつで、昭和7年(1932)に長野県が発注したと考えられる印刷物の原画である。絹地に膠《にかわ》で溶いた顔料を用いた、いわゆる「日本画」の技法で描かれ、全長は4mを超える。

この頃長野県では、長引く不況により主力産業であ

図１　吉田初三郎　長野県の温泉と名勝（昭和５年〔1930〕）絹本着色　長野県立歴史館所蔵

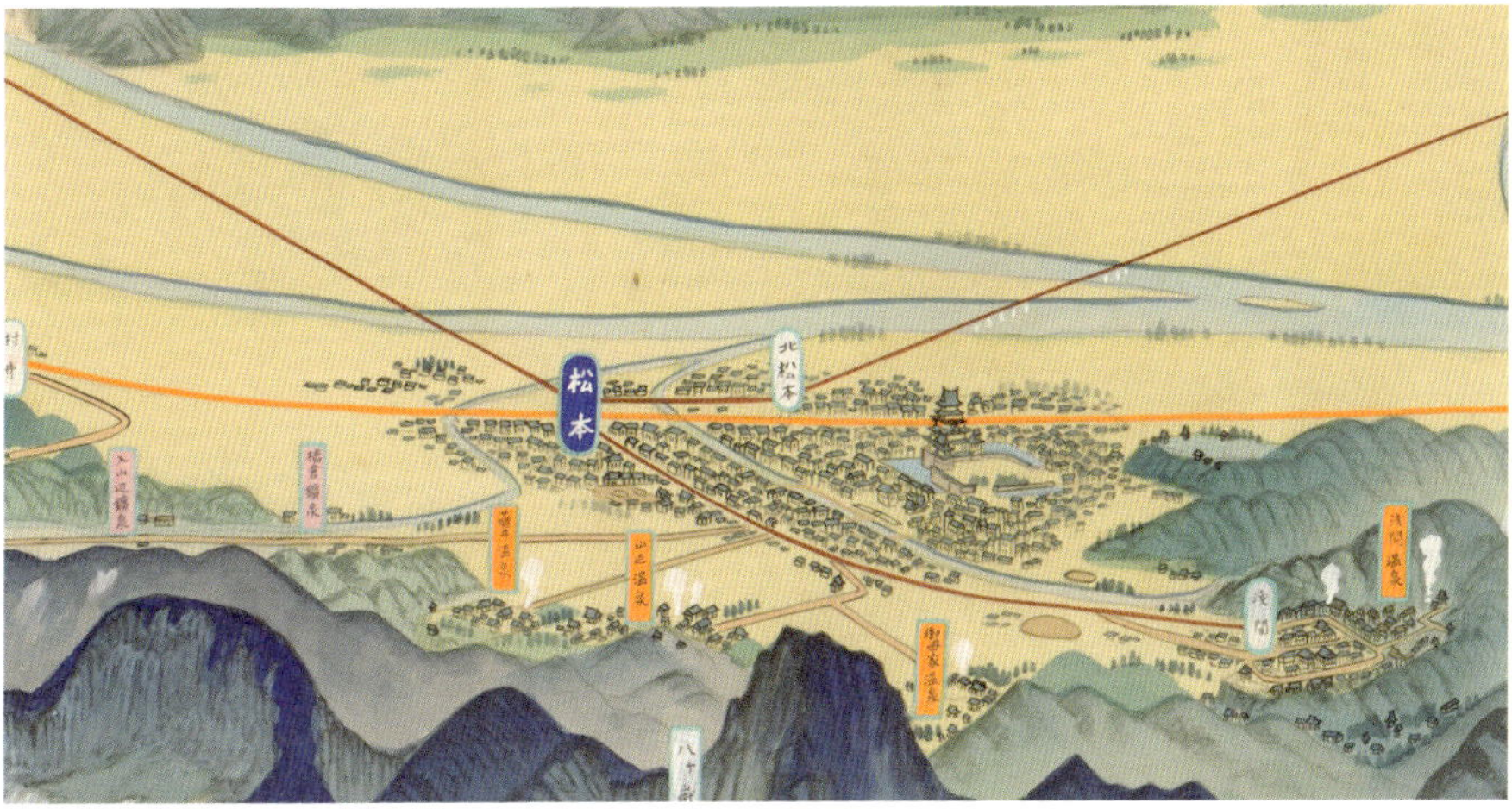

図２　部分（松本、浅間温泉付近）

る製糸業が打撃を受けたこともあり、観光に力を入れはじめていた。そして、昭和9年（1934）、長野県観光協会が発足し、その翌年には同協会によって本作を原画とした『観光信州』が発行されている。したがって本作には、戦前期における長野県全域の観光資源の概要が反映されていると考えてよい。

独特の遊び心とデフォルメ

具体的には、まずタイトルにもある「温泉」が目を引く。泉名を記した縦長の付箋《ふせん》は80を超え、地色の違いと湯煙の有無によって天然温泉と冷鉱泉の区別もなされている。また、長野県らしく高峻な山岳が県境を囲み、多くのスキー場も描

図３　部分（上田、別所温泉付近）

かれている。

他には、松本城、浅間温泉、上高地、また南信では諏訪大社などが大きく扱われるなど、今日一般的に知られているような観光地は、昭和初期にすでにその原形ができあがっていたことがわかる。

対照的に、諏訪湖より南（図1の左側）の上下伊那、木曽の各郡は、大幅に圧縮され、諏訪地域がほぼ県の南端と化している。

実際には、この地域にも高遠城址《たかとおじょうし》（上伊那）、元善光寺、天竜峡（下伊那）、寝覚床《ねざめのとこ》、御嶽山《おんたけさん》（木曽）など、戦前から知られた観光地があったのだが、天然温泉が少なかったことが災いしてこうした扱いになったのだろう（ちなみに、妻《つ》籠《まご》・奈良井《ならい》など木曽の宿場が観光地化し、飯田郊外に昼神《ひるがみ》温泉が発見されたのは戦後のことである）。

その一方で、画面の隅には本来見えるはずのない青森、下関などを描いて遠近を強調するなど、独特の遊び心も見られる。そして、それらすべての要素を、不自然さを感じさせることなく横長の大画面にまとめ上げる力量が、鳥瞰図画家には求められたのだった。

正確さより発注者の意向を優先

観光パンフレットは、基本的に商業出版物であり、制作にあたっては地図としての正確さよりも発注者の意向が最優先される。そのため、特定の観光地を世界の中心のように表現したり、ライバル会社の施設をカットするなどは、常套手段であった。

　たとえば、吉田初三郎「長野電鉄沿線温泉名所交通鳥瞰図」（図4）では、長野電鉄が開発に関わった湯《ゆ》田中《だなか》・渋《しぶ》温泉など沿線の観光地が大きく、魅力的に画かれている。だが、競合相手となる国鉄沿線は扱いが小さく、あるいは省略され、飯山鉄道（後の国鉄飯山線）に至っては線路そのものが無視されている。

信州の観光とパンフレット

　長野県立歴史館では戦前の観光資料を多数所蔵しているが、その発注者は県・市町村をはじめ、鉄道会社、新聞社、温泉旅館、社寺など多岐にわたる。

　また、制作時期は、昭和初期から昭和12年（1937）頃までが最も多く、鳥瞰図を描いた画家は、吉田初三郎と金子常光の二人で半数近くを占め、その他は概ね無銘画家の作品である。

　これら戦前の鳥瞰図を概観してみると、歴史ある温泉地や神社仏閣、史跡や古戦場などは、ほぼ現在と変わらぬ姿で描かれている。一方、道路、鉄道、工場など、現在ではその様相を一変させた施設も多いことに気づかされる。

図4　吉田初三郎　長野電鉄沿線温泉名所交通鳥瞰図（昭和5年〔1930〕）長野県立歴史館所蔵

絵はがきの中の信州①

笹本正治

桑摘み乙女　長野県立歴史館所蔵

安政6年（1859）に江戸幕府が横浜・長崎・函館を開港すると、生糸は日本の重要な輸出品となった。明治31年（1898）に浅井洌が作詞した「信濃の国」の３番には、「しかのみならず桑とりて　蚕飼《こが》いの業の打ちひらけ　細きよすがも軽《かろ》からぬ　国の命を繋ぐなり」とあるが、長野県は日本一の蚕糸王国とされた。その蚕糸業を支えたのが絵はがきのような女性たちであった。

蚕糸業は大正時代から昭和初年にかけて全盛期を迎えたが、昭和4年（1929）からの世界大恐慌により、製糸業が倒産、繭《まゆ》価の大暴落で養蚕農家も大打撃をうけた。かつては当たり前であった養蚕農家も今では見ることもなくなった。

戸隠山　奥社

戸隠山　奥社　長野県立歴史館所蔵

戸隠神社は戸奥社・中社・宝光社・九頭龍社・火之御子社の五社からなり、「天の岩戸」が飛来したと伝えられる。絵はがきで見える檜皮葺《ひわだぶき》本殿は昭和53年（1978）に雪崩で流失した。このため翌年、岩盤をうがちコンクリート製の神殿を岩の中に納めるかたちで、現在の本殿が再建された。

Part2

流れる川とそびえる山

交易の場として、神の通い道として

東西南北の文化が出会う 天竜川

青木隆幸

日本有数の大河

天竜川は、諏訪湖を源とし、南信濃・東三河・遠江《とおとうみ》にまたがる山間の狭窄部を深い谷を形成しながら流れ下り、遠州灘に注ぐ。本川の全長は213km、流域面積は5090km²。日本有数の大河である。

内山真龍作「天竜川絵図」

遠江を代表する国学者内山真龍《またつ》の描いた「天竜川絵図」（別名「天竜川道分図」）（図1）は、長さ5・67m、幅86cmの大作。諏訪湖から遠州灘までの全域を詳細に描いている。勘定奉行の巡検に供するために描いたと言われており、天領・私領の別、山林原野や郡堺、河川などが丁寧に色分けされている。享和3年（1803）ころの天竜川の様子がわかる。

東西南北の文化が出会う

絵図上部には「諏訪ヨリ遠江国堺青崩峠迄行程四日路」、下部には「掛塚ヨリ北信濃国堺青崩迄行程二日余」と書かれている。全流域を縦走するには7日間を要したのである。

南北に流れる天竜川は急流で渡川は容易でなかったので、東西文化の境界線の役割を果たしたが、絵図では天竜川水系が多くの支川によって形成されていることもよくわかる。これらの支川が南北の文化を結びつけたり遮断する役割をはたし、この地域の文化を複雑かつ豊かなものにしている。

三遠南信《さんえんなんしん》堺では山がせまり、烈しく蛇行する様子が

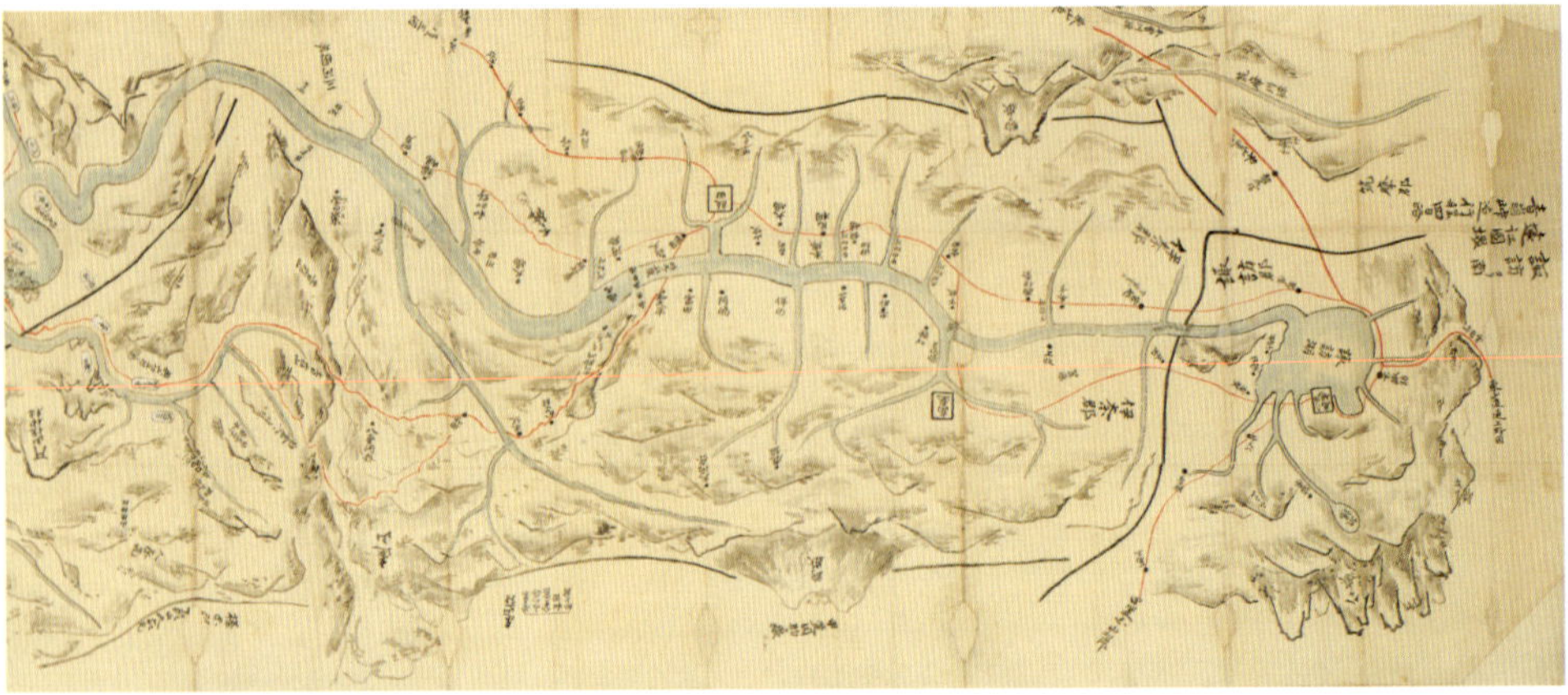

図1　天竜川絵図　浜松市立内山真龍資料館所蔵

わかる。また河口付近では島状の洲が描かれており、所々に「古畑流失」と記されている。洪水と闘いながら生きる人びとの姿が絵図から浮かび上がる。

天竜川と諏訪信仰

　天竜川は一般に、「諏訪湖を水源とする」といわれる。確かに本川の始点は諏訪湖の釜口水門だが、諏訪湖そのものが周辺の山麓から流入するいくつもの支川でつくられているから、源流を定めることは難しい。むしろ「諏訪大明神が龍の化身であり、天竜川の水は諏訪神社上社本宮の硯石に毎日三滴落ちる水を源とする」という伝承がおもしろい。江戸時代前期の書物にみえる話だが、鎌倉時代に形作られた「諏訪七不思議」につながる。水の滴る場所を今、天流水舎と呼ぶ。

　天竜川は奈良時代には麁《あら》玉川《たまがわ》、平安時代中期頃には天中川と呼ばれ、のちに天竜川の名が定着したが、流域には水の神や竜神にまつわる伝承が多い。天竜川の水源を諏訪神社境内とする考えは、流域の人びとが天竜川を畏怖する心性の現れだろう。

神々の通い路

　天竜川中流の水窪の白神峠にある池の平では7年目ごとに水が湧くことがあり、この水が湧くときは、諏訪湖の竜が遠州に遊びにきた時だという伝承がある。霊犬早太郎伝説は天竜川流域に広く分布しているし、湯立神楽などは、神を祭る文化が天竜川を下流から上流にむかって遡上したことを物語る。中流には山住山、龍頭山、秋葉山など信仰スポットが並ぶ。

　その意味で、天竜川は交易の場、生活の糧を得る場であると同時に、神の通い路でもあった。源流から遠州灘までの天竜川全域を1枚におさめた真龍の「天龍川絵図」は、その点でも極めて優れた作品である。

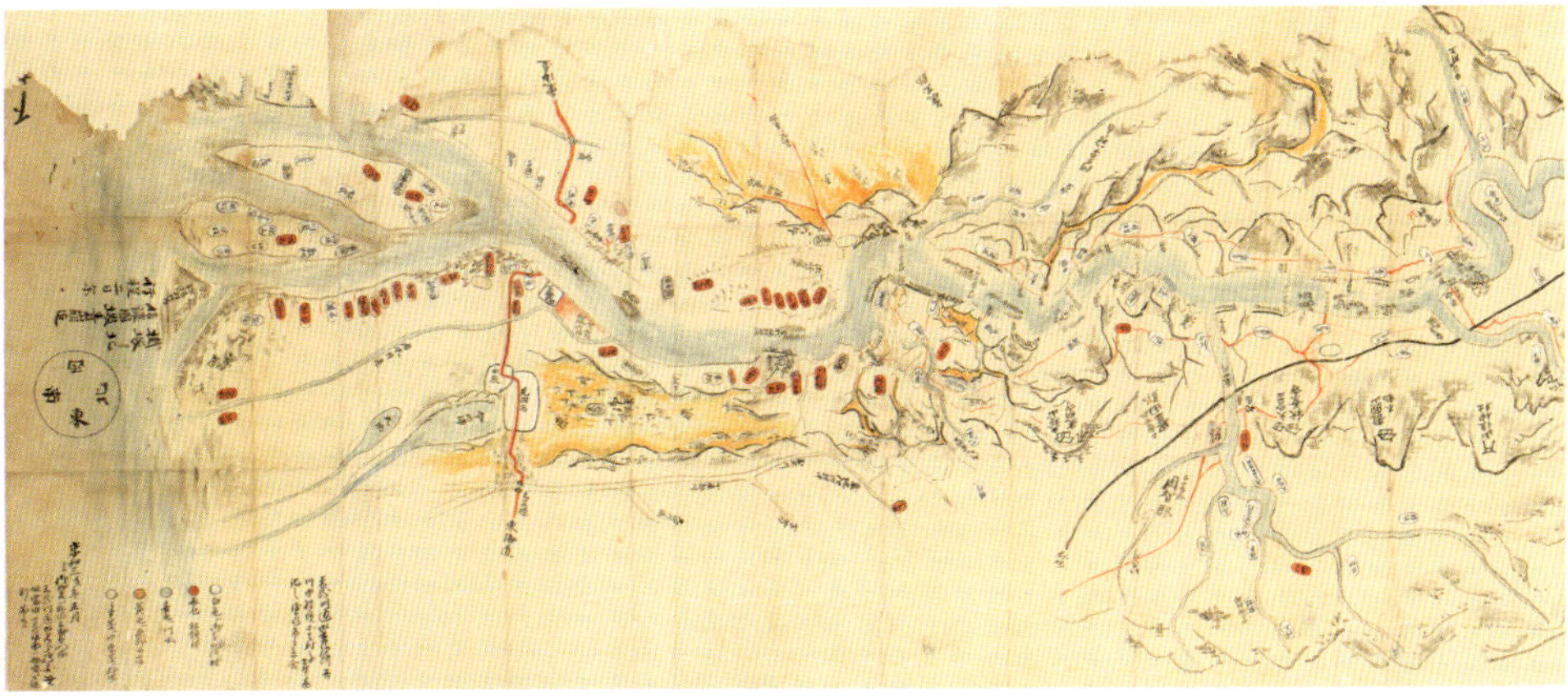

戦国武将、甲斐の虎・越後の龍が信濃を駆けた

千曲川に戦国武将の足跡を訪ねる

町田勝則

霧の川中島

「人馬声なく　草も伏す川中島に　霧ふかし…」（野村俊夫作詞、古賀政男作曲）

　この歌で運動会に演舞を表現する小学校が長野市内にある。甲斐の武田信玄、越後の上杉謙信による決戦譜。5回、12年にわたる戦いは、4回目の戦いが世に知られた「川中島の戦い」である。両雄一騎打ちの伝承とともに、この地に伝わり、子供たちに引き継がれている（図1）。

図１　信玄・謙信一騎打ちの像
八幡原史跡公園内・三太刀七太刀の跡

　その永禄4年（1561）の戦いで、謙信が布陣したとされる西条山（妻女山《さいじょさん》、図2の上部中央）は、上信越自動車道長野ICの手前、上田よりにある。長野ICを降り、少し狭いが山道を行けば、展望地に至る。そこからは、古戦場跡推定地の八幡原《はちまんばら》を一望できる。山本勘助が「啄木鳥《きつつき》戦法」を策したとされる海津《かいづ》城（松代《まつしろ》城）も眼下にみえる。謙信が千曲川《ちくまがわ》を渡り、信玄に迫ったとされる「雨宮《あめのみや》の渡し」を直接見ることはできない

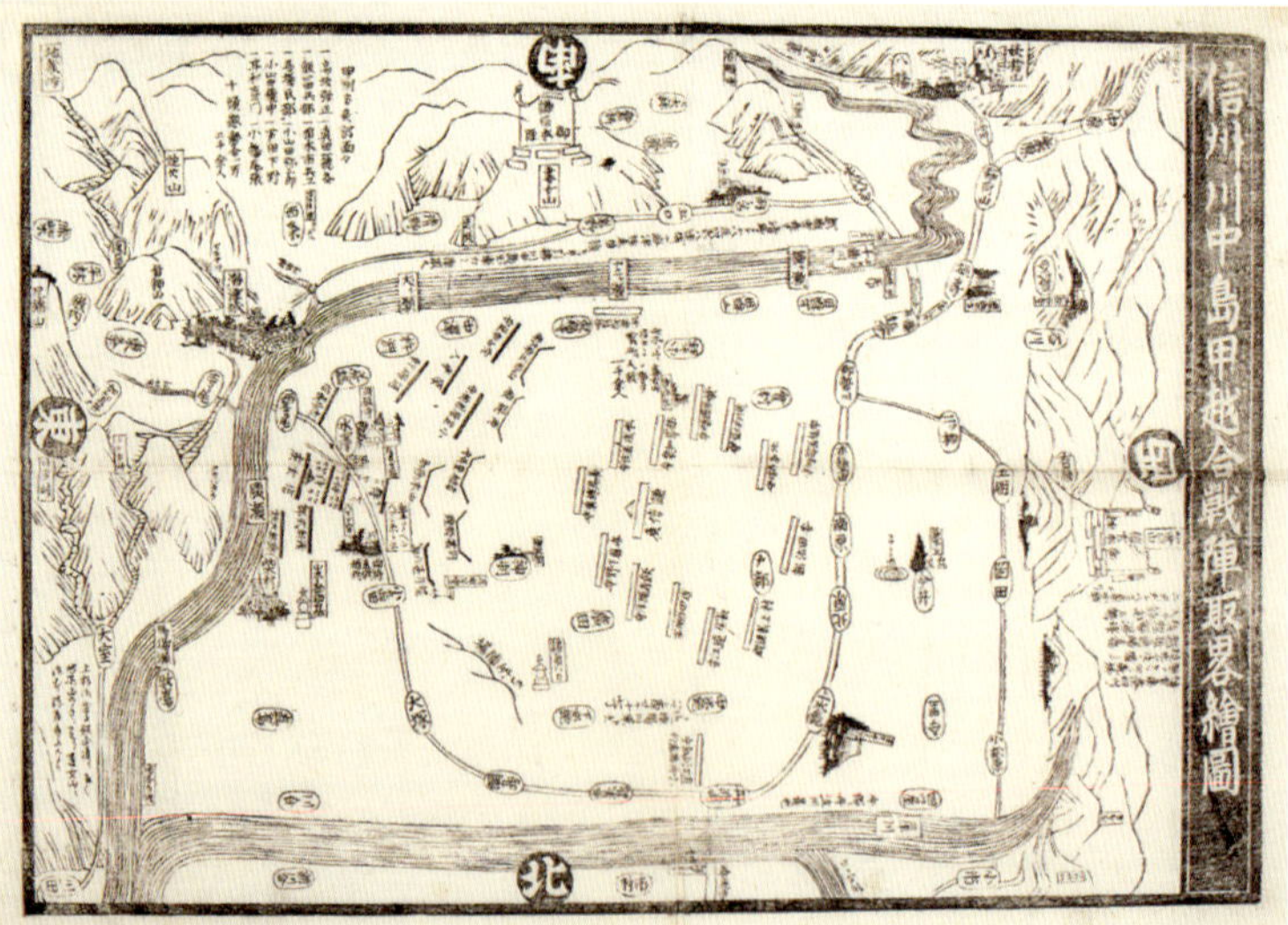

図２　信州川中島甲越合戦陣取略絵図（上杉・武田の布陣を基にした観光地図、幕末）
長野県立歴史館所蔵

が、付近一帯を一望できる。現在は公園として整備され頼山陽《らいさんよう》の石碑「鞭声《べんせい》粛々《しゅくしゅく》夜河を渡る〜」が建つ。雨宮の地は、北国《ほっこく》街道の舟渡し場でもあり、国の重要無形民俗文化財「雨宮の御神事」（3年に一度、4月29日）が執りおこなわれている。

4回目の戦いで、信玄は弟の武田典厩信繁《てんきゅうのぶしげ》、山本勘助らを失う。長野ＩＣから千曲川を渡ると左手に典厩寺《てんきゅうじ》がある。この地周辺には、戦死した勘助の頭と胴体をあわせたと伝承される長野市篠ノ井の胴合橋、千曲川右岸堤防沿いには勘助の墓がぽつんとある。

千曲川をたどる

千曲川の上流、佐久・小諸地域には信玄ゆかりの地が多い。佐久市新海三社神社は武神を祀り、信玄が箕《みの》輪城《わじょう》攻めに際し祈願文を奉納した。叢林に佇《たたず》む社は、東本社と三重塔が国重要文化財に指定されている。

小諸城は信玄の信濃攻略拠点として勘助が縄張りをおこなったとされる。史跡公園（懐古園《かいこえん》）として整備され、城内には「千曲川旅情の歌」で知られる島崎藤村の記念館がある。千曲川中流の上田・坂城地域には、信玄が村上義清《よしきよ》に敗退した上田原や砥石城（砥石崩れ）、川中島合戦で信玄が戦勝祈願した生島足島《いくしまたるしま》神社などの見どころがある。

天文22年（1553）村上氏は坂城町葛尾《かつらお》城、上田市塩田城を追われる。村上夫人（玉の井）が笄《こうがい》を与えて千曲川を渡ったエピソードが、坂城町に残る。江戸時代、北国街道横吹坂にかかる「力石舟渡」がその場所と伝えられている。

川中島合戦の地を訪ねる

1回目の戦いは、天文22年（1553）長野市布施そして千曲市八幡《やわた》にて戦い、信玄は後退する。世にいう「布施の戦い」である。この時、謙信が攻略した千曲市荒砥《あらと》城は、現在史跡公園として整備されている。

3回目は、弘治3年（1557）長野市上野原で戦う。謙信は戦前に千曲市武水別《たけみずわけ》神社に願文を捧げた。神社は京都石清水《いわしみず》から八幡神を勧請し、木曽義仲も祈願した名神大社である。永禄元年（1558）、信玄は戸隠神社にて戦勝祈願し、中社に「願状」が残る。九頭龍大神《くずりゅうおおかみ》を祀り、天岩戸神話にも関わる古刹で、中社・奥社・宝光社等、一度は訪ねてみたい。県天然記念物の奥社社叢は推奨すべき絶景である。千曲川の下流、奥信濃には、謙信が前線基地とした飯山城、信玄の中野市壁田《へきた》城・替佐《かえさ》城がある。城跡へは飯山ＩＣまたは中野ＩＣから車で訪れることができる。飯山は寺の町として知られ、県史跡「正寿庵《しょうじゅあん》」など癒しの散策が楽しめる。一方、中野市は唱歌「ふるさと」を彷彿とさせる山や川があり、作詞者の高野辰之記念館、「肩たたき」の作曲者中山晋平の記念館がある。

奥深い山の中を流れる木曽川とその支流を絵図や錦絵で見る

木曽路とともに隆盛を誇った木曽川

市川 厚

支流をたどる

木曽路はすべて山の中である。あるところは岨《そば》づたいに行く崖の道であり、あるところは数十間の深さに臨む木曽川の岸であり、あるところは山の尾をめぐる谷の入り口である。一筋の街道はこの深い森林地帯を貫いていた。

――あまりに有名な、島崎藤村『夜明け前』の書き出しである。

木曽は歴史深い地域である。『続日本紀《しょくにほんぎ》』によると、8世紀前半には道が開けたとある。中世には有力者による開発が進み、現在に残る多くの文化財からは、この地で豊潤な文化が育まれたことをうかがい知ることができる。

江戸時代になると、木曽路は江戸と京を結ぶ幹線道路の要衝地として賑わいを見せ、森林資源を生かした地場産業は大いに発達した。

ここでは、木曽路に沿って流れる木曽川の話題をいくつか紹介したい。

木曽川の源流は鉢盛山《はちもりやま》の南（現木祖村《きそ》）にあり、木曽路難所の一つに挙げられる鳥居峠が分水嶺となる。ここを境に西に向かって太平洋まで流れる木曽川には、急峻な谷の水が集まっていく。

明治時代初期に描かれた新開村（現木曽町福島）の地図（図1）を見てみよう。地図の中央付近には木曽路が通り、福島関所が描かれている。木曽路と平行して木曽川の流れが表されているが、この地図で目を引くのは、木曽川が目

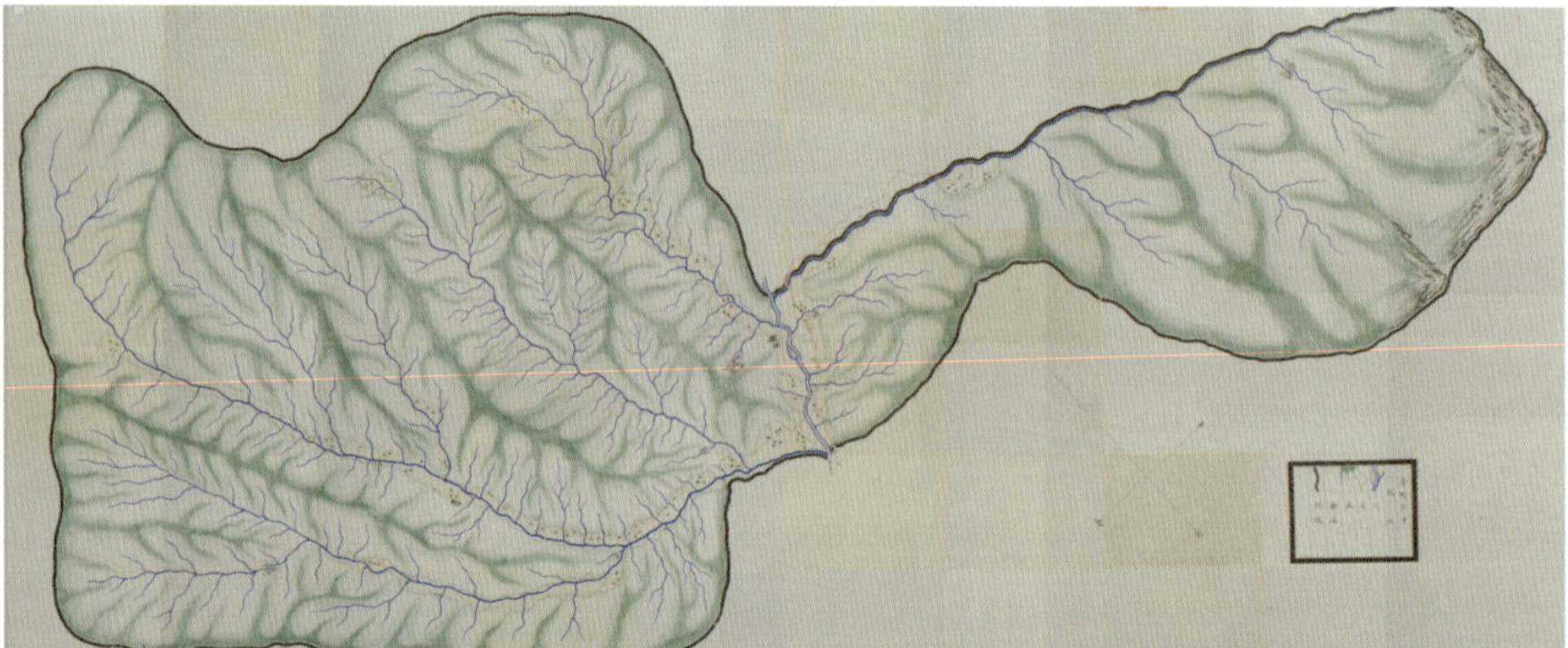

図１　明治近代町絵図 新開村図　長野県立歴史館所蔵　記載されている沢名は 170 を超す

図2　渓斎英泉 木曽路駅野尻 伊奈川橋遠景（木曽海道六十九次）
木曽路美術館所蔵
現大桑村。迫力のある急流が描かれている。画面左上の岩出観音は現存

立たないくらいに多く流れる谷沿いの沢であろう。魚の骨のようにも見えるそれぞれの沢には、それぞれの名前が書かれているのがおもしろい。

　奥深い山谷を縫うようにして流れるダイナミックな木曽川支流の様子は、江戸時代の錦絵（図2）からも見てとれる。

時代の移ろいとともに

　木曽川は、時代ごとにその役割を大きく変えていく。

　秀吉の築城や方広寺大仏殿建設には木曽材が大いに使われたといわれるが、江戸時代の木曽川は木材を運ぶ重要な役割を担った。その際、伐採から運材までの工程は、木曽式伐木運材法として確立された。

　明治時代後期に鉄道が開通してからは木曽川の役割は変わっていき、電力王として知られた福沢桃介《ももすけ》らによる電力開発が進んだ。

　昭和時代以降、木曽川は、農業用水あるいは工業用水の供給源として日本の根幹を支える役割を担った。

　名勝寝覚《ねざめ》の床《とこ》（図3）や重要文化財読書《よみかき》発電所、桃介橋など、信州を流れる木曽川の景観は今も見所が多い。

図3『木曽路名所図会』臨川寺 寝覚床
長野県立歴史館所蔵
江戸時代後期、秋里籬島によるいわゆるガイドブック。「木曽第一の眺望なり」との文章がある

明治の村絵図に見る犀川沿いの村

溝口俊一

犀川通船で栄えた信州新町

現在は犀川《さいがわ》沿いに国道19号が通っているが、川沿いは山が迫り通行には危険が伴ったため、松本ー善光寺平間の人や物資の往来は犀川筋を避け、現在の筑北《ちくほく》村を通る北国脇往還《ほっこくわきおうかん》（善光寺街道）が一般的だった。

犀川では筏による木材の運搬はおこなわれていたようだが、本格的に物資の運搬に利用しようとする動きは経済活動が活発になる江戸時代中期以降である。元文4年（1739）、松本の新橋から善光寺町までの川舟往来の許可を松本藩に願う者があったが、荷物が減少し宿場が困る、堰取り入れ口に支障があるなど反対の意見が出され、すぐには実現しなかった。

通船が承認されたのは天保3年（1832）のことである。積み荷を限定し、松本の白板から現在の長野市信州新町にあった新町村までの14里間の通船が許可された。善光寺平ではなく新町村までになった理由は、新町村の下流に弥太郎の滝があり、運行が困難であったからと言われている。新町村で荷揚げされた荷物は、陸路稲荷山方面に運ばれていった。もともと周辺山間部の麻などの特産物の集積地であった新町村は、松本ー善光寺平間の物流の中継地となり繁栄期を迎える。

図1　明治8年（1875）から14年まで存在していた上水内郡信岡村の絵地図。蛇行して流れる犀川の様子がよくわかる
長野県立歴史館所蔵

弘化4年（1847）の善光寺地震では、下流の岩倉山の崩落で犀川がせき止められ、大きな被害が出たが、村人の努力により復興している。通船の運航後も街道筋の宿場との紛争が続いたが、明治に入ると積み荷の制限がなくなり犀川通船はさらに発展を遂げていく。

図1は、明治初め頃の上水内郡信岡村の地図である。信岡村は、新町村と隣の上条村が合併してできた村である。中央部には枡形を挟んで多くの屋敷が建ち並ぶ通りが見られ、犀川通運によって栄えたこの地の様子がうかがえる。

新町村に繁栄をもたらした犀川通船だが、明治35年（1902）に篠ノ井線が開通し、犀川沿いの道路の改修が進むと、昭和12年（1937）に役割を終えた。

心してゆけ久米路橋

新町村で荷揚げされた荷物は下流の久米路《くめじ》橋（水内橋）を通って稲荷山まで運ばれていった（図2）。久米路橋は長野県歌「信濃の国」に「心してゆけ久米路橋」と歌われる名勝である。この久米路橋周辺には、次のような伝説が残っている。

橋の近くにお菊という娘が住んでいた。当時の村人の暮らしは一様に貧しく、お菊の家も同様であった。あるとき、村の金持ちの家から小豆が一俵盗まれた。犯人を探すためにお菊の村を役人が訪れていると、村の子どもたちと遊んでいるお菊が「おらあ毎日小豆のまんまを食べている」と話していた。これを聞いた役人はお菊の父親を捕らえ牢に入れてしまった。そのころ、久米路橋は大雨の降るごとに流されていた。村人たちは水神の怒りを静めるために人柱を沈める必要があると考え、罪人であるお菊の父親を人柱として沈めてしまった。お菊はショックを受け、話すことができなくなってしまった。その後、猟師が鳴き声を頼りにキジを仕留める様子を見たお菊は「キジも鳴かずばうたれまいものを」とだけつぶやいたという。

悲しい伝説ではあるが、それほど水内郡と更級郡を結ぶ久米路橋の重要性や水害を克服したいという村人の切実さも感じ取ることができる。

図2　久米路橋（水内曲橋）『信濃奇勝録』長野県立歴史館所蔵

絵図と地図が合併したような図

松本平のシンボル常念岳

笹本正治

烏川

図1は「筑摩県管轄信濃国安曇郡烏川村《からすかわ》」の地図である。烏川村は明治7年（1874）9月5日に岩原村、上堀金村、下堀金村、中堀新田村が統合してできた。昭和30年（1955）4月1日に烏川村は三田村と合併して堀金村となった。堀金村は2005年の合併で安曇野市に入った。

村の歴史からして、地図は明治11年（1878）につくられた「一村限明細絵図」の一つで、現在の地図ができあがる過程を示す貴重なものといえる。地図を見ると、下方の平地部分はしっかり測量された地図になっているのに、上方の山地部分は写生したように描かれており、表現方法が対照的で、絵図と地図が合併したような図である。

地図の中に見える直線の細い朱線は方位線である。目に付く高山の山頂などを基盤にして、この地図が描かれたのである。同じ朱色で曲線によって描かれているのが道である。これには太く描かれた大道と細く描かれた枝道がある。川や池は水色（青）で示されている。

地図で重要なのは水源となっている烏川で、水の流れがまるで血管のように隅々に生で浸透していく状況がわかる。それゆえ、村の名前として烏川も選ばれたのであろう。

この川は飛騨山脈（北アルプス）の常念岳《じょうねんだけ》（標高2857m）や蝶ヶ岳《ちょうがたけ》（標高2677m）に源を発し、東に流れる。いくつかの支流をあわせて須砂渡《すさど》に至り、北東へと流れを変え、安曇野市の穂高橋下流で乳川《ちがわ》へ合流する。これから下流は穂高川となる。

拾ヶ堰

地図では烏川が山から里へと流れ出したときには幾筋もあるのに、次第に消えていく状況が見て取れる。烏川の地名由来は推積した礫に黒色のものが多いことからとされるが、空洲で水がなくなって空の洲だけがあるからともいう。

この地域は烏川が中心となってできた扇状地で、扇央は水が地下に潜ってしまう。このことが空洲と結びつくのである。安曇野市のイメージはワサビとのつながりで水が豊富だと思われ

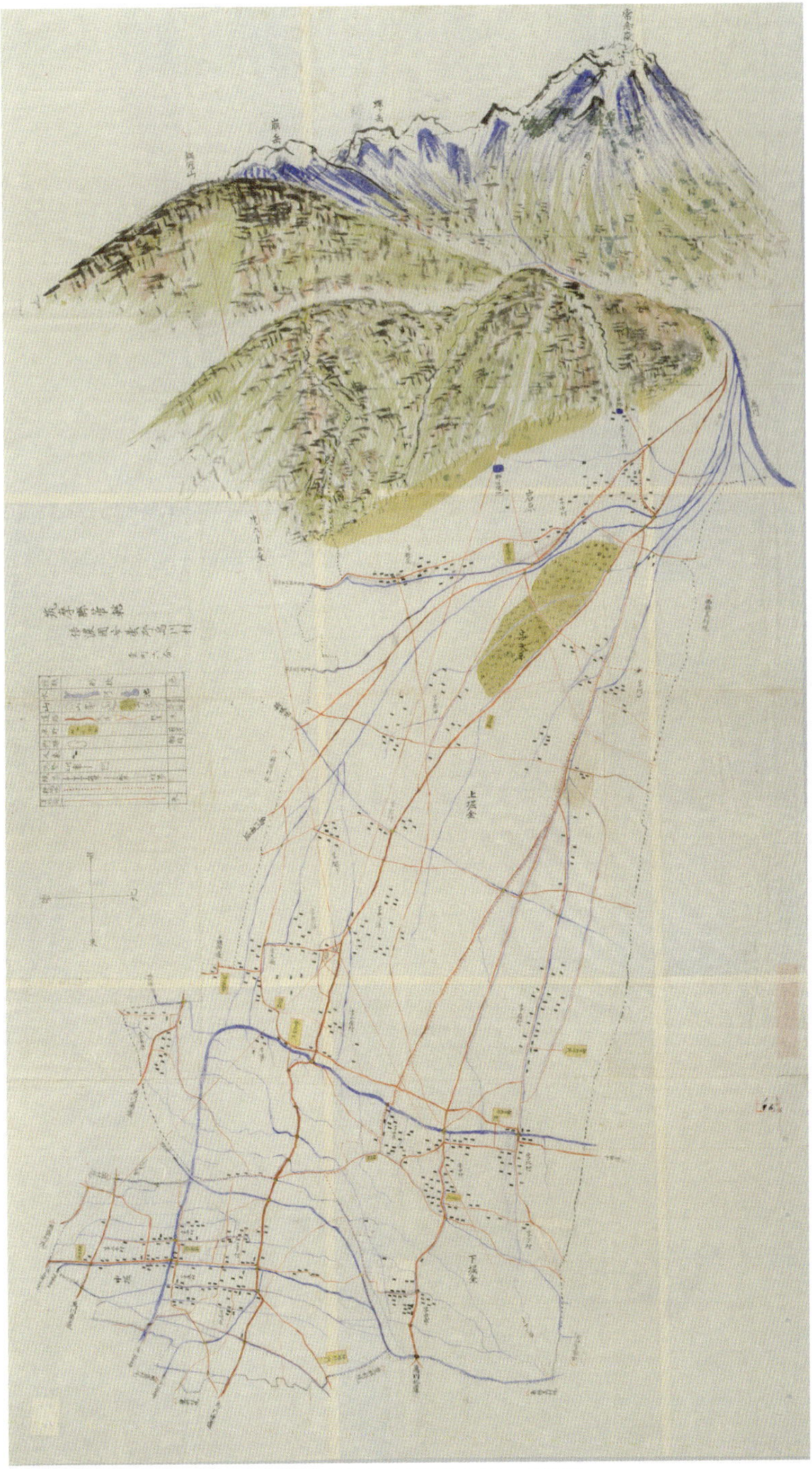

図１　筑摩県管轄信濃国安曇郡烏川村　長野県立歴史館所蔵

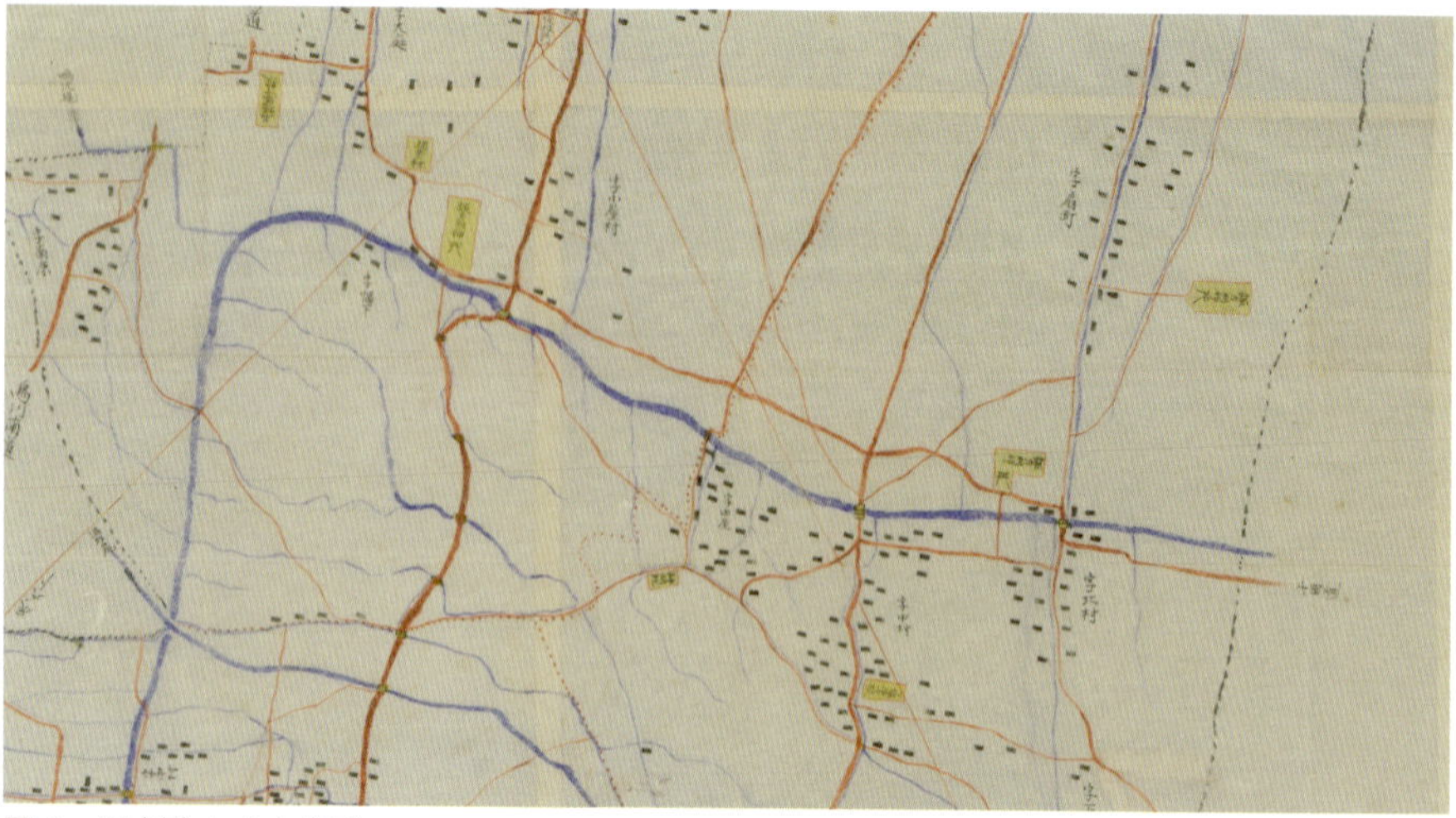

図2　下（東）から上（西）、さらに右（北）へと流れる拾ヶ堰

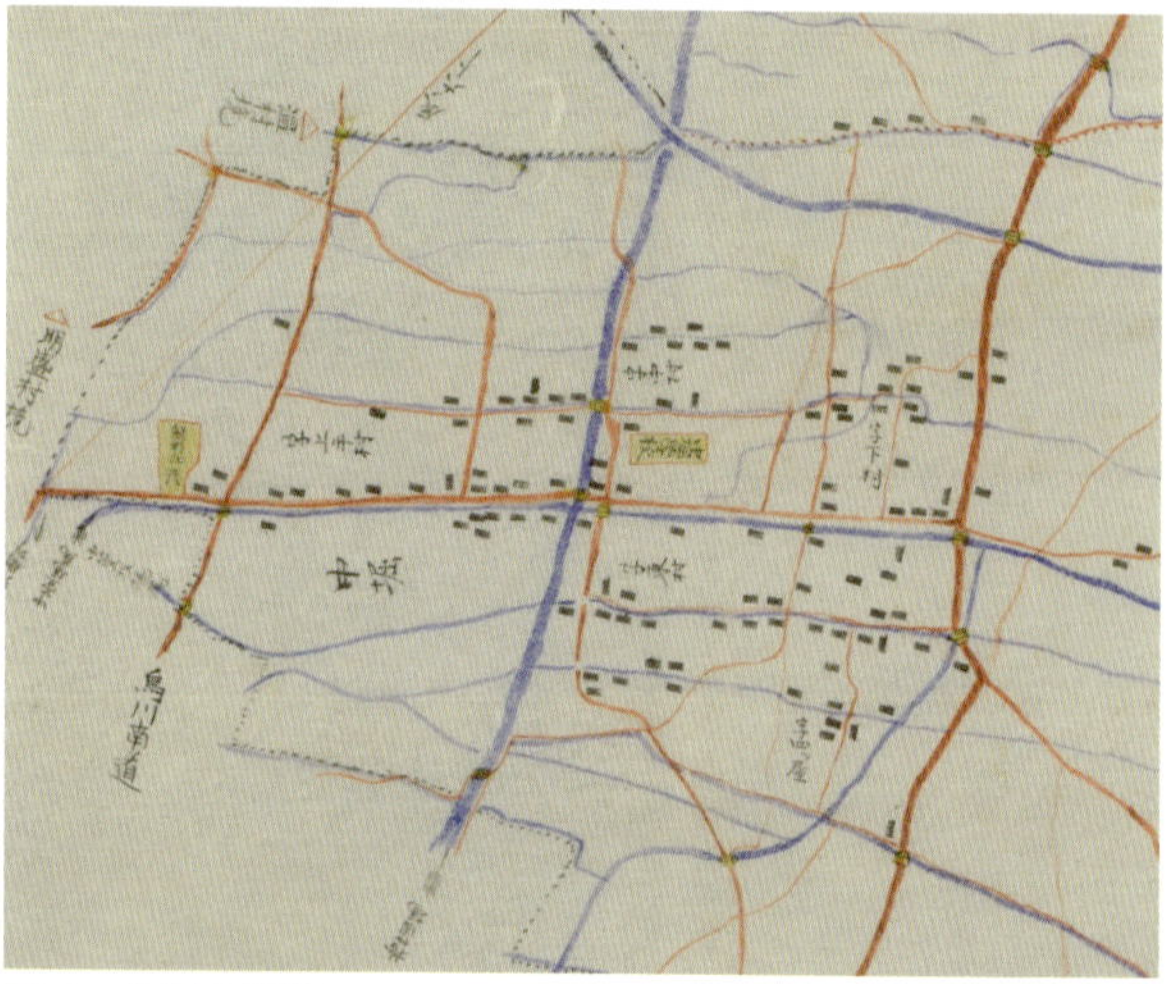

図3　中堀の集落

がちであるが、扇状地の扇央では水がない。

これを克服するために多くの堰（用水路）がつくられた。地図の下方にほぼ直角に曲がった太い水色の線が見えるが、これが安曇野における最も大規模な用水路の拾ヶ堰《じっかせぎ》である（図2）。奈良井川《ならいがわ》（松本市島内）から取水し、梓川を横断し、地図に見えるように大屈曲し、烏川に至る約15㎞の用水路で、2016年に国際かんがい排水委員会のかんがい施設遺産に登録された。

その歴史は寛政2年（1790）頃に保高組大庄屋の等々力孫一郎《とどろきまごいちろう》が計画を始め、寛政11年（1799）に柏原村元庄屋の中島輪兵衛が同様の計画をした。文化9年（1812）2月に輪兵衛宅の隣に航海安全の神であり水の神としても知られる金比羅大権現を勧請し社を建立した。12月に吉野村庄屋の岡村勘兵衛、等々力町村庄屋の白沢民右衛門などが計画に加わった。

文化11年（1814）5月には工事の絵図面その他見積願書を松本藩に差し出し、年末に堰筋の杭打ちがされた。翌年2月11日に工事着手がされ、5月11日に竣工し、7月3日に通水をみた。翌年から使われるようになった。

図の下方に中堀《なかほり》の集落が記されているが（図3）、安曇野らしい風景として写真などが紹介するのは、ここから少し東側の「拾ヶ堰じてんしゃひろば」からの眺めである（図4）。ここから堰が直角に曲がる堀金小学校東側まで、拾ヶ堰はあたかも常念岳に向かっていくかのように流れている。

図４　じてんしゃひろばからの拾ヶ堰

図５　安曇野市役所から見た常念岳

常念岳

地図で注目されるのは、烏川の水源として常念岳、蝶ヶ岳、崩岳《くずれだけ》が青く遠くに描かれ、その前面には緑で鍋冠山《なべかんむりやま》が描かれていることである。崩岳は長野県松本市と安曇野市にまたがる標高2616mの大滝山《おおたきやま》を指している。鍋冠山は標高2194・2mある。

長野県の中心に位置する松本平に住んでいる者にとってもっとも親しい山は常念岳である（図5）。

小説家の北杜《きたもり》夫《お》は常念岳をピラミッドに、美ヶ原の王ヶ鼻をスフィンクスに例えているが、日々仰ぐ美しい姿は別格である。しかも、この山は見る角度でまったく異なって見える。北杜夫が青春を送った松本の中心部から見るときれいな三角形で、まさにピラミッドといえる。ところが安曇野市明科《あかしな》方面から見ると前常念岳が鞍のように突き出し、三角形には見えない。

この地図に描かれた常念岳などはまさしく烏川村からの実景である。

時代や地域によって違った山の呼び方

北アルプスの山の名は？

畔上不二男

校歌に謳われる北アルプス

長野県の校歌のうち約90％に山が詠み込まれていた。２０１４年に長野県立歴史館が県内のすべての公立小・中・高校６９３校に調査した結果である。

このうち、もっとも多かったのが「アルプス」。この「アルプス」は実際には北アルプスを指していて、その数は90。とくに多いのが中信地方の47校であるが、「アルプス」以外にも「穂高岳」16校、「常念岳《じょうねんだけ》」12校、「槍ヶ岳」10校、「白馬岳」８校など、北アルプスの個々の山名も数多く謳われている。

「日本アルプス」名の誕生

時は明治時代初め。長野県と岐阜県にまたがる飛騨山脈を「日本アルプス」と呼んだのは、日本政府の御雇い外国人、イギリス人のウィリアム・ゴーランド（１８４２～１９２２）。その後、山旅をした同国宣教師ウォルター・ウェストン（１８６１～１９４０）が『MOUNTAINEERING AND EXPLORATION IN THE JAPANESE ALPS』と題して本国で出版した。この翻訳本『日本アルプス登山と探検』が日本で出版された。

登山家の小島烏水《うすい》（１８７３～１９４８）が飛騨山脈を「北アルプス」、赤石山脈を「南アルプス」、木曽山脈を「中央アルプス」、それらの総称を「日本アルプス」と呼び、定着した。

大正時代から昭和にかけて、大衆の楽しみとして日本の近代登山が広がる。

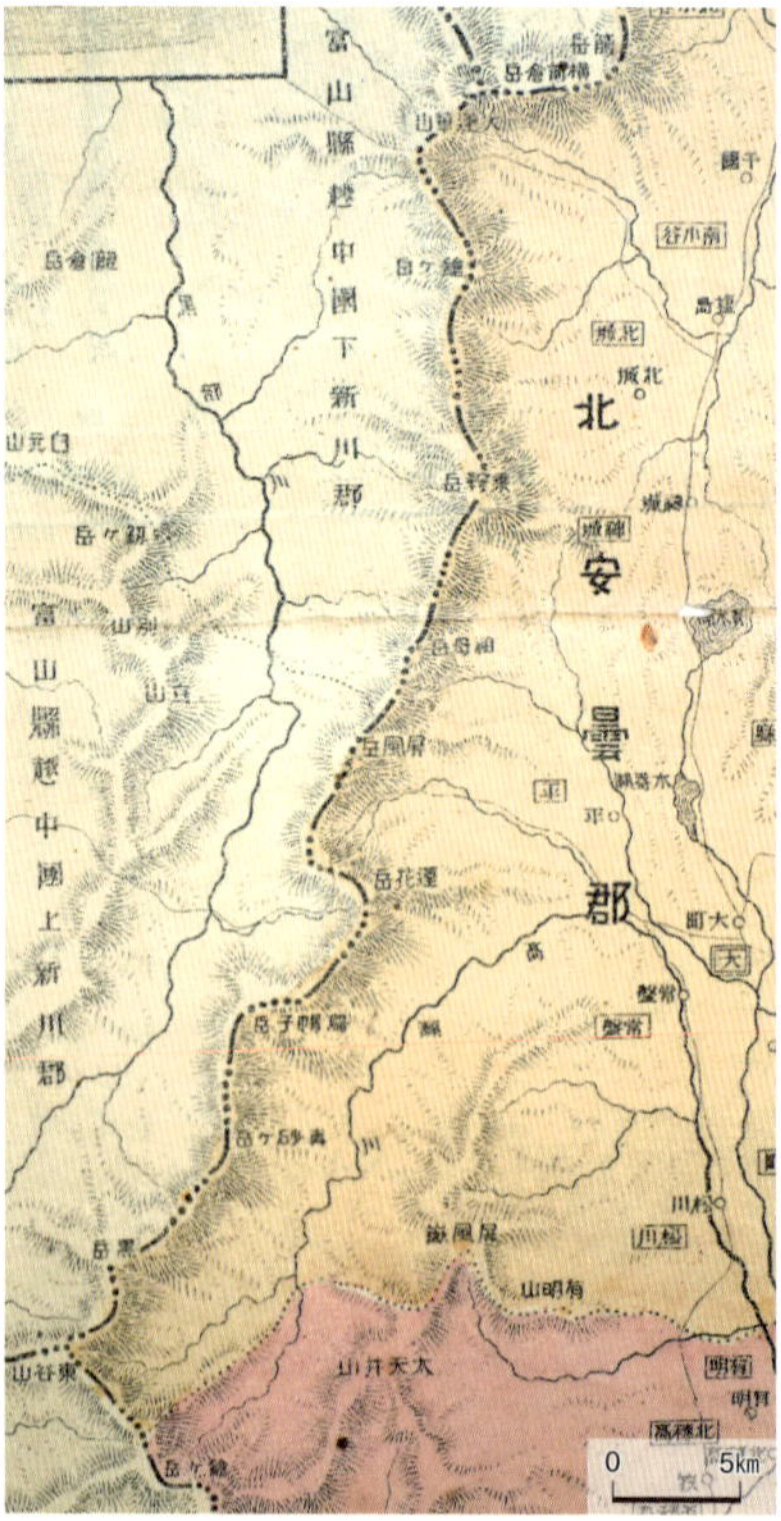

図１　明治43年（1910）『長野縣管内全図』（後藤七郎右衛門著、中村由松・福岡元次郎発行）の北アルプス北部地域　長野県立歴史館所蔵

図２　江戸時代後期の『信濃国絵図』（書林菊屋七郎兵衛ほか）の一部　長野県立歴史館所蔵

今と違う山名

図１は明治43年（1910）に発行された『長野縣管内全図』の北アルプス北部地域である。県境を北から南へ箙《えびら》岳、横前倉岳、大蓮華山、槍ヶ岳、乗鞍岳、祖母岳、屏風岳、蓮花岳、烏帽子岳、真砂ヶ岳、黒岳、東谷山、槍ヶ岳と続いている。

図2は江戸時代後期の絵地図と思われる『信濃国絵図』である。これも北から南へ箙岳、横前倉岳、風吹岳、乗鞍岳、槍岳、ケンノウ岳、マスカ岳、セイクラへ岳と連なる。

これらの山を見て、これが北アルプスだと確信できる人はどれだけいるだろう。今の地図ならばこの位置に白馬連峰、唐松岳、五竜岳、鹿島槍ヶ岳、爺ヶ岳、蓮華岳…と並んでいるが、今の山名とは大きく異なっている。

山名の新旧について、新旧の地図を対照してみた。箙岳と横前倉岳は現在も同じである。大蓮華山は今の小蓮華岳周辺から白馬岳一帯に当たる。槍ヶ岳と乗鞍岳の名は北アルプスに複数あるが、この槍ヶ岳は白馬槍ヶ岳、乗鞍岳は唐松岳辺りである。祖母岳は今の爺ヶ岳南峰だとする見方があるが、この頃の別の地図には祖父岳の名も見られる。

屏風岳は今の岩小屋沢岳・鳴沢岳・赤沢岳辺りである。蓮花岳は今は蓮華岳の漢字が当てられている。

これらのように、今と昔では山名に違いがあり、地域によっても山の呼び方が違う場合もある。明治から大正時代にかけて国（大日本帝国陸地測量部）による地形図が完成・発行され、そこに表記された山名が基準となったと思われる。

図３　白馬三山
（鑓ヶ岳、杓子岳、白馬岳）

信州側からも上州側からも容易に拝める山

「浅間山」を中心に据えた街道地図

山田直志

宿場や町村の配置図

この地図は2016年、長野県立歴史館が佐久《さく》市森泉次夫氏より寄贈を受けた、佐久郡上平尾村森泉家文書、約4000点の資料群に含まれていたものである。森泉家は近世、上平尾村の名主であった家である。

この地図には正式な名称がついてはいないが、江戸時代末期のものであるとされている。縦65㎝×横70㎝のほぼ正方形のこの地図の中心には、浅間山が描かれているのが大きな特徴である。とはいえ、浅間山を描く目的でつくられたのではなく、浅間山を中心とした街道筋の宿場や町村の配置図といってよかろう。

地図には、南北に太めの黒い線で信州と上州の境が引かれており、それよりもやや細めの線で各郡の境が示されている。郡名や、上田、松代《まつしろ》、小諸、岩村田、高崎、安中、小畑（小幡）の城下町は赤の四角で示されている。最北に書かれているのは善光寺である。善光寺のみが赤の真ん丸で囲まれていることから、他の地名とは別格に扱われていることがわかる。

宿場は地名を四角で囲って示されており、宿場の間や周辺の村々はその名を楕円で囲まれている。その楕円は、茶色や黄色などで色分けをされている。この地図には凡例がないので推定だが、各村々が、幕府領なのか藩領なのか等の管轄の区分を示しているようである。江戸末期の各村の管轄を調べ、色別に比定を試みたが、この地図の制作年が不明のため、確かな凡例を示すまでには至らなかった。

なぜ浅間山が中心なのか

いずれにしても、浅間山を中心に据えて、信州と上州の街道筋の町村の配置を示している珍しい地図である。この地図が何らかの文書の附図なのか単独の地図なのかが不明であるため、その使途を限定することは難しい。しかし、この地図を眺めてみると、旅行のガイドマップを見ているような気分にもなってくる。

また、この地図を見るにつけ、浅間山という活火山の特異性に気づかされる。万が一活火山が大噴火をすると山麓の山々には大被害が及ぼされる。しかしながら、浅間山麓には多くの街

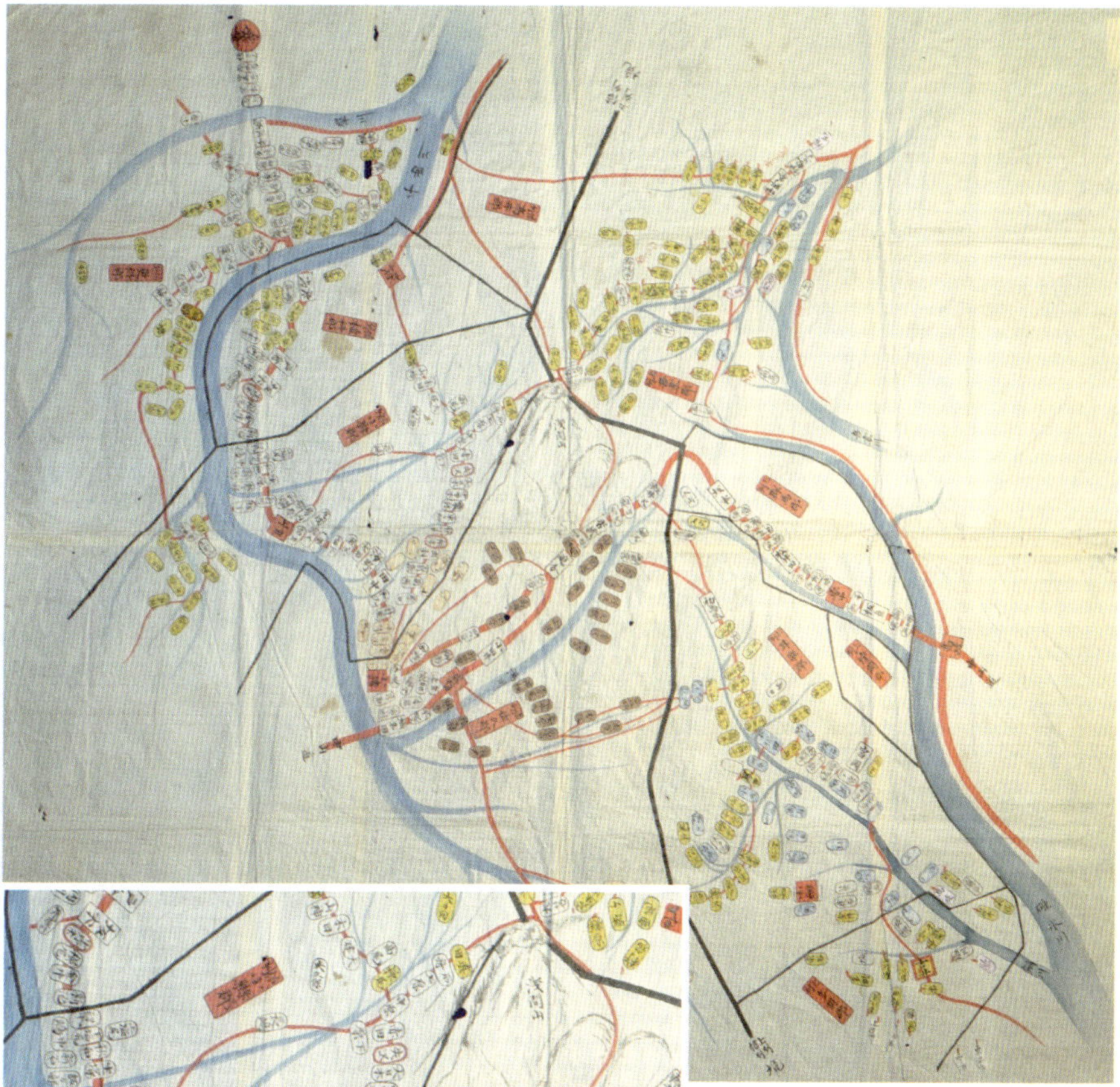

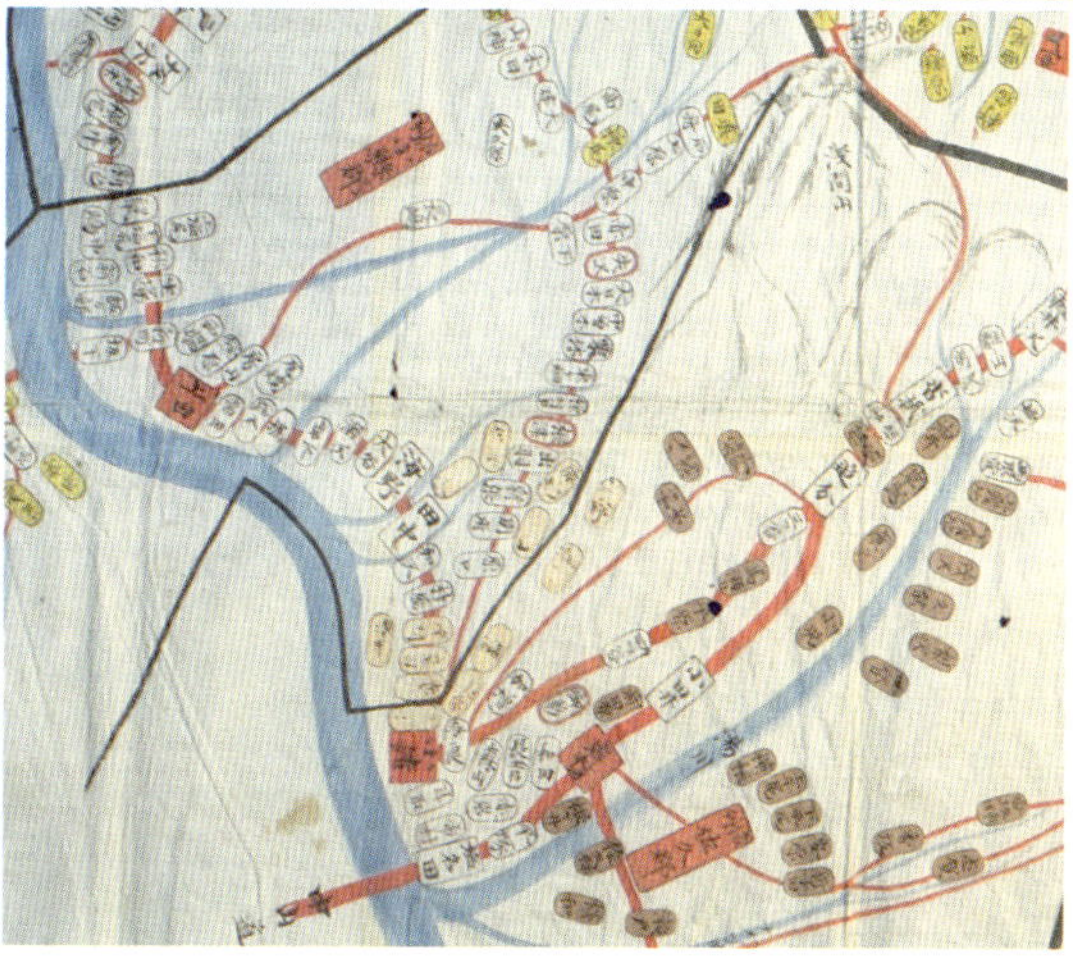

図１　浅間山を中心 信州上州中山道北国道等街道筋村宿等
長野県立歴史館所蔵

図２　中心部付近を拡大したところ（右上が浅間山）

道が通り、宿場があり町村がある。

信州の山脈には、その山の全容を捉えるには険しい山道を行かなければならない山もある一方で、浅間山は信州側からも、そして上州側からもその姿を容易に拝むことができるのである。

そんな浅間山を中心に街道や宿場町を配置した地図がつくられたのは、活火山でありながらも、人々にとって身近で親しみを感じられる浅間山だからこそではないだろうかと思うのである。

平安時代から続く名勝地

冠着山（姨捨山）と田毎の月

溝口俊一

姨捨伝説と冠着山

年老いた親を山へ捨てる姨捨《おばすて》伝説は各地に残るが、その舞台の一つが、千曲市と東筑摩郡筑北村にまたがる標高1252mの冠着山《かむりきやま》である（図1）。別名姨捨山や更級山ともいう。

月の名所としても知られ、平安時代の前期に編さんされた『古今和歌集』には「我が心なぐさめかねつ更級や姨捨山にてる月を見て」（よみ人知らず）と詠まれている。千年以上前に月の名所として都にまでその名が知られていた。

この歌にまつわる話が、同じく平安時代の歌物語である『大和物語』に見られる。

信濃の国の更級というところに男が住んでいた。若いときに親を亡くし、叔母が親のように面倒を見てくれていた。しかしこの男の妻は、叔母のことをこころよく思っていなかった。年老いて腰が曲がった叔母をやっかいに思い、男に「深い山に捨ててしまってください」と責め立てた。男も次第にそうしてしまおうと思うようになった。月の明るい夜に、寺に行くとだまして叔母を背負って山に入り、下りてこられそうもない場所に叔母を置いて逃げてきた。家に帰った男は、自分を親のように育ててくれた叔母のことを思い、山の上から月が明るく出ているのを眺めながら「我が心なぐさめかねつ更級や姨捨山にてる月を見て」と詠み、山へ戻って叔母を連れ帰ってきた。これよりあと、この山を姨捨山と呼ぶようになった。

姨捨伝説と月を見事に結びつけた物語である。姨捨伝説や月の名所は各地にあるが、その二つが結びついたことで、この地の美しい景色がさらに魅力を増し、姨捨山や更級は多くの和歌に詠まれるようになった。

図1　冠着橋（千曲市）から見た冠着山

名勝「姨捨（田毎の月）」

江戸時代に入っても姨捨山や更級の人気は衰えない。松本から善光寺に向かう北《ほっ》国脇往還《こくわきおうかん》（善光寺街道）では、麻績《おみ》宿を抜け、猿ヶ馬場《さるがばんば》峠を越えると更級の地にたどり着く。また、追分宿から善光寺に通ずる北国街道でも、戸倉宿を過ぎたあたりから姨捨山の姿を間近に見ることができる。

図2ように、放光院長楽寺周辺は姨捨十三景が設定され、善光寺に向かう多くの参拝客が訪れた。

松尾芭蕉もこの地を訪れ月見を楽しんだ。貞享4年（1687）、京から江戸への帰路、更級を訪れ、翌日に善光寺詣し、江戸に戻っていった。このときの紀行文が『更級紀行』である。

現在は冠着山が姨捨山であるとされているが『善光寺道名所図会』を見ると冠着山と姨捨山は別の山として描かれている。容易に訪れやすい場所を姨捨山と設定することで、多くの旅人を呼び込もうとしたのかもしれない。

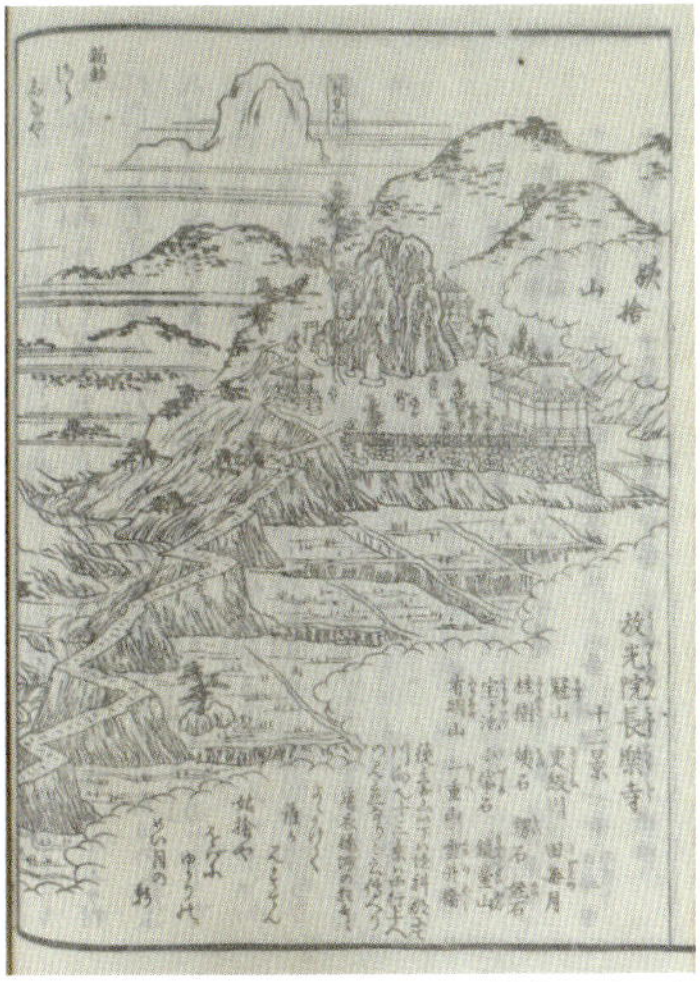
図2　放光院長楽寺周辺（『善光寺道名所図会』）長野県立歴史館所蔵

月の美しさをより引き立てているのが長楽寺の下段に広がる棚田である。この棚田一枚一枚に月が映る様子から「田毎《たごと》の月」として親しまれてきた。江戸時代には多くの俳句や錦絵の題材として扱われている。この景観は現代も引き継がれ、1999年には「姨捨（田毎の月）」として名勝指定されている。また、2010年には「姨捨の棚田」が重要文化的景観に選定された。JR篠ノ井線姨捨駅周辺からの眺めは日本三大車窓の一つとされており、1000年の時を越え、今なお多くの人びとの心を引きつけている。

図3　信州更科田毎乃月　歌川広重　長野県立歴史館所蔵

山稼ぎの地から国際的リゾート地へ

100年前の志賀高原

畔上不二男

神津藤平による開発と命名

日本最大級のスキーエリアが広がり、1998年には長野オリンピックのアルペンスキー会場となった志賀高原。近年は国際的リゾート地としてにぎわう。

この志賀高原の開発前の姿を100年ほど前の地図で見てみよう（図1）。

まず、地図上の地名に「志賀高原」は見当たらない。そもそも「高原」は明治時代の翻訳語で、島崎藤村の『千曲川のスケッチ』から広まった。

志賀高原の地名は、大正時代からこの地の観光開発をはじめた長野電鉄創業者の神津藤平《こうづとうへい》による命名である。神津はこの地にそびえる志賀山と、自分の出身地である北佐久郡志賀村にちなんで名付けた。

神津は鉄道を敷き（長野電鉄全線開通は昭和3年）、地元と協力しながら湯田中温泉・上林《かんばやし》温泉（ともに山ノ内町）に遊園地を開業した。これを足場として志賀高原開発を進める。特にスキー場開発に力を入れ、丸池湖畔などに宿泊・休憩所を建設し、スキーツアーコースを整備していった。

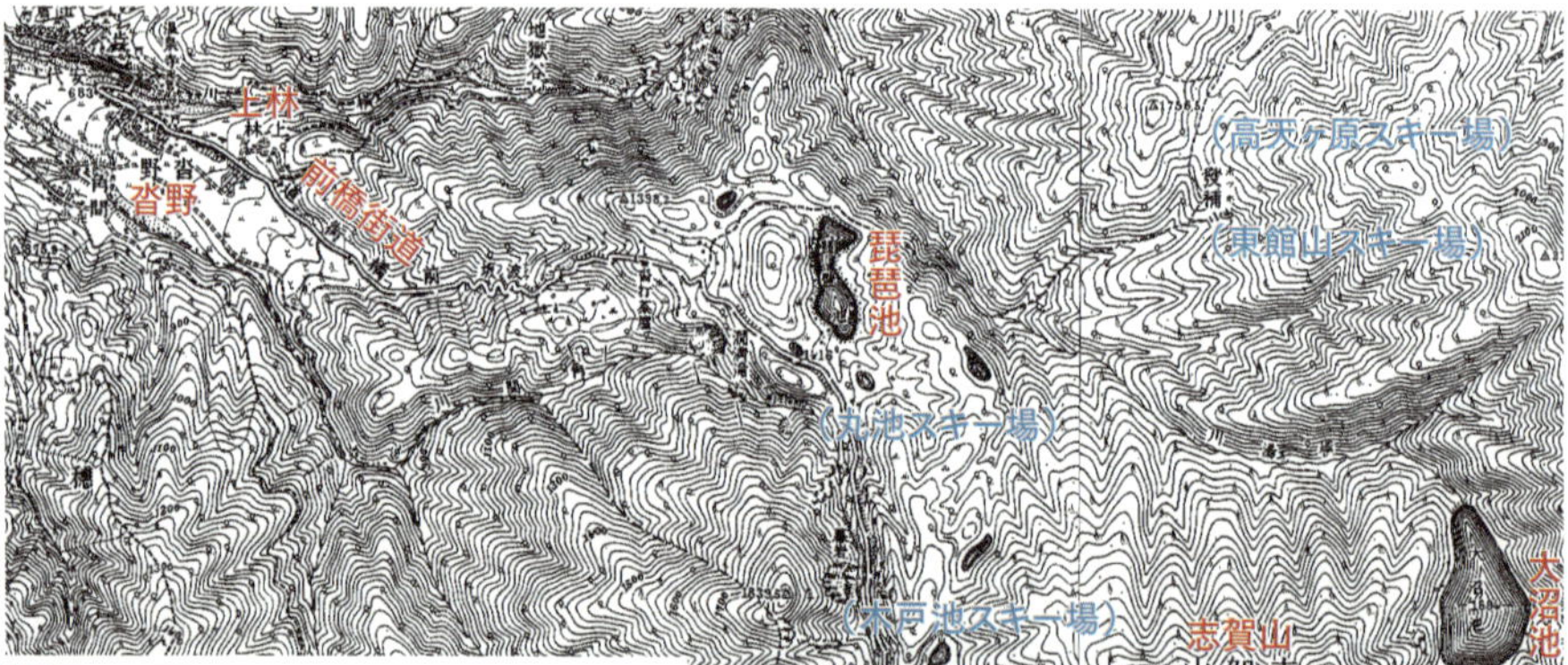

図2　志賀高原の中央火口丘「志賀山」（2035 m）

図1　大正時代の志賀高原周辺の地図 1/5万「中野」「岩菅山」大正元年

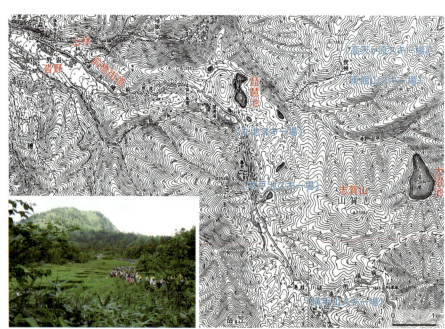

白箸・竹細工などの山稼ぎの地

この地図にスキー場はない。現在のスキー場は、針葉樹林（Λ）や広葉樹林（Q）となっている。昭和30年（1955）以前、ここは麓の沓野村と湯田中村の村山で、村民が山稼ぎの場として利用してきた。林産資源を使っての白箸《しらはし》作り（図3）、竹細工、ろくろ細工、蔓《つる》細工、炭焼き等である。

割り箸に代表される白箸は、塗り箸と異なり素朴な箸だが、楊枝を埋め込んだ子持箸も作られた。白檜《ひのき》・唐松・栂《つが》などの木が、鋸《のこぎり》・鉈《なた》・鉋《かんな》などの道具を用いて加工された。白箸の生産は江戸時代末期頃から冬の副業として始まり、専業も現れた。明治19年（1886）に60戸だった生産戸数は明治44年には285戸に増加した。昭和10年（1935）には年間2010万膳の生産記録がある。製品は東京・名古屋・新潟・北海道など各地に出荷された。

ろくろ細工では茶盆・菓子器・椀類などが、蔓細工では籠や玩具などが、温泉土産として地元で販売された。竹細工の竹は志賀高原に繁茂するネマガリダケ（チシマザサ）で、蚕籠・桑ボテなどの蚕具や大小のザルなどに製品化され、各地に出荷された。炭焼きは、昭和20年に40戸で2万4千俵を生産している。

図3　白箸

火山の高原と前橋街道

この地図には、大沼池や琵琶池などいくつかの池が点在する。志賀高原は火山活動によって形成された高原である（図2・4）。熊ノ湯、発哺《ほっぽ》（発哺）には温泉が湧き出ている。

この志賀高原を通る主要道が前橋街道である。江戸時代は信州側からは草津道、上州側からは渋湯道、善光寺道であり、多くの人や物が行き交った。草津と善光寺を結ぶ観光道路でもあった。庶民による旅が盛んになった江戸時代後期、草津温泉は東日本随一とも言われる大温泉地であり、多くの客が訪れたのである。信州からは、地元の農民により、多くの米・塩・食料・日用品などが牛荷として運ばれた。

草津道は明治時代になって北信州と群馬県前橋を結ぶ道路として整備されたが、自動車道路として整備されるのは神津藤平による開発以降である。

昭和45年（1970）、「志賀・草津高原ルート」が舗装されて有料道路となり、バスやマイカーが押し寄せる観光地として発展していく。

図4　渋池と横手山（2307 m）

軽井沢と別荘

戦前の軽井沢開発の実態を伝える鳥瞰図

林 誠

別荘地としての軽井沢

冷涼な気候と、浅間山などの景観で有名な軽井沢は、江戸時代には、中山道を上州側から信濃に入って最初の宿場町だった。

避暑地・別荘地としての歴史は、カナダ人宣教師のアレクサンダー・クロフト・ショーが、旅館「つるや」の主人佐藤忠右衛門の斡旋により明治21年（1888）に別荘を設けたときからはじまる。その後、明治26年（1893）に信越本線が碓氷峠《うすいとうげ》を越え、東京と直結、翌年には最初の洋式の亀屋ホテル（明治27年、後の万平《まんぺい》ホテル）ができ、その後も軽井沢ホテル（明治32年）、三笠ホテル（明治39年）等が相次いで開業した。こうして、軽井沢は外国人にも人気の避暑地に数えられるようになってゆく。

大正年間になると、堤康次郎（西武グループの創始者）の「箱根土地」によって沓掛周辺から千ヶ滝《せんがたき》一帯の別荘地開発が進み、東京の上流階級の別荘地、リゾート地としての地位を確固たるものとする。

図1　吉田初三郎 軽井沢町鳥瞰図（昭和9年〔1934〕）軽井沢町観光課発行　長野県立歴史館所蔵

軽井沢町発行の鳥瞰図

《軽井沢町鳥瞰図》は、昭和9年（1934）に軽井沢町によって発行された（図1）。鳥瞰図の制作は吉田初三郎（およびその弟子の前田虹映《こうえい》）。画面下に千曲川流域を配し、軽井沢一帯はひときわ高く、巨大な台地状に表現される。画中には多くのホテル、別荘地、スポーツ施設が描かれ、また、主要な場所はローマ字を併記している。

旧軽井沢とその周辺の別荘地

もとは碓氷峠を控えた中山道の宿場として賑わった地域であるが、明治21年（1888）に直江津線（後の信越本線）の軽井沢駅が開業すると、宿場は衰退した。アレキサンダー・C・ショーは、軽井沢の気候と自然を気に入り、ここに小さな別荘を建てた。以後、旧軽井沢には次々と別荘が建てられ、洋式のホテルなども開業した。作品でも、多くの洋式ホテルやキリスト教会が確認できる。

新軽井沢

信越本線の軽井沢駅とその北側に開けた地域は、新軽井沢と通称されている。信越本線軽井沢・横川間が開通し、軽井沢が東京と直結すると、さらに開発が進んだ。ここから北東方向の「雲《くも》場《ば》池《いけ》」附近には、ゴルフ場やプールなど、スポーツ施設も多い。

なお、図3の軽井沢駅舎の右上には、草軽《くさかる》電気鉄道の「新軽井沢」駅が見える。

大学村と北軽井沢別荘地

日本を代表する観光地である軽井沢と草津温泉は、意外にも昭和30年代半ばまで鉄路で結ばれていた。

その歴史は古く、新軽井沢・草津温泉間が全通したのは大正15年（1926）のことであった。初三郎作品でも、草津温泉の手前に「法政大学村（現大学村）」や「北軽井沢」別荘地の整備が進んでいる。

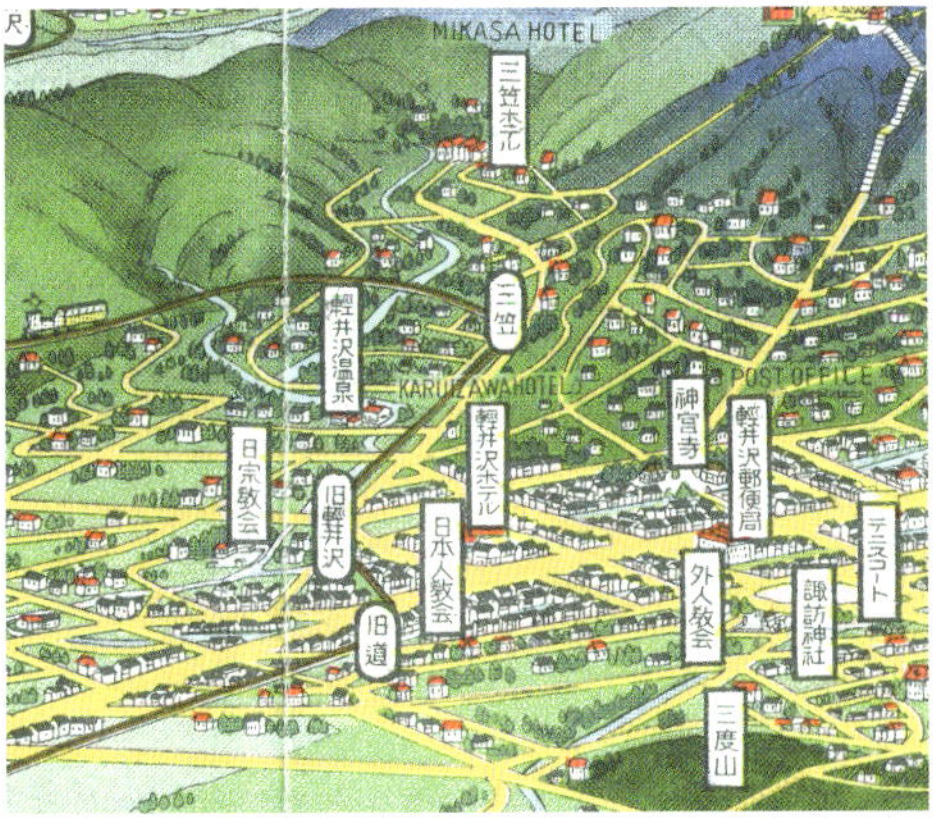

図2　旧軽井沢付近

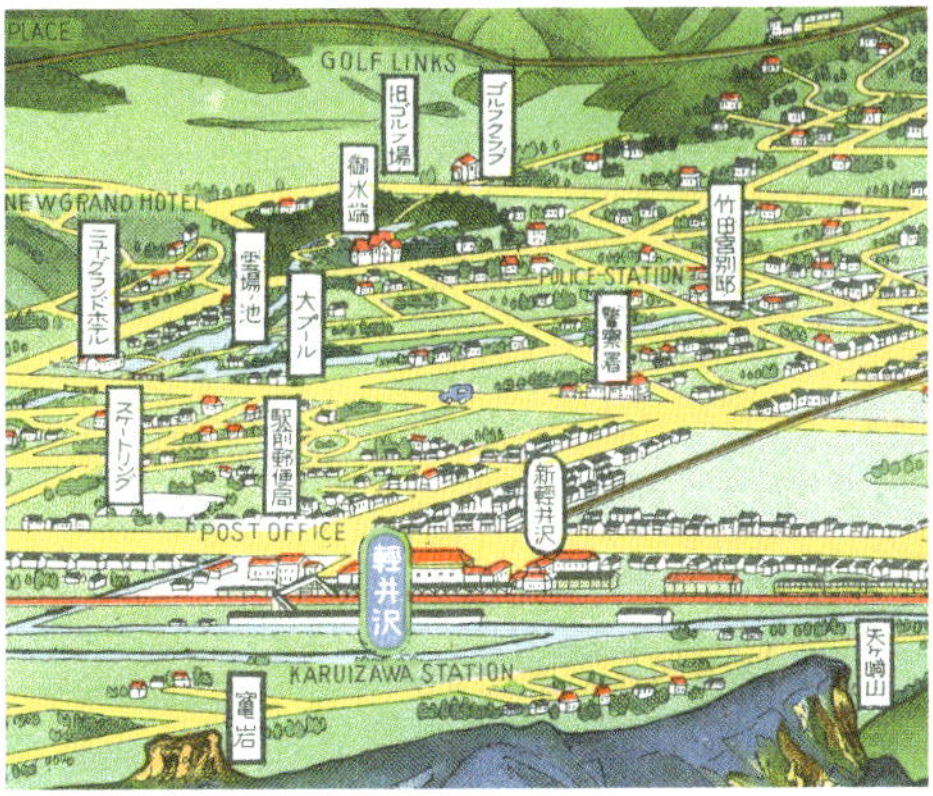

図3　軽井沢駅付近

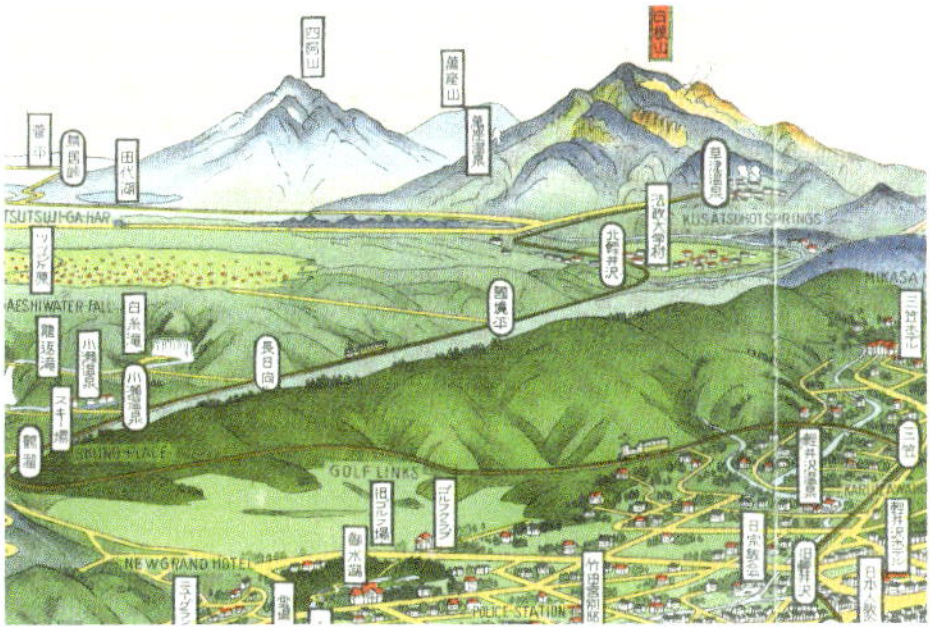

図4　北軽井沢、大学村付近

絵はがきの中の信州②

笹本正治

千曲川　小諸城址にて　長野県立歴史館所蔵

小諸城址と言えば「小諸なる古城のほとり　雲白く遊子悲しむ」で始まる、島崎藤村の「千曲川旅情の歌」を思い浮かべる。小諸城址で千曲川が見える場所として懐古園《かいこえん》展望台がある。ここには有島生馬《いくま》の発案により、藤村の友人や門下生によって昭和２年（1927）に建てられた歌碑も立っている。絵はがきもこの場所で撮られたものだろう。

現在も眼下に千曲川が流れているが、緑の木々に遮られて眺望はよくなく、小諸市立千曲小学校と西浦ダムなどによって風景は大きく変わった。

小諸城から見た千曲川

上田城（現在）

信州上田城　長野県立歴史館所蔵

上田城は明治７年（1874）の 廃藩置県で廃城となり、本丸に７棟あった櫓《やぐら》は、現西櫓を残して解体、売却された。昭和９年（1934）、本丸と二の丸の大部分が国の史跡に指定された。昭和 17 年、移築されていた２棟の櫓が市民の運動によって買い戻され、昭和 24 年（1949）に現在の北櫓と南櫓の場所に移築復元された。1994 年、古写真をもとにして南櫓と北櫓の間を結ぶ東虎口櫓門と袖塀が復元された。

絵はがきでは西櫓だけが見える。櫓門が復元されて、現在は多くの観光客が訪れている。

Part3

四つの平らと城下町

松本平の松本城

原 明芳

戦争の天守閣、平和な天守閣

現在、松本城の五層六階の天守（国宝）は（図1）、観光のシンボルとなって、年間80万人をこえる観光客が国内外から、四季を通して賑わう。天守閣にのぼる順番待ちの長い列ができることも珍しくない。

天守は、戦国時代の戦争のための城と、江戸時代の平和な城の二つの性格を持っている。天守・小天守は、鉄砲狭間、矢狭間、石落としなど、迫り来る敵に備えるようにできている。

まだ戦国時代の余韻が残る16世紀末に、石川数正《かずまさ》が造り始め、小笠原秀政が完成させた。それに対して月見櫓は朱塗りの回縁が周り、三方向の板戸を外すと吹き抜けになり、周囲を見回すことができる。名前のように月見の宴も開くことができそうな構造である。

松平直政が城主の時、従兄弟でもある三代将軍徳川家光が京都から江戸への帰りに松本によるということで、将軍のもてなしをするために造られたといわれる。

物流の拠点としての松本

戦国時代、武田信玄が松本城の前身である深志《ふかし》城を整備し、松本平支配の拠点とする。しかしそれは、軍事的な理由だけではないようである。

このことがはっきりするのは、江戸時代になってからである。

松本城下町には多くの街道が交差している（図2）。中山道を洗馬《せば》（塩尻市）から分かれた善光寺街道（北国西街道）は、松本を通って善光寺平の商業の拠点稲荷山宿、そして越後国へ向かう。

越後国から姫川沿いに安曇地方を通って松本に向かう糸魚川街道、飛騨国高山から北アルプスを越えてやってくる多くの人々。松本は、物資、情報、文化が行き交った町でもあり、武

図1　冬の松本城

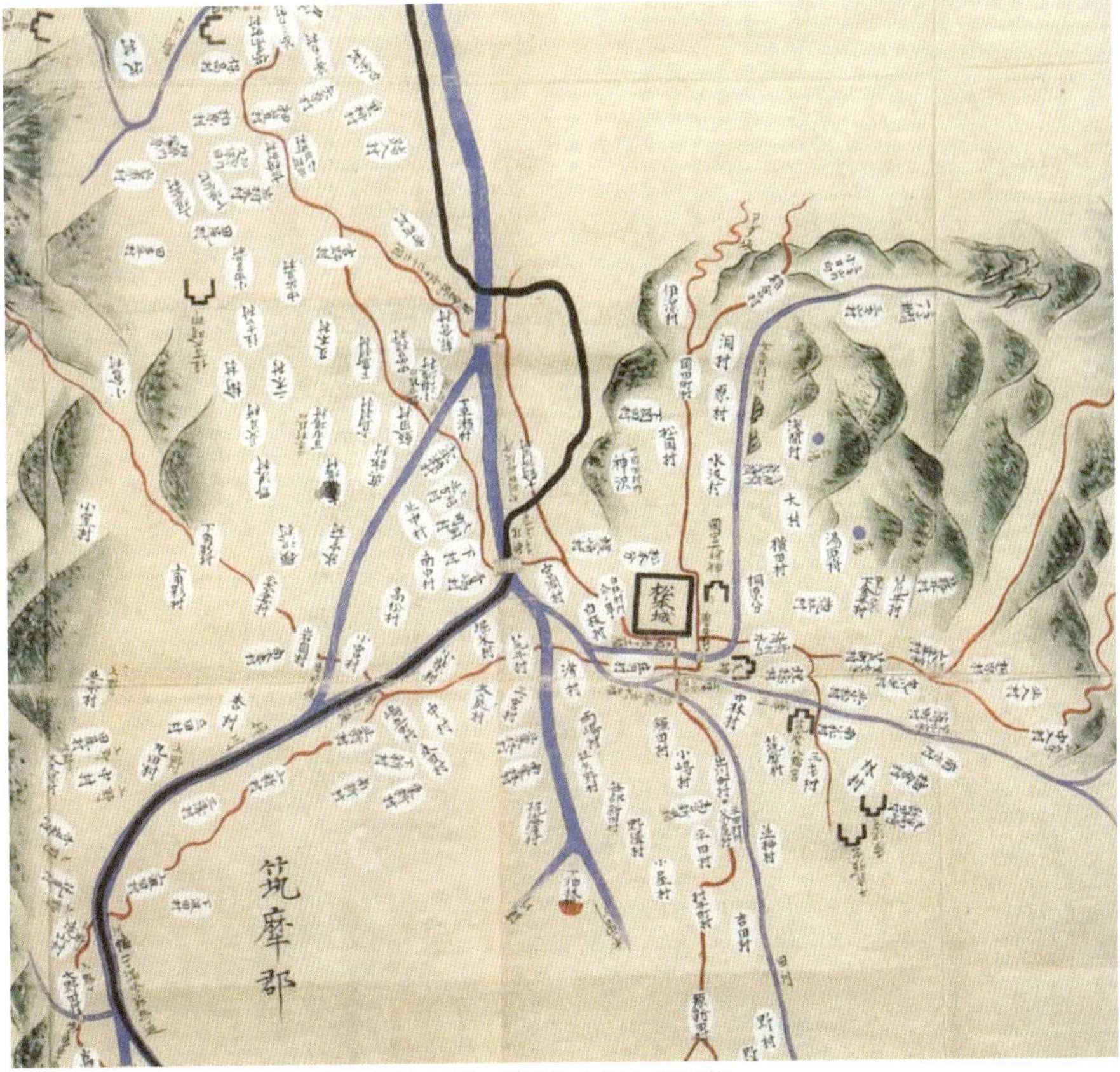

図２　安曇郡図（部分、赤線は街道や道）長野県立歴史館所蔵

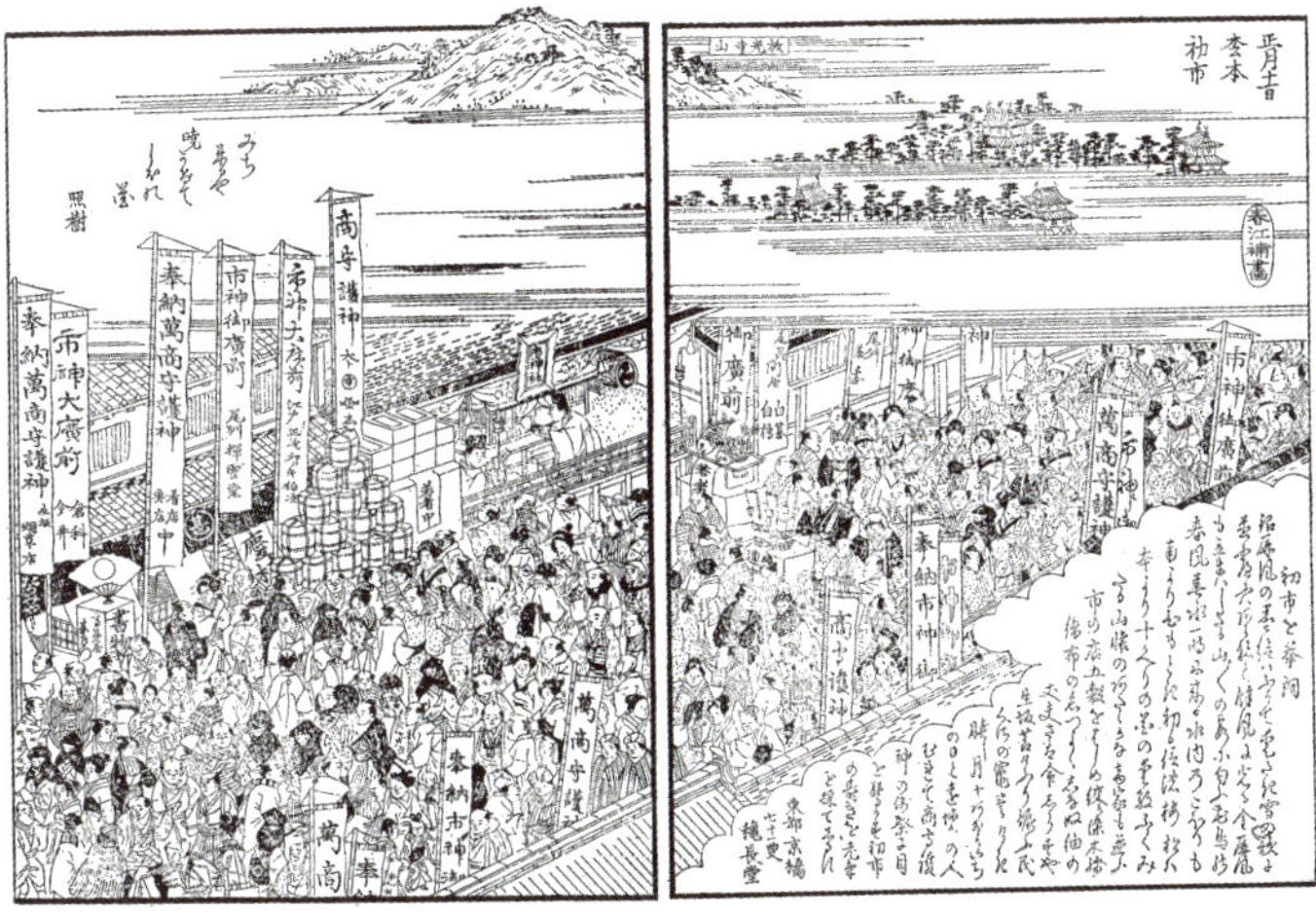

図３『善光寺道名所図会』に描かれた城下町の初市　長野県立歴史館所蔵

士と商人の町として大いに栄えた。その様子は、『善光寺道名所図会』にみることができる（図3）。

高遠城と城下町

通りに屈曲をつけ侵入者に備えた町づくり

青木隆幸

天然の要塞

高遠城《たかとおじょう》は諏訪と伊那を結ぶ交通の要衝に位置するが、天文16年（1547）武田信玄が大規模な築城に着手する以前のことはよくわからない。城は北と西を藤沢川、南を三峰川《みぶがわ》が削り取った段丘上の突端に位置する。川との高低差は80m近い。段丘続きの東側のみ防御すればよい天然の要塞だった。

大手門は当初東側にあったが、17世紀半ばの正保年間の「信州高遠城之絵図」（図1）では西に移されている。城は巨大な土塁と10mを超える深い空堀で守られ、石垣はほとんどなかった。城は明治5年（1871）競売にかけられ取り払われた。

城下町の変遷

城下町も同様に江戸時代の初め、鉾持《ほこじ》神社などがある城の西側に移された。平地が少なく、飯田城下町のような碁盤目状の整然とした町並みではなかった。

元禄10年（1697）の「高遠城下町絵図」（図2）によれば、本町・中町を基軸に、並行して新町がつくられ、北側に集められた寺社が城下町を守る役割をはたしたことがわかる。通りの各所に「ひずみ」と呼ぶ屈曲をつくり侵入者に備えた。17世紀末には10町、2000人余が住んでいた。

1996年、本通りの「都市計画街路事業」が完成し、往時を感じさせる町並みがつくられた。

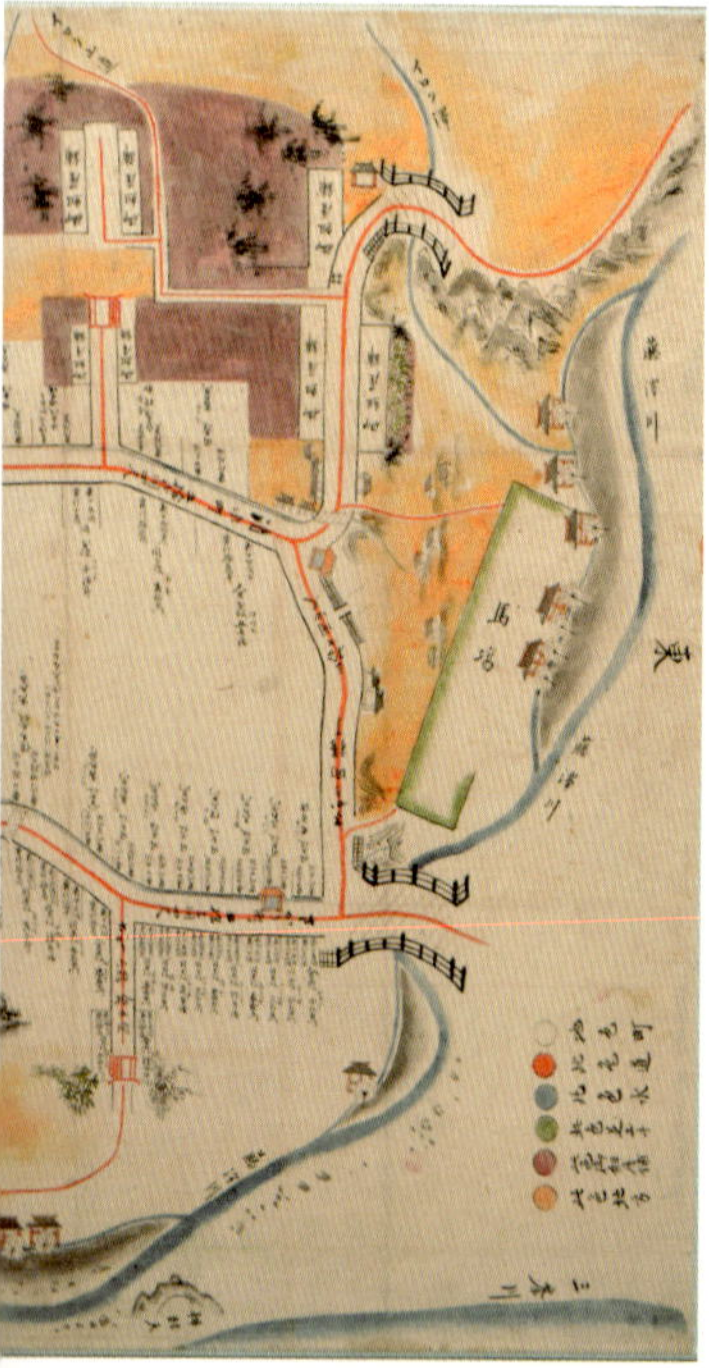

図2　高遠城下町絵図（元禄10年〔1697〕）
高遠町民俗資料館旧池上家所蔵

図１　信州高遠城之絵図（正保年間）国立公文書館所蔵

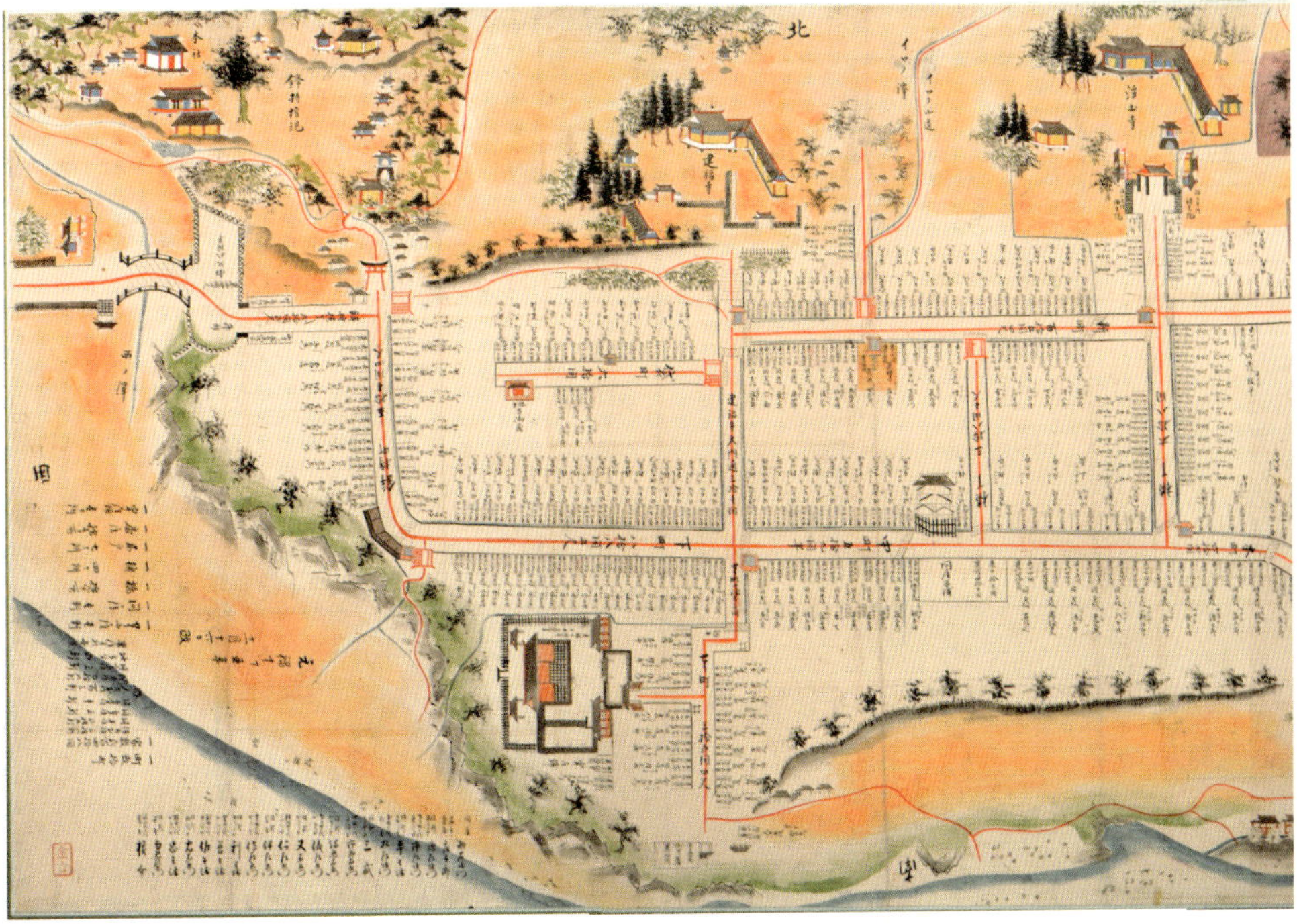

江戸時代初期の城下を描く

飯田城と城下町

青木隆幸

眼下に天竜川

図1は、17世紀半ば、藩主脇坂安政5万石の頃の飯田城下町を描いた絵図である。武家屋敷や寺院には坪数などを書いた貼紙がつけられており、町人居住地は「町屋」と記されている。侍屋敷が町人地を取り囲んでいることがわかる。城下の人口は18世紀半ばで5000人余だった。

飯田城下町は、風越山《かざこしやま》の東麓の丘陵地に建設され、先端部の切り立った崖の上に城が築かれた。南に松川、北に野底川《のそこがわ》、東に天竜川が流れ、西側は惣堀《そうぼり》が取り囲んでいた。眼下に天竜川と下伊那の風景が広がり、この地を支配するには格好の場所だった。城下の入り口には枡形や番所を置き、人と物の出入りを取り締まった。

南信支配の拠点として

飯田城は室町時代に坂西氏が築いたことに始まる。武田氏が支配した30年の間に高遠城とともに南信支配の拠点として整備が進んだ。

さらに、豊臣秀吉配下の上方の武将である毛利氏・京極氏が藩主となることで、京風の文化が流入した。整然と区画された町並みにその影響を見ることができる。

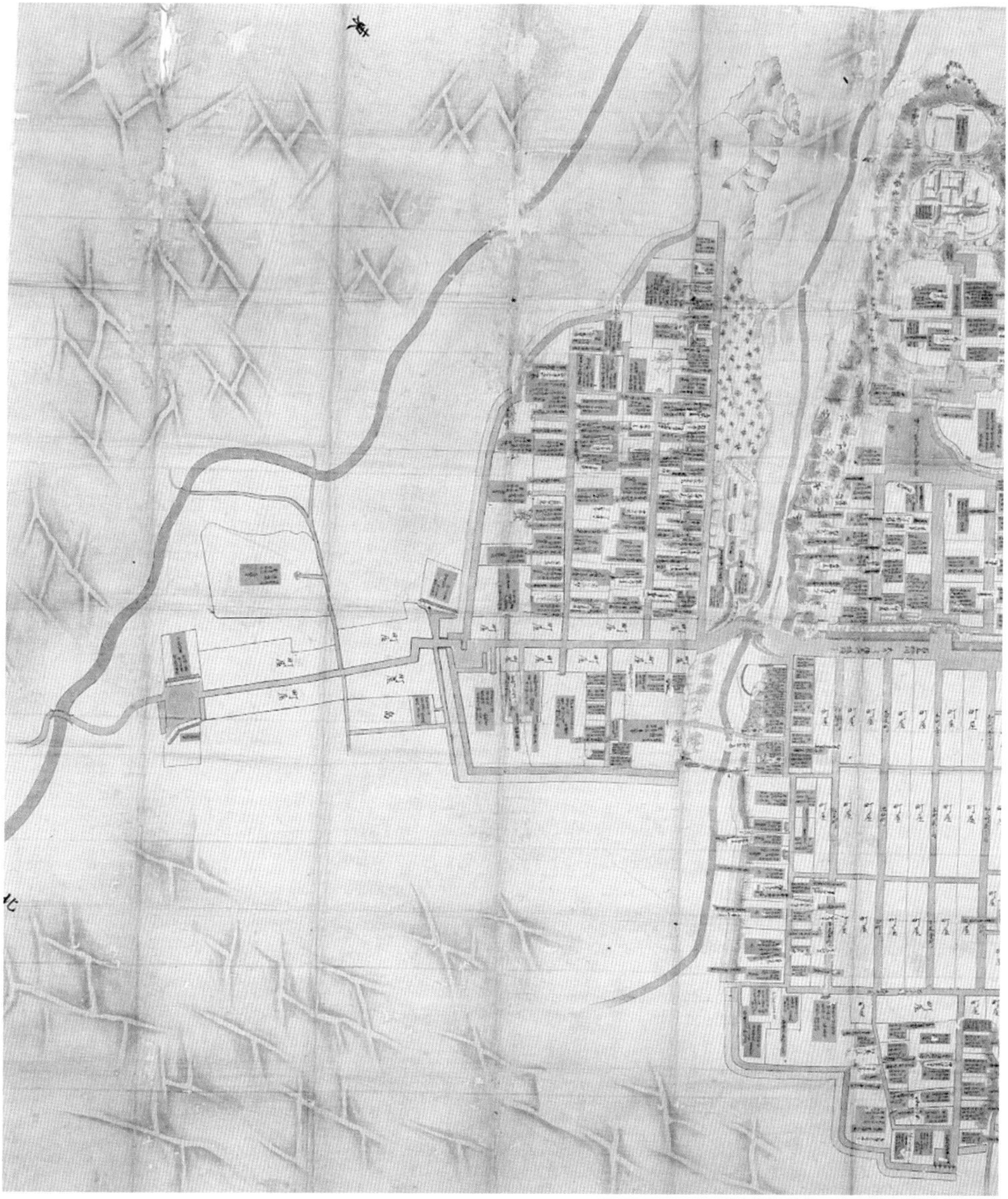

図１　飯田城城下町絵図　下伊那教育会所蔵　飯田市美術博物館画像提供

日本にはふたつの「五稜郭」があった

佐久平の龍岡城五稜郭

中野亮一

もうひとつの五稜郭

「五稜郭《ごりょうかく》」といえばたいていの人は北海道の函館を思い浮かべる。幕末から明治維新の激動の中で、最後の戦いの地となった場所である。しかし同じころ日本国内にはもうひとつ「五稜郭」があった。

長野県東部に広がる佐久平、東に妙義山、荒船山などが連なる関東山地を背負う佐久市田口にその城はある。城は、その地の字名をとって龍岡《たつおか》城と呼ばれている。現在は城内に小学校が建てられている。

正式には「星形稜堡《りょうほ》」とよばれるこの城郭は、フランスのボーヴァンが考案したとされる築城法が用いられた。星の先端部分には砲台がつくられ、四方からの敵に備える形である。

図1は、龍岡城大工棟梁堀内家に代々伝承されてきた龍岡城設計図である。約4000分の1の縮尺でつくられており、郭内には城主がいる表御殿やそのほかの建物、周囲をめぐる堀、周囲の家臣屋敷、さらに外側は柵で囲まれている。

総面積2万1175㎡、堀の総延長375間（約690m）。図の中央下側に設けられた城の入口である大手から最も遠い角まで103間（約185m）をはかる。

すべて設計図どおりにつくられはしなかったが、空から見てもわかるとおり立派な星形稜堡である。しかしなぜ、佐久という維新史の中で無名の地に最先端の西洋式城郭があるのか。その答えは、この城をつくった人物にある。

新しい時代に向かって

龍岡城を築いた松平乗謨《のりかた》は、嘉永5年（1852）に13歳で奥殿藩大給《おぎゅう》松平家の当主となった。三河国（愛知県）を本拠としていたが、石高1万6000石のうち1万2000石は佐久の地であった。乗謨は、幕末の情勢に備えて本拠を佐久に移し、そこで五稜郭を築いたのである。

幼少から才にたけていた乗謨は、早くから洋学を学び、特にフランス語が堪能であったという。このことが当時フランス式軍隊を取り入れていた幕府の目に留まり、幕府の陸軍総裁までつとめた。フランス軍武官と通訳なしに話せたとの話

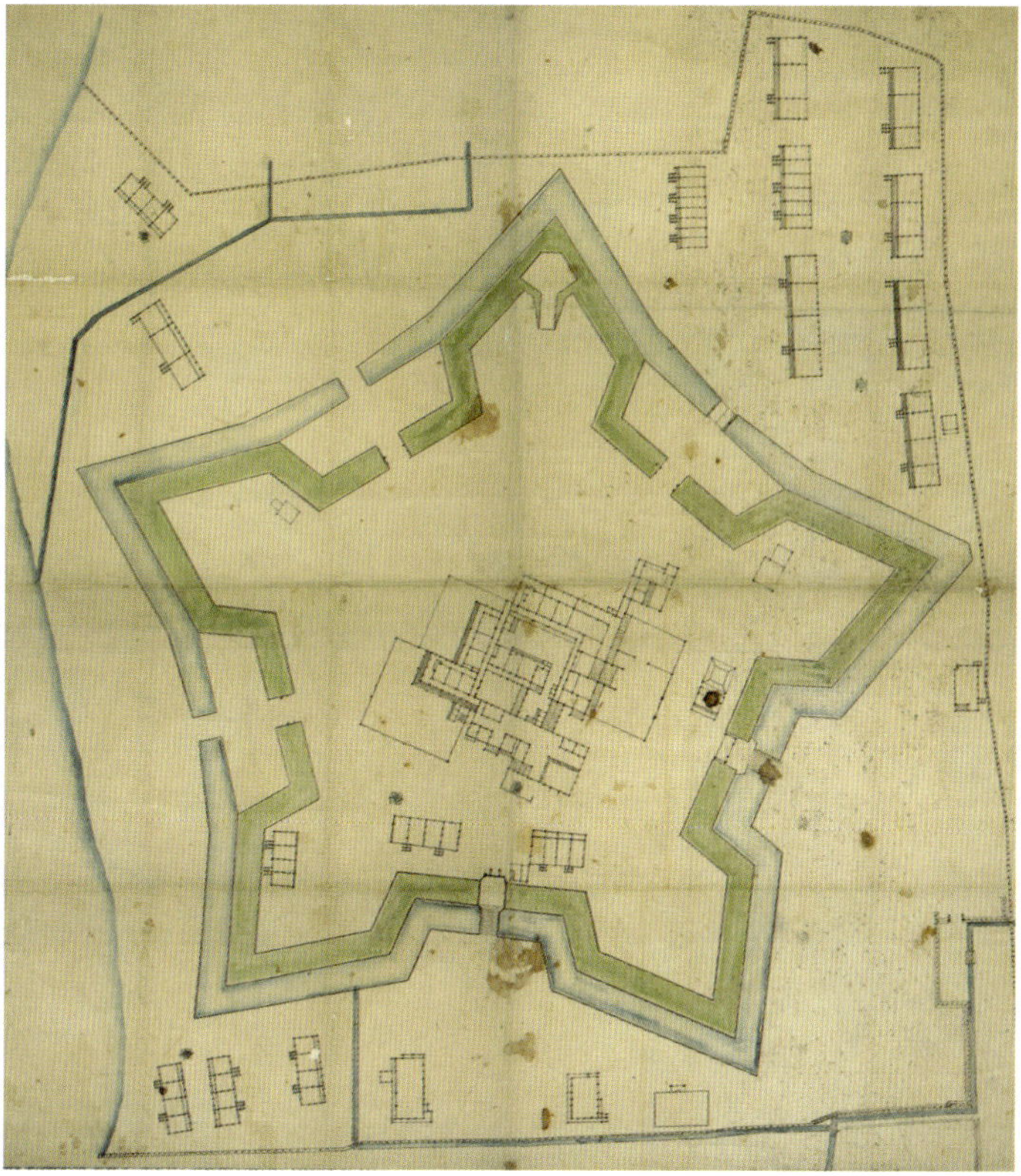

図１　龍岡城設計図
龍岡城大工堀内家伝承図
93 × 103㎝（軸層長さ 112㎝）
佐久市教育委員会

図２　国史跡龍岡城跡全景（南東より）
佐久市教育委員会提供

も残っている。

　確かな記録は残っていないが、新しい本拠地をつくるにあたり西洋式築城法を用いた要因は、このあたりにあると考えられる。

　幕末には老中格にまで出世し幕府の要職を務めた乗謨は、維新の際には謹慎の身となったが、明治新政府にもその才から出仕し、賞勲局総裁として日本の勲章制度をつくり上げた。この時は大給恒《ゆずる》と改名している。

　また、西郷隆盛らが起こした西南戦争の際には、敵味方の別なく負傷者を助けた博愛社の創設にも関わった。この博愛社がのちに日本赤十字社となる。このことから大給は「日赤の母」と呼ばれている。

「勲章」「赤十字」、いずれも日本が西洋諸国に認められるために重要であった。それを推し進めた人物が築いた五稜郭は、世界に向けて新しい日本をつくりあげようとしていた心のあかしなのではないだろうか。

古地図が記憶する城下町の変遷

松代城と城下町

笹本正治

3点の絵図

図1は「松代《まつしろ》城下之図　大鋒院《だいほういん》殿御事蹟続編　附録之壹」の中に入っている「元和八年壬戌之図」である。したがって、元和8年（1622）につくられた松代城下町の図ということになる。図2は宝永3年（1706）6月に写された「信州松城之城図」、図3は寛政4年（1792）3月に写された「信陽絵図」である。私たちは北を上にする地図に慣れ親しんでいるので、これらの地図も北を上にした。

3点の図で最も目につくのは松代城である。図3には松代城の内部は描かれず「御城」とあるだけであるが、3点を比較すると絵図中に城の占める割合が減少している。逆に図3では図1より倍以上も南に城下町が広がっている。城下町も確実に時代と共に変化を遂げ、拡大してきたのである。

松代城

図2には「天文二十二年八月これを築く、山本勘《かん》助《すけ》縄、海津の城とも言う」とある。この説明のように、海津城（松代城）は戦国時代に武田信玄と上杉謙

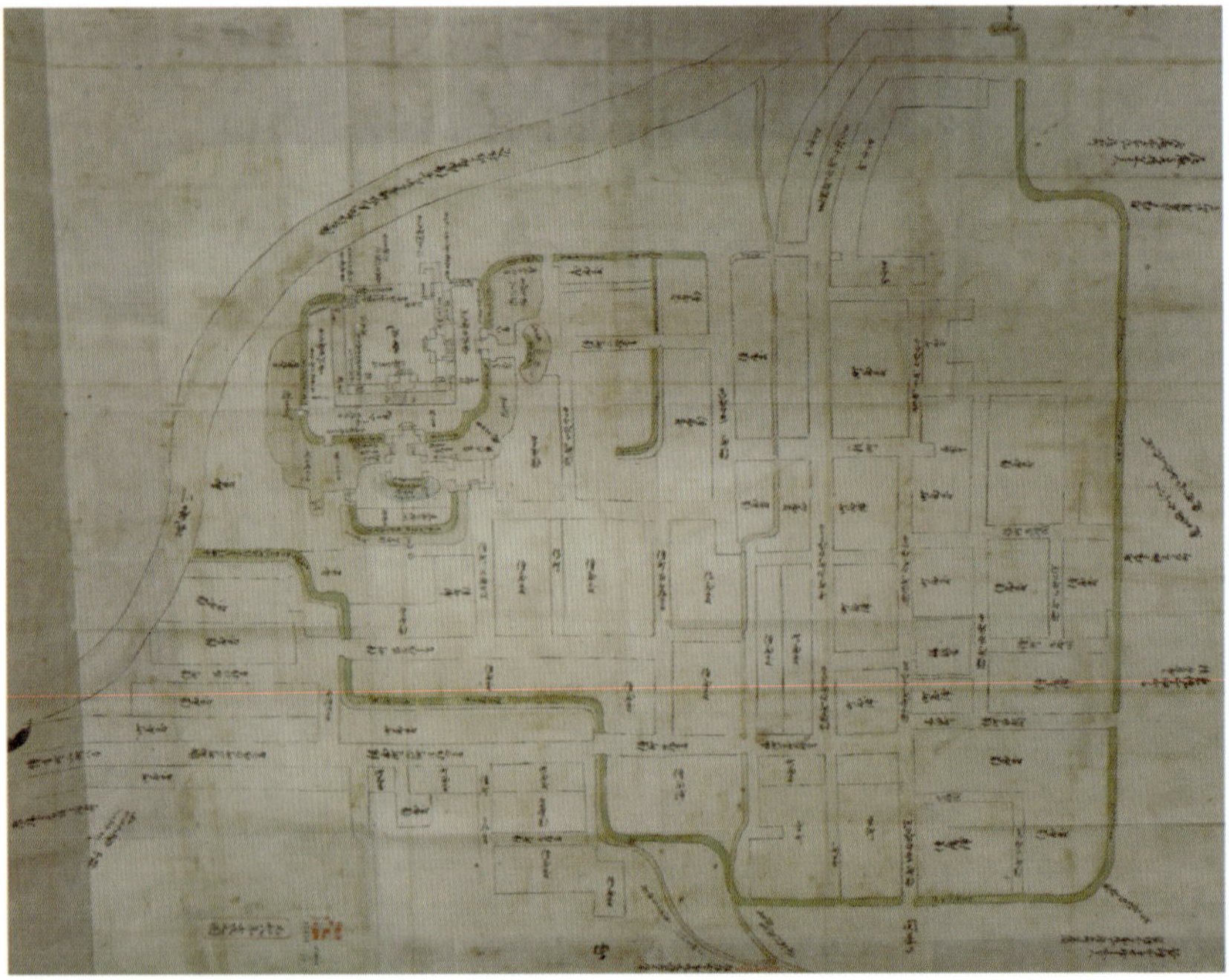

図1　松代城下之図（元和８年）長野県立歴史館所蔵

図2　信州松城之城図　長野県立歴史館所蔵

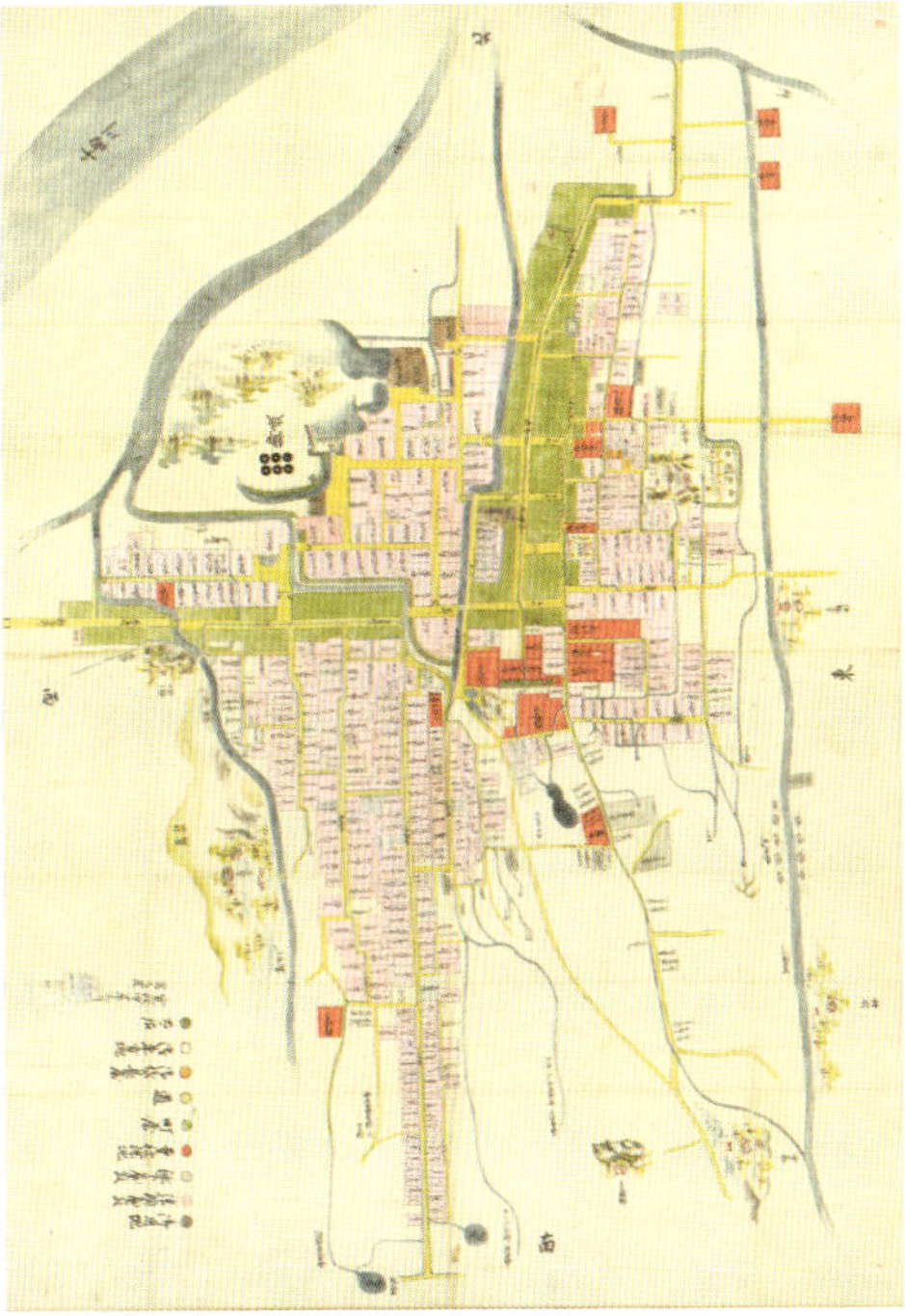

図3　信陽絵図　長野県立歴史館所蔵

信が争った川中島合戦において、武田氏の最前線とされた城として名高い。川中島合戦の代名詞ともいえる永禄4年（1561）9月の八幡原での戦いの前、信玄はこの城に入った。海津城は『甲陽軍鑑』によれば清野氏の館を接収し、山本勘助に命じて築城したという。図2のように三方を山に囲まれ、北方は千曲川ということで守備に優れ、川を使って物資の輸送もでき、城造りにはうってつけの地であった。城は北側背後に千曲川を配し、大手は枡形の前面に武田流築城の特徴だという丸馬出しと三日月堀を設けている（図4）。

図4　海津城（松代城）

海津城は天正10年（1582）3月の武田氏滅亡後、織田信長家臣の森長可《ながよし》の居城となった。同年6月に本能寺の変を契機に長可が去ると、上杉景勝が支配した。慶長3年（1598）に上杉景勝が会津に転出の後は豊臣秀吉の蔵入地となり、田丸直昌《たまるなおまさ》が城主に任じられた。

慶長5年（1600）2月に森忠政が13万7500石で兄の森長可ゆかりの地へ入封した。この時、海津城から待城《まつしろ》へと改名された。森忠政は慶長8年美作一国（津山藩）18万6500石へと加増転封され、松平忠輝が12万石で入封した。忠輝は加増されて75万石の越後高田藩主となったが旧領も引き続き領有し、家老の花井吉成が城代として統治した。元和2年（1616）に松平忠輝が改易され、松平忠昌が12万石で入り、彼のもとで待城から松城へと改名された。元和5年（1619）に忠昌が越後高田25万9000石へ転封されると、酒井忠勝が10万石で入封した。忠勝が元和8年（1622）に出羽国庄内藩13万8千石に転封すると、真田信之《のぶゆき》が13万石で入城し、以後、松代藩の藩庁として明治維新まで真田氏の居城となった。松代城というと真田氏のイメージが強いが、真田氏が領するまでにこれだけの変化があったのである。

図1図2と図3で異なるのは、千曲川の位置である（図5）。寛保2年（1742）の戌《いぬ》の満水で城は被害を受け、城主が開善寺へ船で避難した。宝暦3年（1753）原八郎五郎が千曲川の瀬直しを実施し、旧流路は百間堀となって、千曲川が北方に離れたのである。

図5　変化した千曲川の流路（図3の左上を拡大したところ）

松代城は明治に入った明治5年（1872）に廃城となり、城としての景観を失い、長い間石垣を残すのみだった。昭和56年（1981）に現存する城郭建築である新御殿（真田邸）とともに国の史跡に指定され、1995年から整備工事をおこなって、2004年より公開されている。

　現在復元されて私たちに親しい松代城は、図1や図2に明らかなように本丸部分が中心で、元来その南側に二之丸があり、さらにその周囲を堀がめぐり、巨大な枡形と丸馬出しが設けられていた。

諏訪宮と長国寺

　すべての図に城の東側に諏訪宮が、とりわけ図2に強調されて描かれている（図6）。武田氏が松代城を築造した時に城内の鎮守として祀り、慶長13年（1608）に合祀された。諏訪社と関係の深い武田氏の築城した城ならではと思う。その後、宝暦元年（1751）に祝《はふり》神社と改称した。

　図7には諏訪宮の東に長国寺が大きく描かれている。この寺は天文16年（1547）真田幸隆が開基となり、小県郡真田（上田市真田町長）に建立した長谷寺《ちょうこくじ》に始まる。松代に移封された真田信之が元和8年（1622）に、当時の長谷寺の住職を開山としてこの地に建立した。図1図2とも描かれていないのは元和以前の絵図だからである。図7に描かれているように御霊屋《みたまや》は東側に飛び出したようになっている。万治3年（1660）に建立された真田信之霊屋は、表門とともに国の重要文化財に指定されている（図8）。

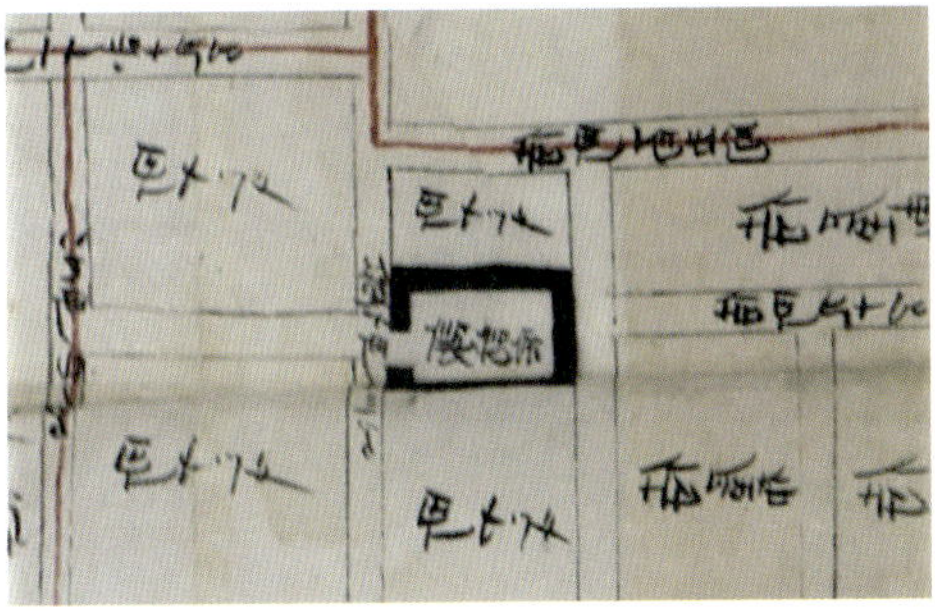
図6　諏訪宮

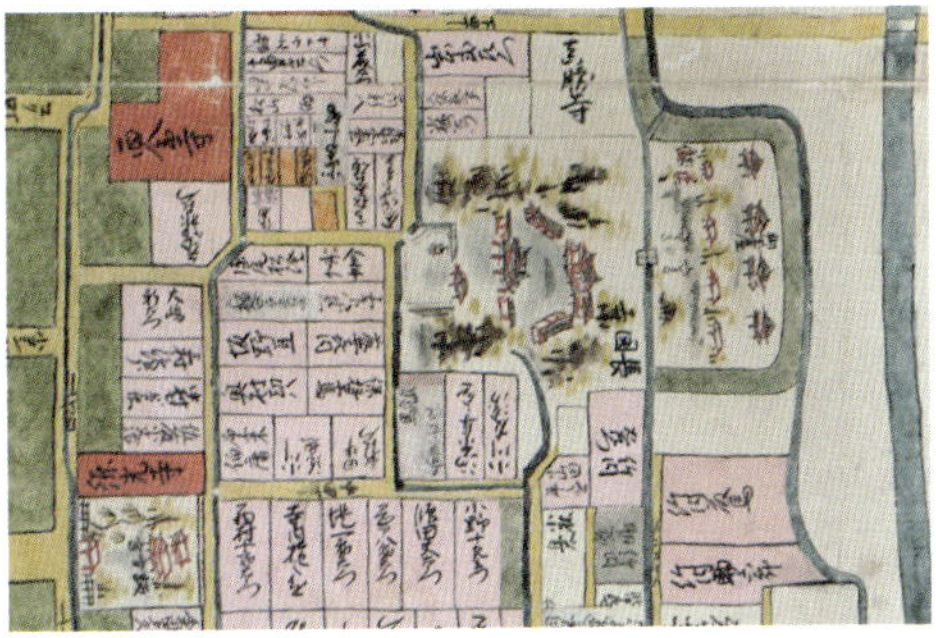
図7　諏訪宮（左下）と長国寺

図8　長国寺の真田信之霊屋

姿を変えゆく上田城跡

真田昌幸の夢の跡だけでない、明治維新後の城跡利用の面白さ

寺内隆夫

真田・仙石・松平の城

北陸方面へ向かう新幹線が上田駅を発車するとすぐ、右手に櫓と尼ヶ淵の断崖が目に飛び込んでくる。「これが、徳川軍を二度も撃退した真田昌幸の城か」と夢を膨らませる方も多いだろう。

ところが、現存する櫓や石垣は江戸時代のものであり、真田・徳川両軍が激突した時のイメージは違っていたことであろう。と言うのも天正11年（1583）の築城当時を描いたとされる「上田古図」（江戸時代の模写）では、城の入口（虎口）の位置が図1とは微妙に違うからである。

上田城は、関ヶ原の戦い（1600年）後、徳川方によって破却された。その後、上田藩主となった仙石忠政が寛永3年（1626）から再建して現存する城の形が固まり、松平氏に引き継がれた。

ただし、図1の堀（現 競技場ほか）・屋敷（上田高校）・中屋敷（清明小学校）の位置や形は、「上田古図」と大差なく、真田の城を思い描くことは可能である。

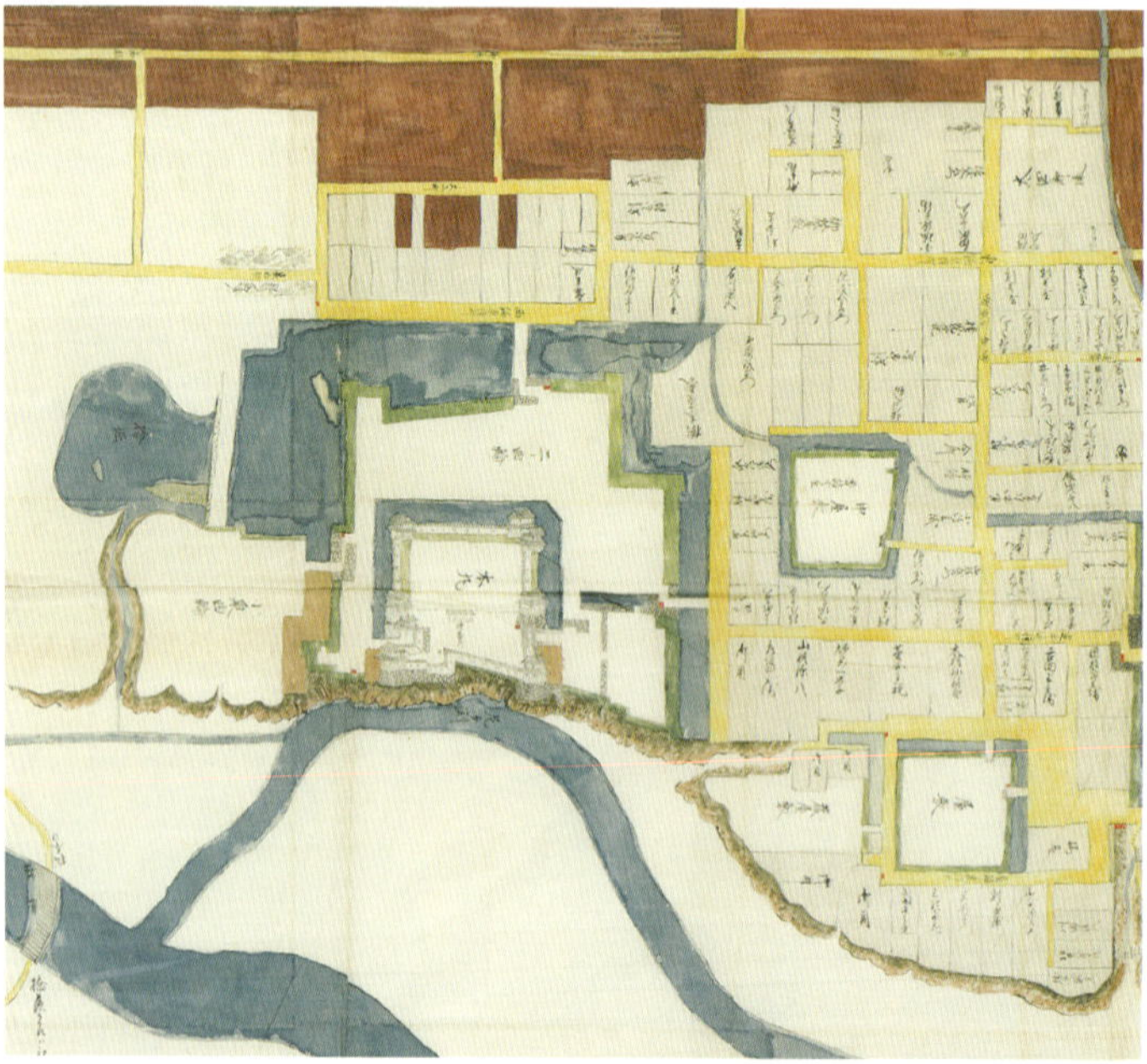

図1　上田城下町絵図（部分）　享保末頃（18世紀前半）上田市立上田図書館所蔵　協力：上田市マルチメディア情報センター

近代化の痕跡

　ところで、見落としがちなのが城跡に残る明治・大正・昭和時代の痕跡である。明治維新後、地方中核都市の一等地にある城跡は空き地となった。これを受け、重要な公共施設や旧藩主を顕彰した神社などが次々と建てられていった。城跡は近代史の縮図といえる。

図2　松平神社之図（「日本博覧図」第12編、精行社（明治30年）上田市立博物館所蔵

　図2は、松平神社（現眞田神社）が広がる明治時代の本丸跡である。また、刑務所などになった二の丸跡は、昭和10年（1935）頃から公園化が進み、市民の憩いの場になった（図3）。

　現在、広堀跡には映画「ラストゲーム最後の早慶戦」ロケ地となった古い野球場があり、児童遊園地跡には昭和初期に市民が耳を傾けたラジオ塔が残る。また、堀にある上田温泉電軌（現上田電鉄）東北線の軌道敷や駅舎跡は、廃線ファンには必見の場所であろう。

進化する史跡公園

　史跡上田城跡では、城が機能していた幕末の姿を再現するため、発掘と史料調査が続けられている。タイミングが合えば現地で新発見に立ち会えるかもしれない。一方、その成果がどのように活かされるのか、近代の遺産や都市公園とどう調和させながら整備が進むのか、予想しながら幾度も訪れてみるのも一興であろう。史跡公園は日々変貌を遂げているからである。

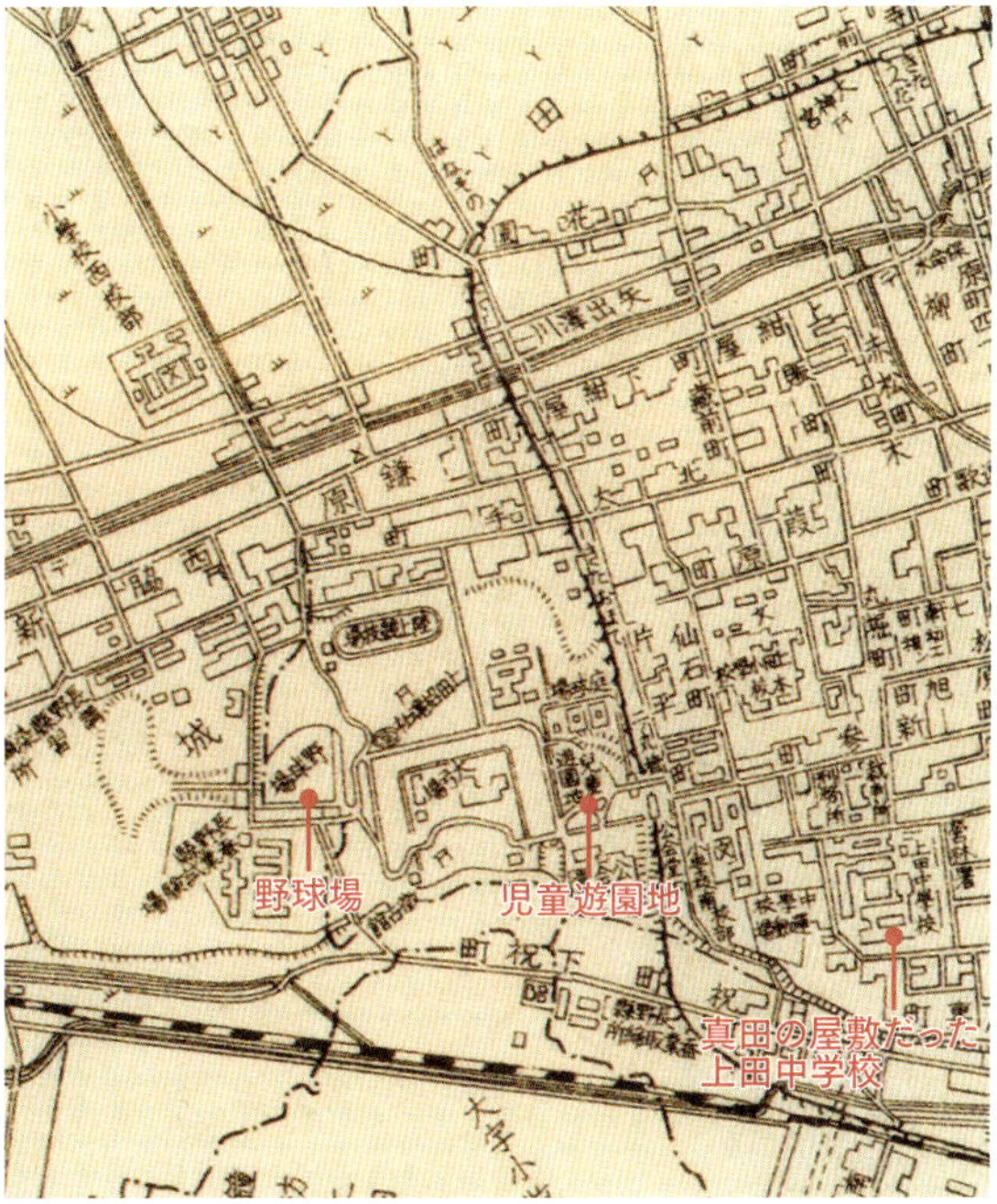

図3　上田市全図（部分）（昭和10年）上田商工会議所所蔵

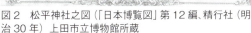

古地図から江戸時代の石垣の姿がわかる

飯山城と石垣

宮澤崇士

飯山市の中心部、千曲川の西岸に位置する飯山城は、永禄7年（1564）上杉謙信によって本格的に築城されたとされる。近世には、飯山藩主として複数の大名家が入れ替わり使用し、戊《ぼ》辰《しん》戦争のひとつ「飯山戦争」の戦地ともなった。

明治5年（1872）7月に廃城となり、今日において往時を偲ばせる遺構といえば、本丸と二の丸の石垣が代表にあげられるだろう。

ここでは飯山城に関する絵図のうちから、飯山城の石垣について検討してみたい。

松平忠倶がつくった飯山城絵図

飯山城を描いた絵図のうち、もっとも信頼に足るものはいわゆる「正保の城絵図」の飯山城絵図だと考えられる。絵図を作成し幕府へ提出したのは、当時の飯山藩主・松平忠倶《ただとも》である。

忠倶が作成した別の飯山城絵図が伝来している。長野県立歴史館所蔵の「信州飯山城之図」である（図1、上が東）。この絵図と同内容のものが旧鳥羽藩主稲垣家旧蔵の城郭絵図集にもある（国立国会図書館所蔵）。

本紙に記された文言から、この絵図は当時損傷が激しかった石垣や堀の修繕について、幕府にうかがいを立てるために作成されたものとわかる。「正保の城絵図」の作成時期とそう遠くないものと考えられる。

石垣の修復時期がわかった

絵図には水堀から内側の城郭の概容が描かれており、加えて、文字によってそれぞれの箇所の説明が記されている。

例えば、本丸の東南と南西の隅にはそれぞれ2階の矢倉（櫓）があったことが記されている。石垣の記述に目を移すと、本丸の西側にある石垣については、「高さ五間半。長さ四十五間、内四十間崩れ申し候」とあり、飯山城全体では百五十三間ある石垣のうち九十三間と、大半が崩落しているとある。

この絵図から、現在私たちが見ている飯山城の石垣は、ある時期に修復されたものだとわかるが、一体いつ頃だろうか。複数の文書史料から次のことがわかる。

幕末にあたる弘化4年（1847）、「善光寺地震」と呼ばれる巨大地震が信越地域を襲い、飯山城の石垣

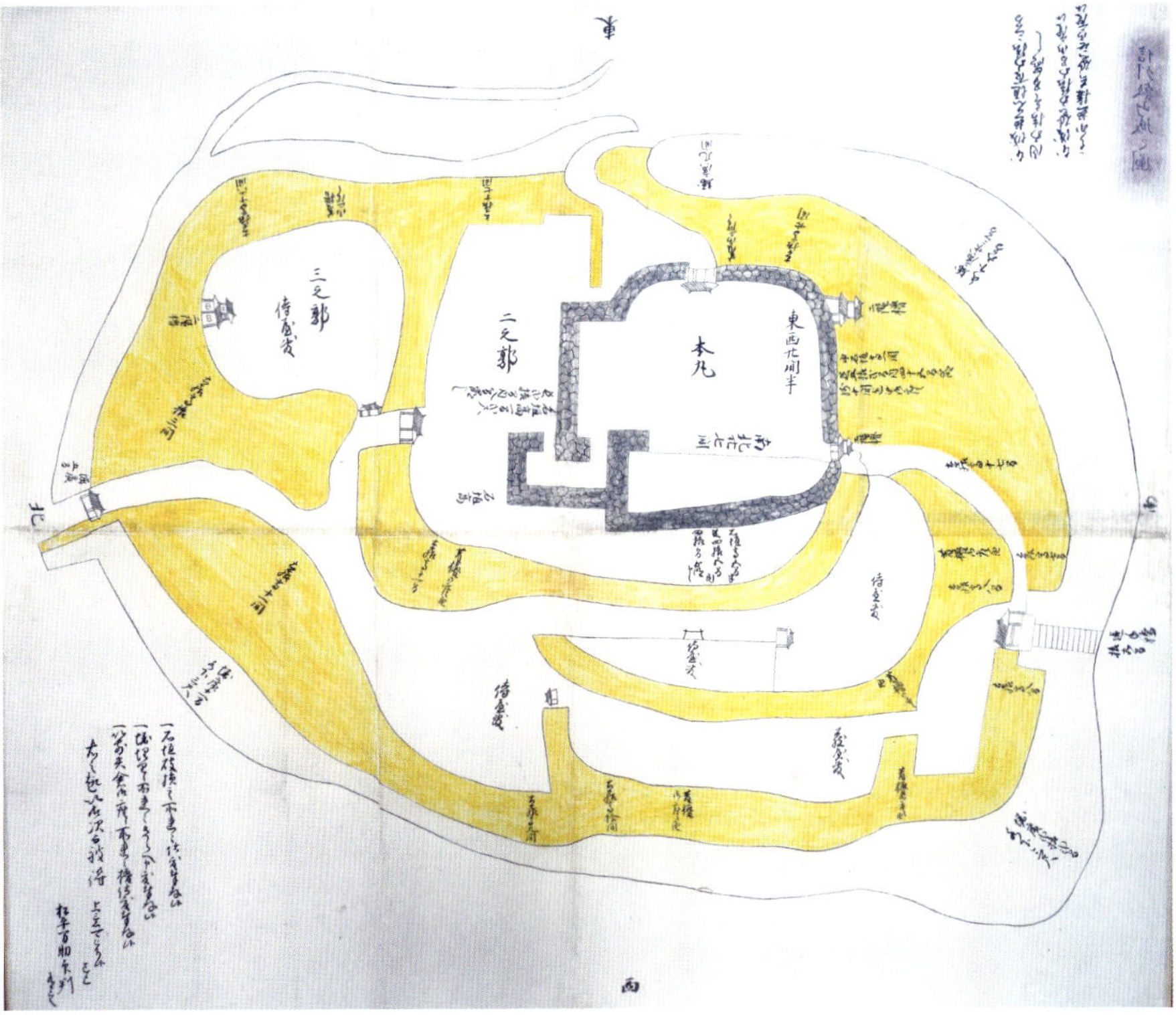

図１　信州飯山城之図　長野県立歴史館所蔵

も大きく損傷した。この地震から2年後の嘉永2年（1849）、飯山周辺の複数の寺院はそれぞれの檀家を動員して、巨石を城内まで引き込んだ。

引き込まれた巨石は、野沢温泉出身に丸山忠右衛門らによって積まれたとされる。丸山忠右衛門は嘉永6年（1853）にペリー来航に備えて築かれた品川沖のお台場の石垣積みをおこなった人物として知られている。

ここまでの話をまとめると、飯山城の現存する石垣は、嘉永2年に積まれたものといえる。

自然石の形を活用した「ぼたもち石積み」（図2）とも呼ばれる丸山忠右衛門の手法は、信越地域の各地の石垣に今も見られる。ダイナミックな様相を示しつつ繊細な調整によって積まれた「ぼたもち石積み」の石垣のうち、飯山城の石垣は作成年代が明らかな例であり、その点からも貴重な城郭遺構といえるだろう。

図２　ぼたもち石積みの石垣

絵はがきの中の信州③

笹本正治

天龍峡姑射橋《こやきょう》　長野県立歴史館所蔵

天竜峡は飯田市にある天竜川の峡谷で、国の名勝に指定されており、天竜船下りの場所として知られる。天竜峡にかけられた姑射橋の初代は明治10年（1877）に竣工、二代目はつり橋で明治38年（1905）に竣工した。絵はがきに見える姑射橋は三代目で昭和7年（1932）に竣工したが、昭和36年（1961）の洪水を機に撤去された。

現在は昭和46年（1971）竣工の鋼ランガー桁の橋になっている。橋の上からの眺めは変わらずに美しい。

天竜川

白馬村　大出の吊り橋と白馬連峰

四ツ谷より見る白馬連峰　長野県立歴史館所蔵

白馬村の中心地である白馬町の一帯は明治時代に固有の名称がなく、地籍名の「平川」、「四ツ谷」と呼ばれた。昭和29年（1954）に区名を「白馬町」とした。

大出の吊橋は白馬駅から約1kmほど東にあり、この風景が人気である。山の形は変わらないが、民家などには大きな変化があった。

Part4

山の信仰

「諏訪社遊楽図屏風」を読む

諏訪神社周辺の賑わい

村石正行

諏訪大社

信濃国一之宮諏訪神社（現在は諏訪大社と呼称）は上社と下社に分かれ全四社で構成されている。上社本宮（諏訪市中洲）には建御名方命《たけみなかたのみこと》を、同前宮（茅野市宮川）には八坂刀売神《やさかとめのかみ》を祀る。下社は春宮（下諏訪町大門）、秋宮（下諏訪町武居）に分かれ、それぞれ建御名方命・八坂刀売神が祀られている。上・下社とも、もともとは別の勢力で、それぞれが生き神である大《おお》祝《ほうり》を立て諏訪大明神の神威を広げていった。

そもそも建御名方命は、『古事記』国譲りの神話のなかで建御雷神《たけみなづちのかみ》に州羽海（諏訪湖）に追い詰められた。諏訪の郡外へ出ないことを条件に命を長らえたという。御神体である大祝が郡外不出のタブーを課せられるのはこの故事によるという。

いっぽうで「諏訪大明神画詞」によれば外来神である諏訪大明神は、在地の神洩矢之神を制圧し支配下に収めたという。諏訪信仰は在地との融合の上で成り立っているのである。

諏訪社上社関係の地図を見ると、中央に描かれる本

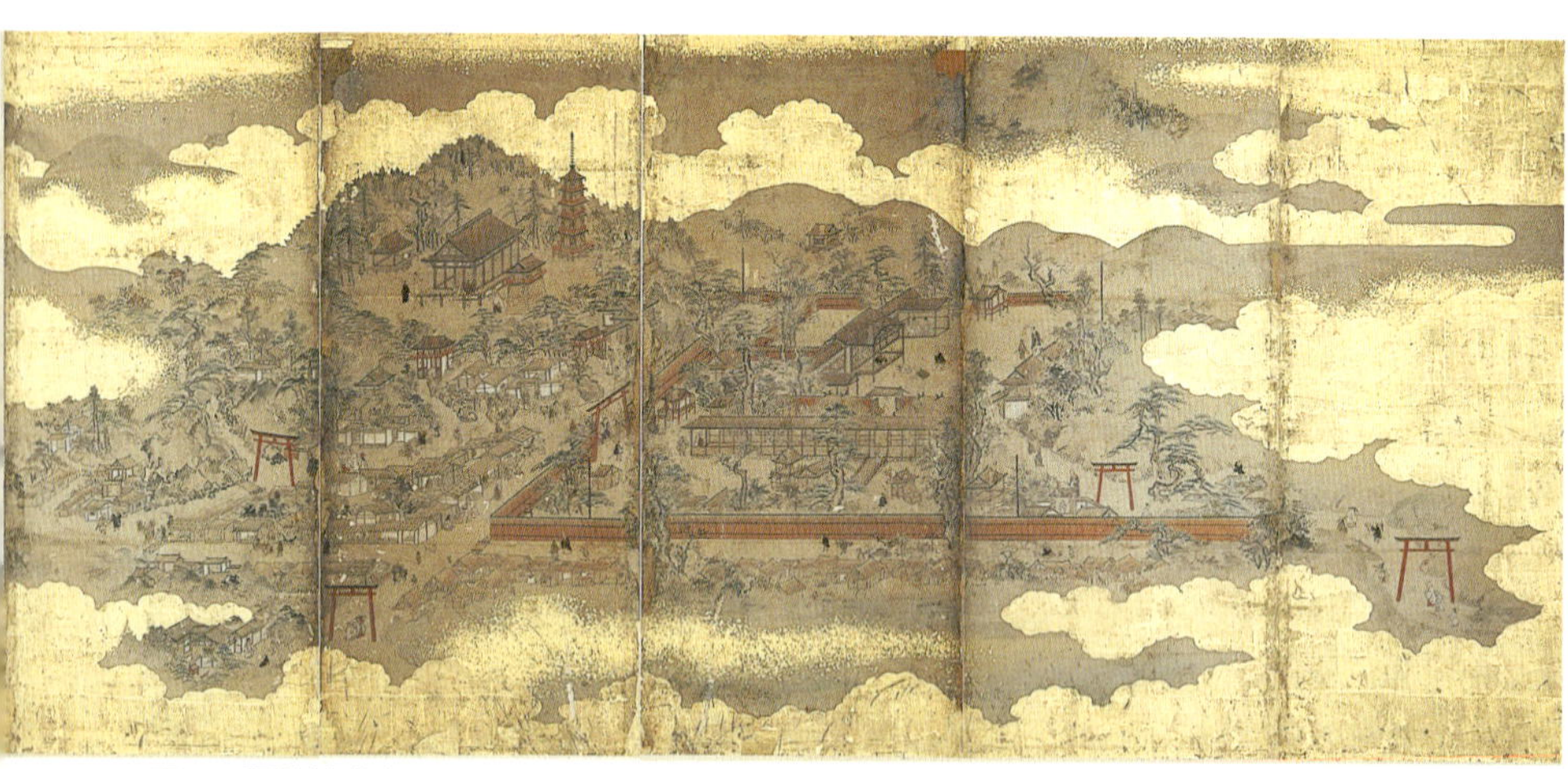

図1　諏訪社遊楽図屏風上社隻　個人所蔵　諏訪市博物館寄託
江戸時代前期の社寺参詣図屏風の一つで、諏訪上社及び下社を描いた珍しい作品である。作者は狩野派の流れを汲む人物である。明治維新に伴う廃仏毀釈で失われた建物もあり、画像は極めて貴重である。

宮境内の背後には守屋山が描かれている。諏訪神社参詣の様子を描いた「諏訪社遊楽図屏風」（図1）は江戸時代前期の作品であることから、この屏風絵を題材に、諏訪神社周辺の賑わいを見てみよう。

上社周辺

上社の御神体と仰がれた守屋山頂には「守矢大神《もりやだいじん》」の祠がみえる。現在でも、四脚門（重要文化財）（図2）から斎殿、遙拝所へと続く境内を延長すると、そのライン上に守矢大神が祀られていることが知られる。また前宮境内には蓮池が描かれている。中世の災害や戦乱の予兆の一つに、諏訪の蓮池に泡が吹き出し血の池になる、というものがある。

図2　四脚門　個人所蔵（部分）

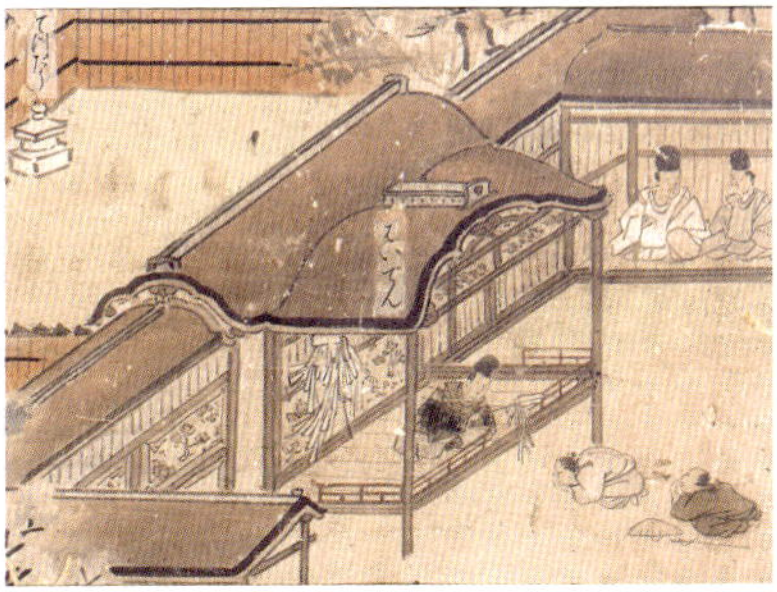
図3　拝殿　個人所蔵（部分）

諏訪信仰には「七不思議」という伝承がある。すでに室町時代には京都でその言説が広がっていることが知られ、足利義政が文明2年（1470）に諏訪社へ奉納した願文にもその記事が記されている。七不思議の一つに、「宝殿の天滴」がある。宝殿とは、現在の神楽殿の前にたたずむ天《てん》流水舎《りゅうすいしゃ》のことである。年中雨が降るというこの天流水舎の水滴こそが、諏訪湖の源であり天竜川の水源となっている。雨乞いに功徳があるという。

上社宝殿に挟まれて建っている四脚門は慶長19年（1614）に徳川家康が寄進したと伝えられる。

なおこの屏風には祭事の場面も描かれている。拝殿付近にはお祓いをする神官と参詣に訪れた庶民の姿がある（図3）。この幣拝殿は原五左衛門が建てたもので、現在は富士見町乙事《おっこと》諏訪社で見ることできる。前宮十間廊は御頭祭の主会場として鹿頭が奉納された。上社神宮寺には五重塔もあったが明治時代に破却された。

下社周辺

下社は古来金刺《かなさし》氏が大祝を勤めてきた。このうち春

図４　諏訪社遊楽図屏風下社隻　個人所蔵　諏訪市博物館寄託
上社隻に比べ、街道を行き来する人々や宿の様子を活き活きと描写する風俗図の色相が強い。参詣図屏風の楽しさの一つである。

宮と秋宮は同格とされ、遷座祭を境に、年に2回遷座がおこなわれる。2月1日は秋宮から春宮へ遷座し（遷座祭）、8月1日には稲穂の生育を見守ったあと柴舟に乗せられ春宮から秋宮へ遷座する（御舟祭）。半年ずつ神がとどまるところとされている。春宮は下諏訪町東町に位置し八島湿原などを源とする砥川扇状地に鎮座している。いっぽう秋宮は下諏訪町武居にあり、承知川の高台上に位置する。

屏風の左隻には下社を中心に描かれている。下諏訪は甲州街道と中山道の交わる重要な宿場町でもあり、社前は大いに栄えている。左隻の特徴は、街道沿いの賑わいや人びとの様子が活写されている点であろう。

第五扇の中ほどに描かれているのが中山道和田宿である往来の人びとの様子が描かれている。

慶長6年（1601）、京都から米沢を目指した前田慶次郎《けいじろう》は、3日間この宿に滞在している。下社を訪れ宮めぐりをした慶次郎は、「八帳《やとばり》破れ灯火《ともしび》幽《かすか》なり、玉簾《ぎょくれん》落ちて檐内《えんない》顕《あらわ》なり」と詠んだ。軒の帷が破れて灯火が

図５　春宮下馬橋　個人所蔵（部分）

漏れ玉で飾った簾も古びて落ちたので内部まで見えたという。回廊は傾き高楼は破壊されていた(図5)。戦国の争乱を経て下社が荒廃しきっていたことを物語っている。しかし慶次郎はそのような風景にも感興を覚え「あなたふと　涙ことはれ神慮　心の外はことの葉もなし(尊いことだ、我知れず涙がこぼれる　その神意を教えてほしい　心が感じているほかは説明する言葉もない)」と詠じている。

春宮社頭から直線に続く道はかつて大祝金刺氏など流鏑馬を競った馬場だったという。ここにかかる下馬橋は遷座祭の折に神輿が渡るもので、天正6年(1578)の建立とされ、上・下両社のなかで現存最古の建物と伝える。ここで乗り物を降り境内に進んだといわれる。

秋宮は甲州街道と中山道との分岐点に位置する(図6)。荒廃した下社を再興した武田信玄は、境内諸堂宇を整備した。秋宮の神宮寺には天正5年に完成した三重塔(図8)、千手堂もあった(図7)。しかし上社同様、明治時代の廃仏毀《はいぶつき》釈《しゃく》により灰燼に帰した。

下諏訪に滞在した慶次郎は御神渡を楽しみにしていた。しかし旧暦11月3日では早過ぎて凍っていない。彼は「凍らぬは神や渡りし諏訪の海」と詠んだ。慶次郎は上社の男神が下諏訪の女神に逢いに行く際に結氷するという伝説を知っていたのか、すでに神渡りは終わったと解釈したのだ。

図6　秋宮　個人所蔵（部分）

図7　千手堂　個人所蔵（部分）

図8　三重塔
個人所蔵（部分）

善光寺信仰を体現した絵図

善光寺と戸隠神社の深い結び付き

笹本正治

図1　信濃水内郡彦神別神社遺跡之図　長野市立博物館所蔵

17世紀後半の善光寺

図1は「信濃《しなの》水内《みのち》郡《ぐん》彦神《ひこかみ》別《わけ》神社遺跡之図」、いわゆる寛文絵図で長野市立博物館が所蔵している。宝永4年（1707）に再建された現在の本堂より前の寛文6年（1666）に完成した如来堂が書き込まれているので、元図は天和元年（1681）から元禄7年（1694）までの間に描かれたとされる。

絵図全体を見ると、最上部にはいくつもの山が重なるように示される。山は善光寺の本堂とほぼ同じ位置まで左右（東西）にも描かれ、下には幾筋かの川があり、最下部の川には船が浮かぶ。山と川に挟まれた中間にほぼ左右対称に小路と家並みが描かれ、中央に撞《しゅ》木《もく》造りの善光寺が位置する。

神仏からの恵みである水が山から里へ下り、海へと注ぐ。自然に囲まれて人の世界が在り、その中心に信仰の場である善光寺が位置するとの主張が読み取れる。

善光寺信仰を体現

この絵は事実と想像の中間で必ずしも実態を描き出していないが、善光寺が主張したい宗教的な象徴になるものが表現されている。北（上部）に示された山のうち一番背後の高い山、およびその前面の山は青く彩色され、色がない線だけの木の葉が描き込まれている。この二つの山には名前などの書き込みがない。同じ彩色と葉が左手（西側）の山にもあるが、そこには善光寺信仰にとって特別な場所「朝日山如来御林」と注記がある。

本堂の軸線上で最も高い山に描かれているのは善光寺にとってこの山が最も重要だったことを示す。山の位置や信仰状況からこの山は戸隠山であろう。実際、善光寺の西側からこの山に向かっている道には、絵図に「戸隠海道《とがくしかいどう》」とある。その前の青い山は形と位置から飯《いい》縄《ずな》（飯綱）山と推察される。『善光寺道名所図会』でも飯縄・戸隠までが記されている。同書によれば善光寺にとって年末行事で重要なものに如来の年男がある。この役にあたる人は一カ年潔斎《けっさい》し、湯福《ゆぶく》・妻科《つましな》・武井《たけい》の三社へ日参し、飯縄山・戸隠山へは月参することになっており、善光寺と飯縄山・戸隠山との深い結びつきが示される。

山岳信仰のシンボル

私たちは戸隠と聞くと神社しか思い浮かばないが、明治時代の廃仏毀釈《はいぶつきしゃく》以前は顕光寺《けんこうじ》の名で知られた。平安時代後期以降、天台密教や真言密教と神道とが習合した神仏混淆《しんぶつこんこう》の戸隠山勧修院顕光寺として全国に知られ、修験道場戸隠十三谷三千坊として比叡山、高野山と共に「三千坊三山」と呼ばれるほど修験者や参詣者を集めた。鎌倉時代以後、顕光寺の別当職であった栗田氏が善光寺の別当をも世襲したこともあって、両寺は関連を強め、参詣者は一度に両方を共に参詣することが多かった。

善光寺信仰はこのように山岳信仰も取り込んでおり、そのシンボルともいえるのが戸隠山だったのである。

図2　善光寺

三枚の古地図から景観の変遷を読み解く

小菅の信仰と景観

笹本正治

小菅の里

「小菅の里及び小菅山の文化的景観」として、2015年1月26日の官報告示により、国の重要文化的景観に選定された飯山市にある小菅という集落をご存じだろうか。

　図1は『皇国地誌』編纂に伴ってつくられた「長野県管轄　信濃国高井郡高野《たかの》村《むら》」から、小菅の部分を切り抜いたものである。ちなみに、高野村は明治9年（1876）5月に近世以来の小菅村など7村が合併してできたが、明治25年（1892）10月14日に豊郷村《とよさとむら》の一部を編入して瑞穂村《みずほむら》と改称した。瑞穂村は昭和29年（1954）8月1日に下水内郡飯山町などと合併して飯山市の一部となった。

　小菅村の江戸時代の村高は、「慶長打立帳」で関沢《せきざわ》村を含むと思われる549石余、「正保書上」「元禄郷帳」ともに267石余、「天保郷帳」435石余、「旧高旧領」428石余であった。戸数・人口は、宝暦4年（1754）に90戸、415人。文化15年（1818）に104戸、499人。弘化4年（18

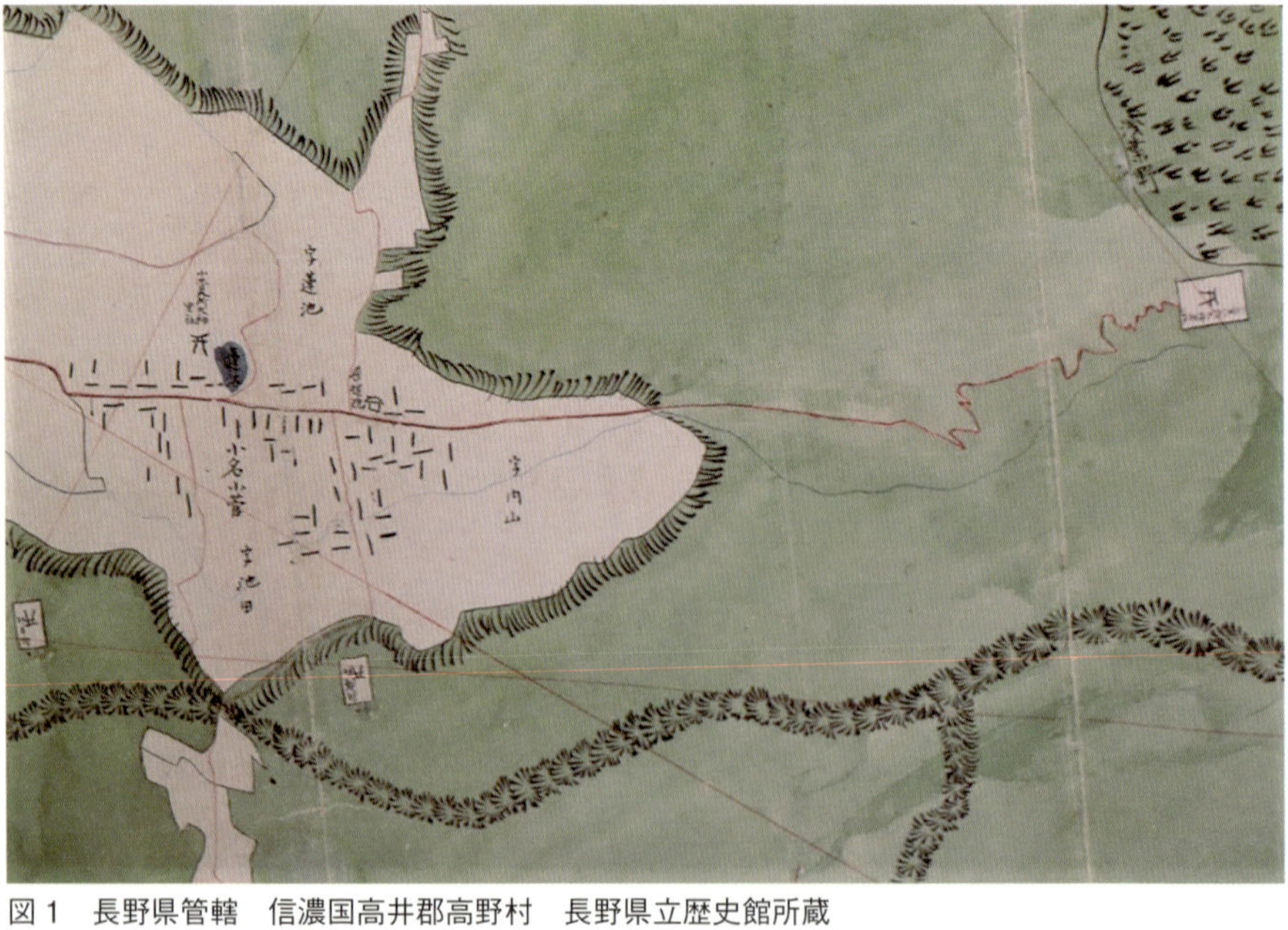

図1　長野県管轄　信濃国高井郡高野村　長野県立歴史館所蔵

図３　仁王門

図２　小菅神社奥社

47）に104戸、476人だった。図1では短い黒線が人家であるが、約70戸ほどが中央の道を中心に分布している。

小菅の集落は千曲川と小菅山にある小菅神社奥社（図2）の中間に山懐に抱かれるように存在している。現在の集落の中央部を東西にほぼ直線で道が通っていて、人家はこの道沿いに仁王門（図3）から大聖院跡（図4）の間にかけて分布している。集落中央部北側に里宮が鎮座し（図5）、その東南には大きな講堂が建っている（図6）。

集落の中央を走る道から西を眺めると、妙高山が道の延長上に位置しており、現状の集落は妙高山を拝するために計画的につくられたと考えられる。

この地図で見ると、道は人家が建ち並ぶ地に入る前に一端南に折れ、また直線的に東に向かっている。このルートは現在もそのままで、道が折れる東側に西面して建っている建物は仁王門だろう。集落の中央北側に「小菅八所大明神里宮」

図４　大聖院跡の石垣

図５　小菅の里宮

図６　講堂

があり、その南東に「蓮池」、東には「字蓮池」とある。蓮池の南側には「小名小菅」、その南に「字池田」と記されている。中央の道路をさらに東に進むと「菩提院《ぼだい》」があり、やがて人家が途切れる。人家がなくなった南側が「字内山」である。道を山に上っていくと「小菅八所神奥社」となっている。

小菅山元隆寺

図7は延享3年（1746）5月にできた「小菅山元隆寺《がんりゅうじ》絵図」である。村全体の配置は図1と変わりがない。集落の中央を走る道の両側には樹木が植えられている。西端の集落の入口には「二王門」、集落中央北側に「里宮」がある。中央の道路に面した所はすべて坊になっており、里宮の反対側は「南龍池」である。里宮と「蓮池」の間には多くの建物が並んでいる。「菩提院」の位置は「桜本坊」になっている。東の端には「別当大聖院」が建っている。山の上には「八所権現」があり、大聖院との中間に「本地堂」がある。この絵図は基本的に小菅山元隆寺を描いている。

　絵図では南龍池の西側に「小菅村」と記され、20戸

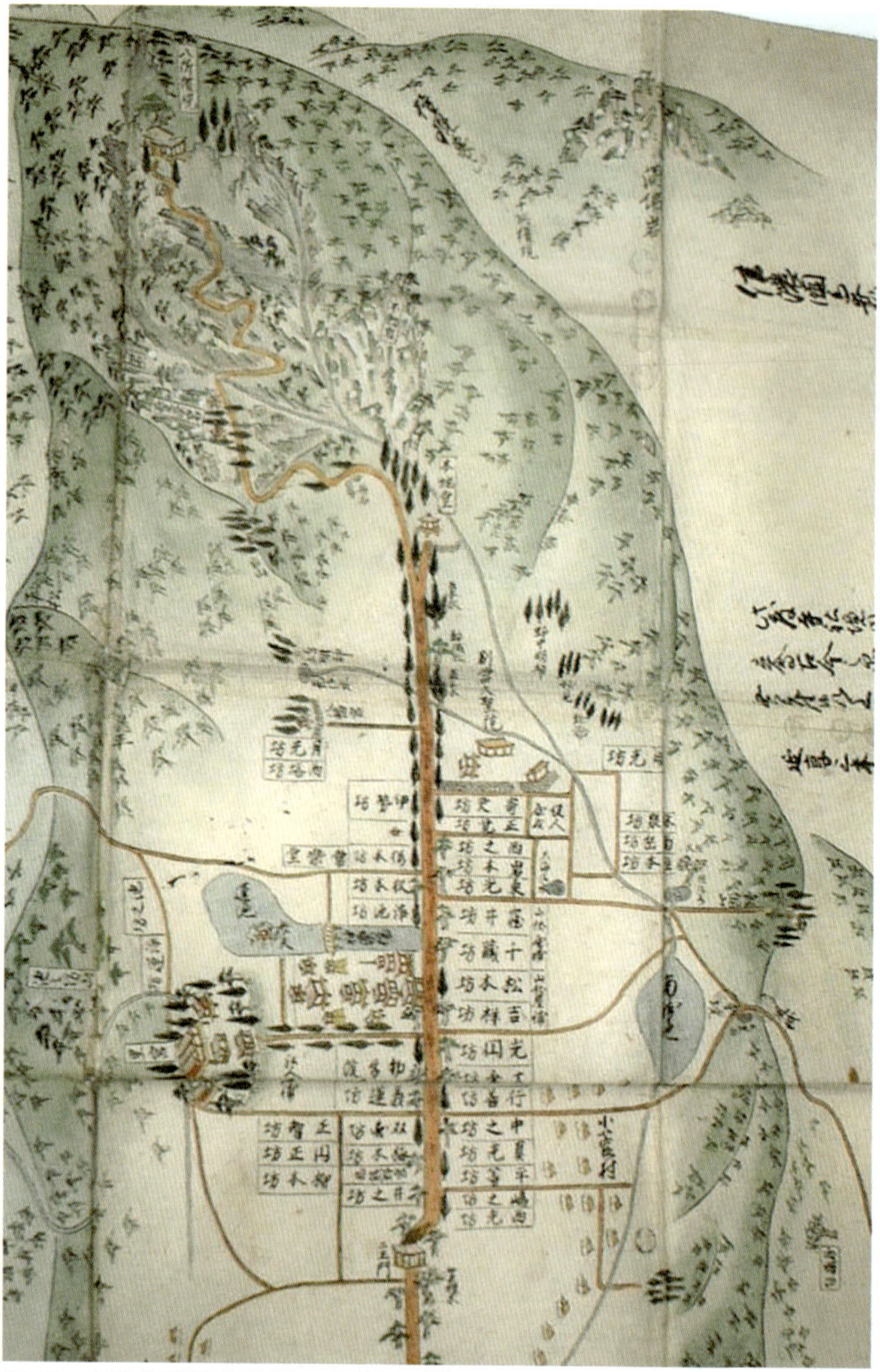

図7　小菅山元隆寺絵図　小菅区所蔵

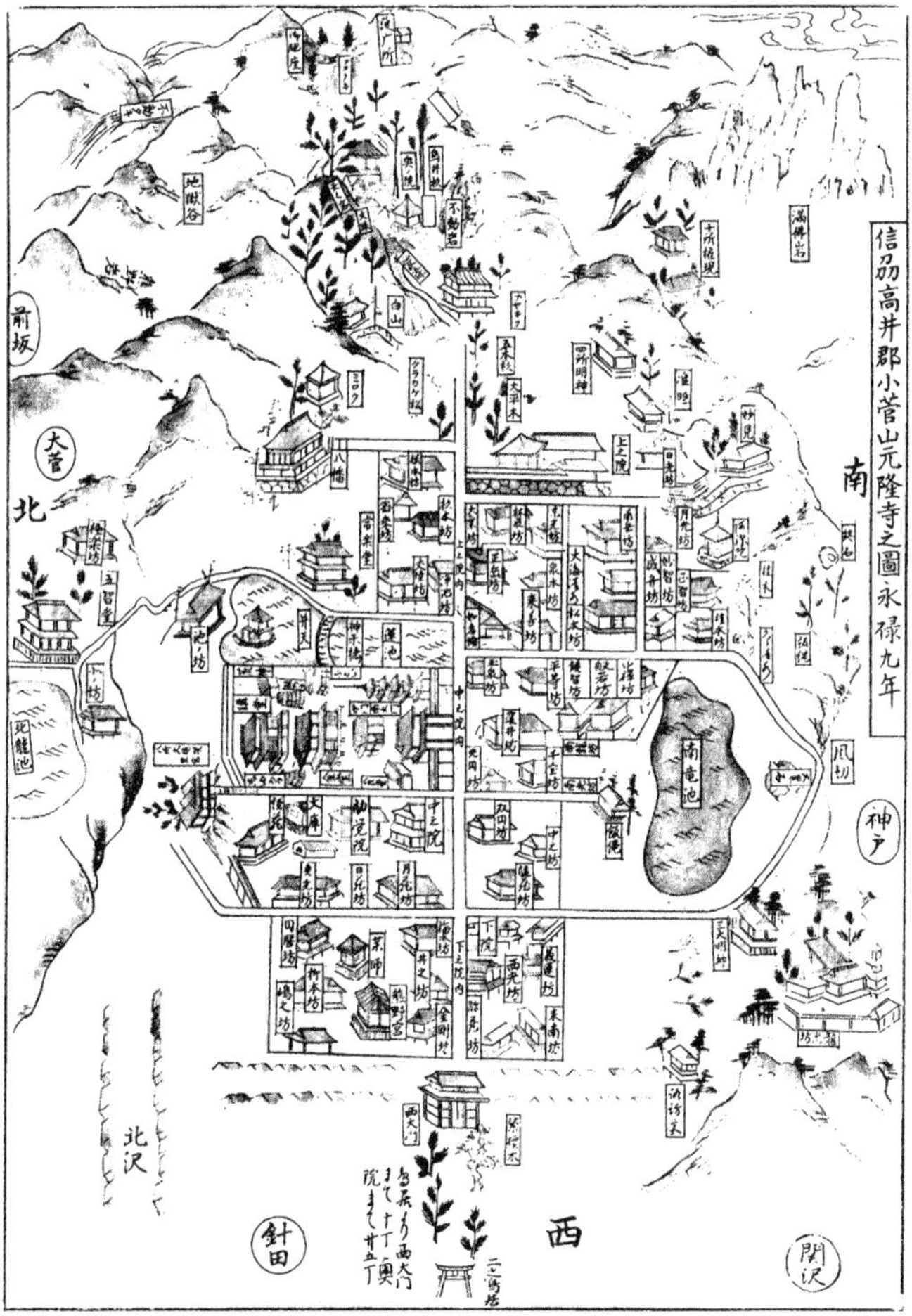

図8　信州高井郡小菅山元隆寺之図　長野県立歴史館所蔵

足らずが数えられるが、図1と居住地域に大きな差がある。

図7によく似ているのが、『長野県町村誌』の中の「信州高井郡小菅山元隆寺之図　永禄九年」とある図8である。表題から永禄9年（1566）に作製されたことになる。この図の一番下（西）は「二之鳥居」で、鳥居より西門まで10丁（約1090m）、奥院まで25丁と注記がある。その上に西門があるが、これはこれまで見てきた仁王門に当たる。その前の並木南側には「紫檀《したん》木」と記されている。八所権現奥社は「奥ノ院」で、前に「鳥居松」がある。「別当大聖院」については「上ノ院」とある。「八所大権現里宮」の東側は「中之院内」で、南から北へと「南大門」、「中門」、「金堂」、「講堂」と並んでいる。南大門の東には「五重塔」、金堂と講堂の西側には鐘楼が描かれている。これらの建物は注記こそないが図7に描かれているものと同じで、現存する講堂からすると壮大な寺院建築群があったことになる。ただし、現実の面積は巨大建築物群が並ぶには狭すぎ、礎石などもない。

小菅山の歴史

天文11年（1542）5月付の「信濃国高井郡小菅山八所権現并元隆寺由来記」によれば、小菅山を開いたのは役行者《えんのぎょうじゃ》（伝説では634〜701年）だという。また、大同年中（806〜10）に坂上田村麻呂《さかのうえのたむらまろ》が八所権現の本宮ならびに加耶吉利堂《かやきりどう》（馬頭観音をまつる堂）を再建し、新たに元隆寺（その別当が大聖院）を興し、金堂・講堂・舞台・三重塔・荒神堂・鐘楼・大門（仁王門）等を整備したとする。図8に見える建物群は彼が建てたことになる。

小菅神社に伝わる木造の馬頭観世音菩薩坐像は平安時代後期の作とされており、小菅山の信仰が古代にまで遡ることは確実である。永正5年（1508）9月、奥社内の宮殿が建立され、天文15年（1546）8月15日には現在県宝に指定されている桐竹鳳凰文透彫奥社脇立2面がつくられた。奥社の建物もこの頃つくられたと推定されている。

伝承によれば永禄4年（1561）の川中島合戦の余波を受けて、元隆寺が焼失した。上杉謙信《けんしん》は永禄7年（1564）8月1日、更級《さらしな》八幡宮（千曲市、現・武水別《たけみずわけ》神社）にあてた願書に武田晴信（信玄）の非道を挙げ「他方の国を捨て、あまつさえ戸隠・飯縄・小菅三山、善光寺をはじめ、その外在々所々の坊舎供僧を断絶をなし、寺社領欠落の故、御供灯明已下怠転《いかたいてん》し、光塔仏閣伽藍《がらん》際限なく焼却す」と記した。謙信は小菅を戸隠・飯縄と同格にし、善光寺と並べており、当時小菅山がいかに高く評価されていたかを伝える。同時にこの通りなら、永禄7年までに小菅は退転していたはずで、永禄9年（1566）という図8の景観はあり得ない。

図は小菅山元隆寺の理想を示したもので、この図を前提に図7もつくられたのであろう。

現在の小菅集落が妙高山を向いていることは間違いないが、奥社の参道（図9）などからは妙高山はまったく見えず、前面に位置するのは斑尾山《まだらおやま》や飯縄山である（図10）。「信濃国高井郡小菅山八所権現并元隆寺由来記」などは役行者が小菅山に登った時、地主神の飯縄明神が現れて守護を約束したとする。また、奥社から湧き出したのは摩多羅神で馬頭観音の化身、この神が小菅権現だというが、マタラは「斑」で斑尾山につながってくる。小菅山から見ると斑尾山の左手奥に

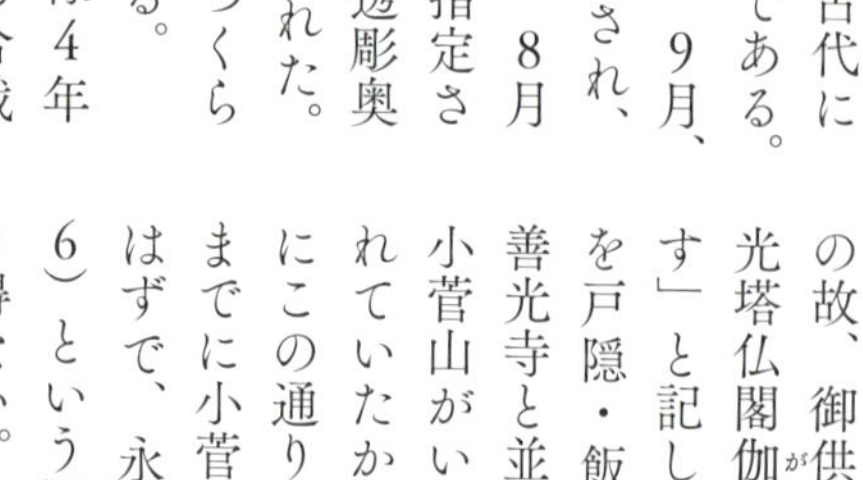

図9　奥社への参道

図10　奥社参道から見える斑尾山（右）と飯縄山（左）

図11　参道南遺構群

飯縄山が位置し、斑尾山を飯縄山が守護するように見える。

飯山市教育委員会が2014年3月に刊行した『文化的景観「小菅の里」』の調査に際して、小菅山元隆寺大聖院跡の南東に参道南遺構群が発見された（図11）。この遺構では参道の軸線が妙高山を向いておらず、斑尾山・飯縄山に向かっている。遺構は石垣配置などからして現在の集落の前段階にあった、中世の宗教遺跡の可能性が大きい。

現在の妙高山に向けての集落配置は、参道南遺構群より後に計画的につくられた可能性が高い。これをおこなった主体者が誰か証明は難しいが、越後の妙高山に向けていること、上杉謙信の願文、小菅の領主変化などからすると、上杉景勝の可能性が高いと私は考える。

菩提院の本尊は元禄10年（1697）にできた。講堂が元禄10年に修復されているので、集落の入口の仁王門もその頃再建されたであろう。『新編瑞穂村誌』によれば、小菅神社奥社への参道杉並木は宝永3年（1706）に植樹されたようである。

こうした点からすると、17世紀末から18世紀初頭にかけて、近世の物見遊山的な信仰の増加もあって、現在地の小菅は再び繁栄を取り戻したようである。この動きと相俟って理想としての小菅の図として図8がつくられ、図7はこれを踏襲したのではないだろうか。

この事例からすると、古地図の読み方も実態を伝えているか、作成者の意図は何かなど、じっくり考えたうえで検討していく必要がある。

なお、元隆寺は神仏分離令に応じ、大聖院の武内《たけうち》英真《えいしん》が明治2年（1869）に神職になり、仏式什《じゅう》器《き》を菩提院に移管した。また、小菅山八所大権現を小菅社八所大神と改称するなど、仏教色を一掃し、廃寺となった。

古地図を片手に小菅を歩くと、歴史がいっぱい詰まった景観に考えさせられることが多い。

光前寺と山の信仰

宝暦の境内図が記憶する境内の姿

笹本正治

光前寺の歴史

駒ヶ根市にある光前寺は観光客が多く訪れる長野県屈指の名刹である。宝積山《ほうしゃくさん》を山号とする天台宗（比叡山延暦寺末）で、本尊は秘仏の不動明王像である。本聖上人《ほんじょうしょんにん》が貞観2年（860）に開いたと伝えられる。本聖上人は比叡山にて研学修行の後、籠ヶ沢《こもりがさわ》で修行し、太田切《おおたぎり》黒川の滝中より不動明王の尊像を授かり、この地に寺を開いたといわれている。創建時は現在より200m木曽山脈寄りのところにあったという。

長い歳月の間に火災などの災害で古記録を失ったため、歴史の詳細は詳らかでない。天正8年（1580）閏3月付で武田家が華蔵院にあてた武田家発給の文書を伝え、江戸時代には徳川家から地方寺院としては破格の60石の寺領を与えられた。

明治以降、多くの塔頭末寺も廃寺となったが、今なお樹齢数百年の杉の巨木に囲まれた境内に10余棟の堂塔を備えている。

本堂前庭園や本坊裏の築山泉水庭は県下唯一の名勝庭園として、昭和42年（1967）に国の文化財に指定されている。仏画等の寺宝も多く所有している。また、境内南側（約11ha）が、県の環境保全地区に指定されている。霊犬早太郎の伝

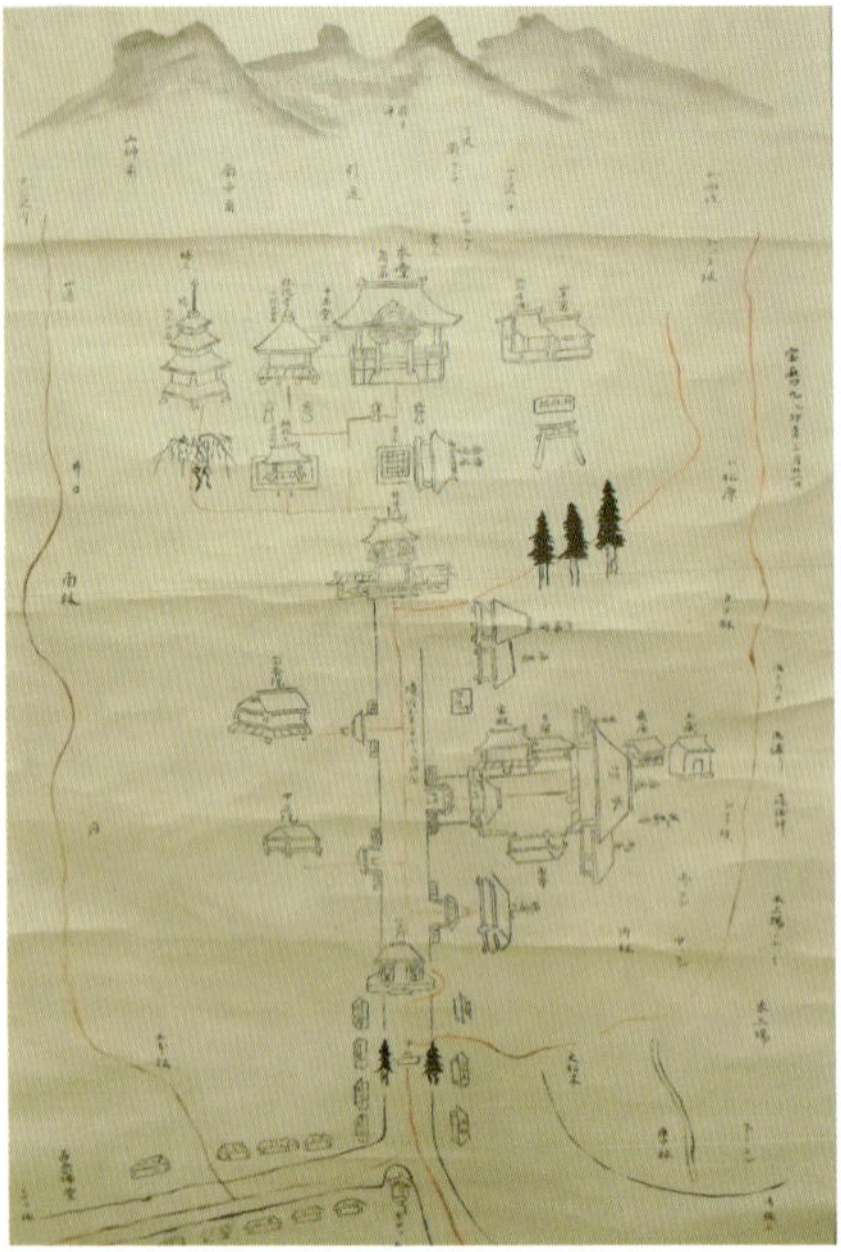

図１　光前寺絵図（宝暦９年〔1759〕）
光前寺所蔵

図２　光前寺参道

説、光苔《ひかりごけ》でも有名である。

宝暦9年の境内図

図1は宝暦9年（1759）3月21日に描かれた光前寺の境内図である。図で上に当たるのが西側、下の方が東である。東から来る道と南から来る道が合わさるところに「六地蔵堂」が設けられている。周囲の家にはすべて家主の名前が書いてある。そこを東に登っていくと大きな2本の木の間に「申願《じんが》」がある（図3）。伊那市の仲仙寺《ちゅうせんじ》では現在も門前に住む住民などが、無病息災を祈って江戸時代から続く申願様を奉納しているが、そうしたものがここにもあったのである。

さらに歩むと仁王門（金剛力士〔仁王〕像は大永8年〔1528〕につくられた）がある。これを進むと右側（北）に徳寿院、さらに左手（南）に中正院がある。さらに進んだ右手に大きな本坊がある（図4、5）。ここは二つの門を持ち、庫裏、玄関、客殿、風呂屋、長屋、馬屋、土蔵を有する（図6）。本堂への参道を進むと左手に円上院がある。本坊の西側には念仏堂と庫裏がある。

参道を進むと大きな鐘楼門（現在の門は嘉永元年〔1848〕に再建された）で、その向こうに2間2間半の楽屋と舞台がある。これに対峙するように1間4面の弁財天（室町時代に建てられた）がある。参道正面には7間4面の本堂

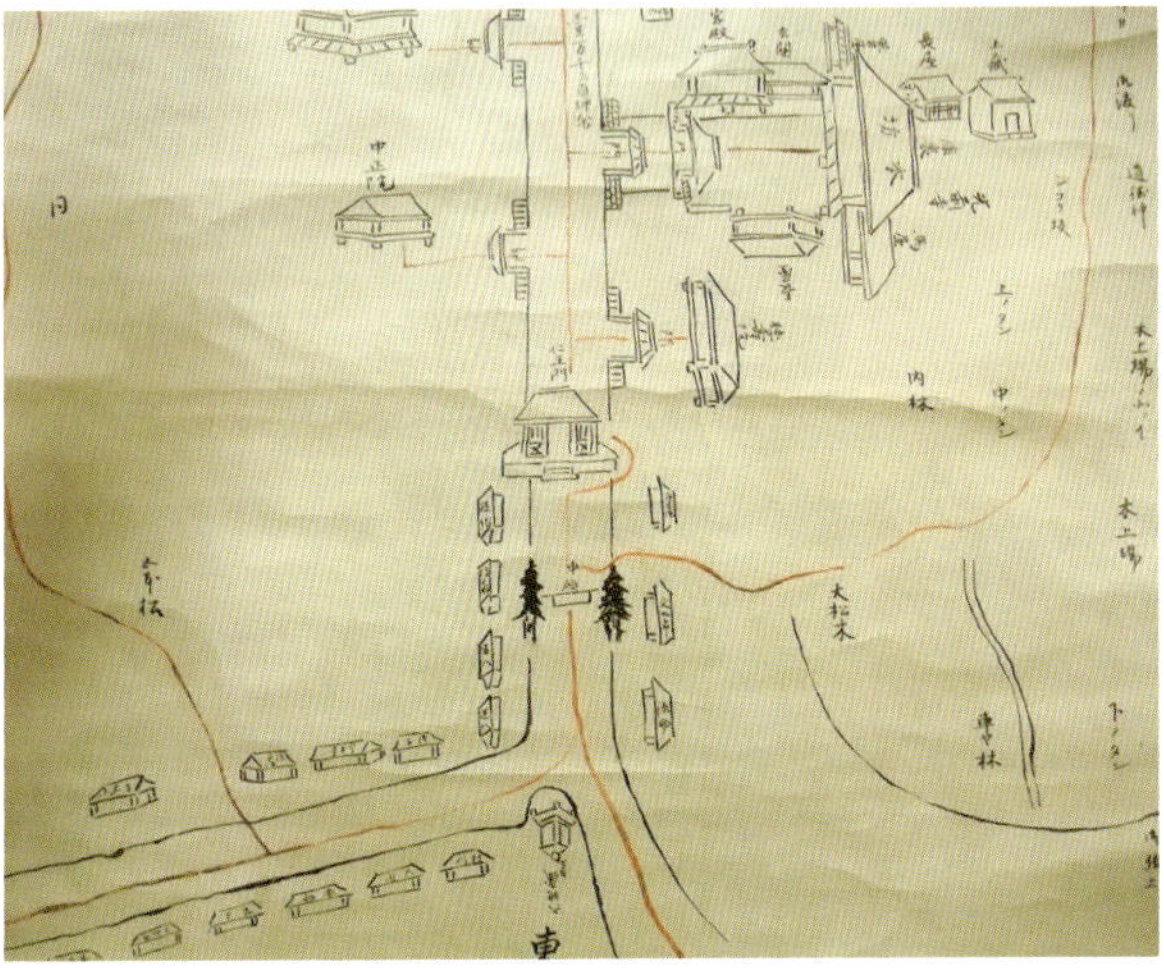

図3　大きな2本の木の間に「申願」があるのが見える

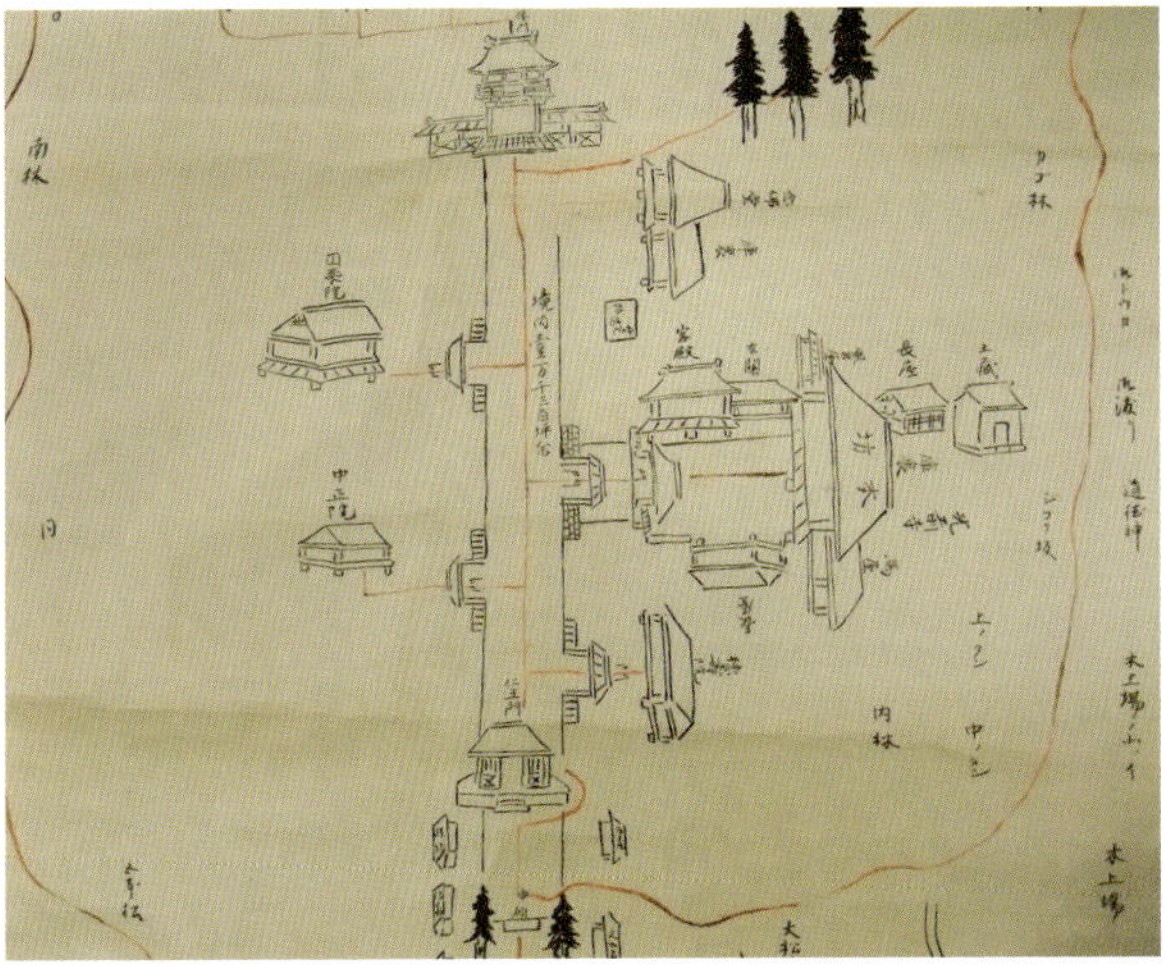

図4　本坊周辺

（現在の建物は嘉永4年〔1851〕に再建された）（図7）、その左に3間半4面の阿弥陀堂、その間に十王堂跡がある。さらに左に9尺4面の三重塔が建っている（現在の塔は文化5年〔1808〕に再建された）。本堂の右手には山王宮と御所権現があり、東側の鳥居との間には拝殿跡が記されている。

図5　本坊の門

図6　本坊の庫裏と客殿

失われた建物も多いが、重要な部分はそのまま現存したり、建て直されたりしている。

山の信仰

宝暦の光前寺絵図で注目されるのは、図1の最も上部に山容が描かれていることである。そして中央の二つの山の間の下に「扇子平」と記されている。また、左の山の下には「山神前」とある（図7）。

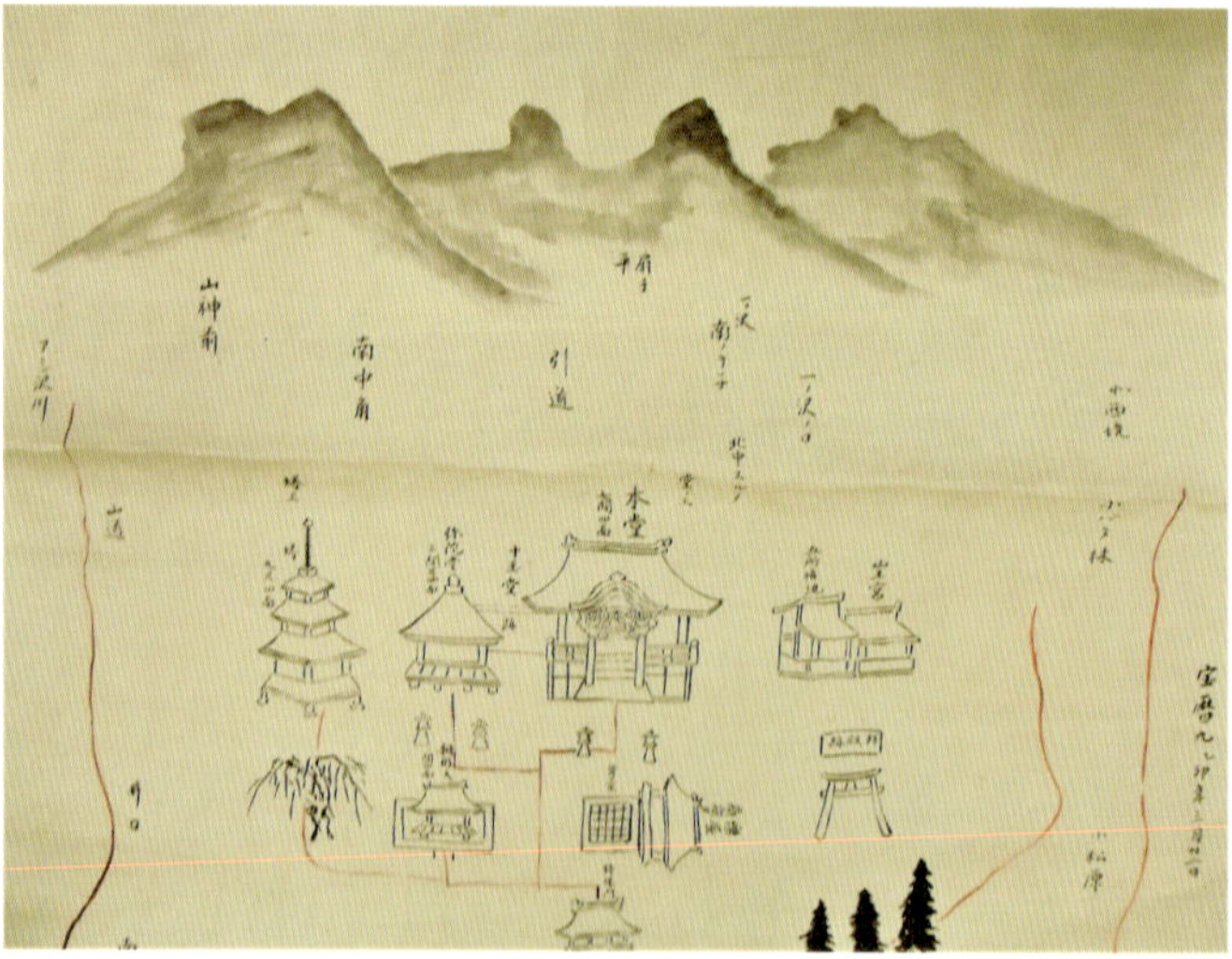
図7　本堂周辺

本堂の背後に描かれている山は信仰対象であろう。描かれた山のうち最も右手の山は遠く描かれているので、他の三つの山は阿弥陀三尊の並びのようにも見える。この三つの山の前面は大きく削られたようにへこんでいる。山の形や距離からすると、右手の遠くの山は中央アルプスの駒ヶ岳（2956m）ではないだろうか。中心部に来る山は描き方からすると宝剣岳（2931m）で、その前面は千畳敷カールであろう。配置だけからすると、右側の山は伊那前岳（2883m）、左側は島田娘ノ頭（2858m）の可能性が出てくるが、詳細は不明である。尖らせた岩の形は男根のようで、豊穣のシンボルともとらえられる。

　さて問題は扇子平である。駒ヶ根高原から池山林道を進むと籠ヶ沢に「本聖上人草庵跡地 日枝端」の碑がある。籠ヶ沢の岩窟は光前寺の開山本聖上人が平安時代のはじめ、東国巡錫の途中この岩窟に入って修行した場所だという。さらに登っていくと扇子平があり、池山水場を過ぎて標高1774mの池山となる。この場所から見た宝剣方面の写真（図8）を掲げた。当然駒ヶ岳は見えないが、宝剣岳を中心とする風景はよく似ている。

図8　池山から見た宝剣岳

　高い山は神仏の住む天に近い。天に突きだしたような岩山の宝剣岳は人間の世界と神仏の世界をつなぐシンボルと言えよう。

水の信仰

　光前寺にとってきわめて大事な場所が高い山の上の池山だったことは重要である。光前寺には日照りが続いて水不足となったときに持ち出せば雨が降るという青獅子がある。現在でも本堂裏からの湧水は延命水として信仰の対象にもなっており、多くの人がこれを飲みにやってくる。この寺には水の信仰が深く根づいているのである。

　庭園の池の調査によって、本来この地が沢の上にあり、沢を埋め立てるような形で整地され、本堂や庭もできたことがわかった。庭園を造るために沢を埋めたのではなく、水の信仰があるからこそ、水の湧く場所に光前寺は選地されたのである。

　長野県を代表する諏訪大社上社の神体山は守屋山で、水分《みくまり》信仰が強く存在する。信濃の国二宮の小野神社・矢彦神社も霧訪山《きりとうやま》に対する水の信仰が根底にある。戸隠信仰も山と水の信仰であり、小菅信仰も同様である。

　光前寺というと仏教で神社とは異なると考えがちだが、前近代では神社と寺院は一緒になっていた。その意味で光前寺の信仰の根底に山の信仰、水の信仰があることは注目される。

古の祭礼を今に伝える地域文化

下伊那の代表的な祭り

笹本正治

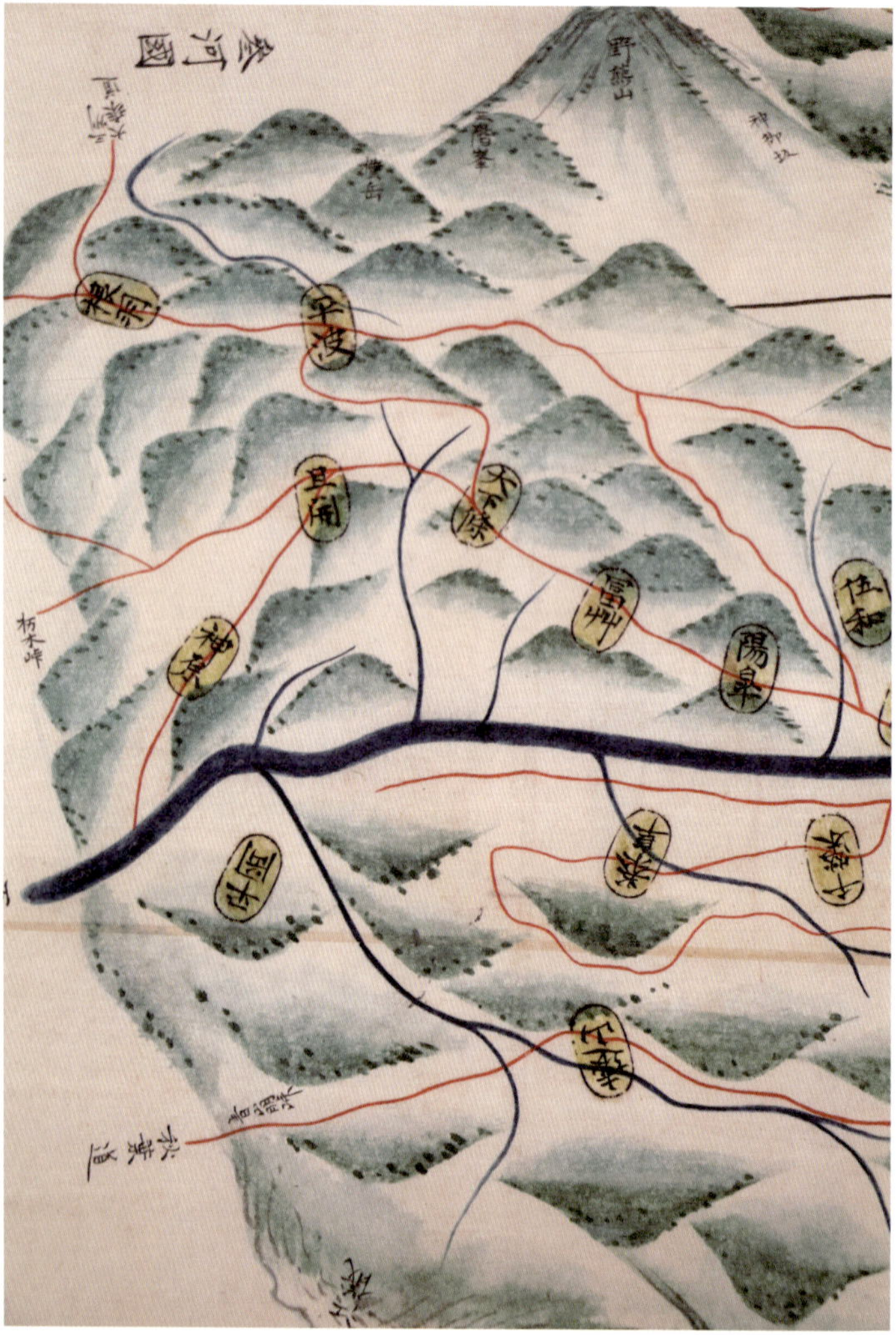

図1　筑摩県絵図（明治4～9年頃）長野県立歴史館所蔵

祭りの宝庫 下伊那

図1は明治4年（1871）から明治9年（1876）まで存在した筑摩県《ちくまけん》の地図である。中央の青の色は天竜川であるが、川の西（上の側）に神原《かみはら》、その上方に旦開《あさげ》、川の西側に遠山《とおやま》の各村が見える。赤い線で道路が描かれ、周囲に多くの山々があることがわかる。

遠山の霜月祭り（飯田市）・新野《にいの》の雪祭り（地図の旦開、阿南町）・坂部《さかんべ》の冬祭り（地図の神原、天龍村）などに接した経験があるだろうか。三遠南信の国境一帯は、古い形式を伝える祭りの宝庫として全国的に知られるが、本項ではこの三つを取り上げたい。

下栗の霜月祭り

「霜月祭り」は旧暦霜月（11月）に一夜を徹しておこなわれる「湯立神楽《ゆたてかぐら》」である。霜月は木々の多くが葉を落とすことに象徴されるように、自然や神などが衰弱する季節なので、神も人間も活力を失った魂を再生・更新し、新年に備えねばならない。そのために湯立神楽では、神と人を結びつける力を持つ水を、エネルギーの象徴である火によって湯として、場や人を浄め、神々を招いて饗応する。

図２　下栗の霜月祭り

　現在、12月に集落ごとにおこなわれている祭場の建物には神の座す神籬《ひもろぎ》が設けられ、舞台中央に湯釜が置かれる。釜の上には白蓋《びゃくかい》、雲などの天蓋《てんがい》が下げられ、周囲には注連縄《しめなわ》や切紙飾が巡らされ、神々を迎える神聖な空間が設けられる。神名帳を読上げて神々を招待し、湯釜を中心に夜を徹して祝詞《のりと》をあげ、舞が舞われる。面をつけた者が神や鬼などに扮し、クライマックスでは素手で煮えたぎる湯を周囲にかけて禊祓《みそぎはらえ》をする（図2）。最後は「天伯《てんぱく》」神が祭りを鎮める。上村上町では天伯が釜の周りを踏みまわり、東西南北天地に矢を放ち、最後に「天下泰平、国家安全、五穀豊穣、めでたくかなう」の唱えに合わせて、顔で「叶《かな》う」と書く。

　出し物の一つである神太《かんだ》夫《ゆう》夫妻は日月を表すとされる。二人はお伊勢参りの途中、村の祭りに詣でると、顔の皺《しわ》がのび、曲がった腰もまっすぐになり、抱き合う。これは若返り、性行為、生殖を意味し、魂の再生を象徴しよう。婆は手に持った榊《さかき》で観客を狂ったように叩くが、人々は御利益があると喜ぶ。

　夜を徹しておこなわれるこの祭りを見ると、山の民のエネルギー、神と人間の交流、自然と人間のつきあい方、人にとって幸せとは何か、など多くのことを考えさせられる。

新野の雪祭り

　図3は明治12年（1879）の開旦村《あさげむら》の地図の一部で、新野集落の中心部から西側に村社伊豆《いず》神社が描かれている。ここで現在1月14日の夜から翌日にかけておこなわれる雪祭りは、豊作を祈る神事の要素が強く、田遊び・猿楽能が中心になっている。この祭りは伊藤家の先祖が文永2年（1265）に伊豆国（静岡県）から来て、伊豆山権現（静岡県熱海市）を招いて伊豆

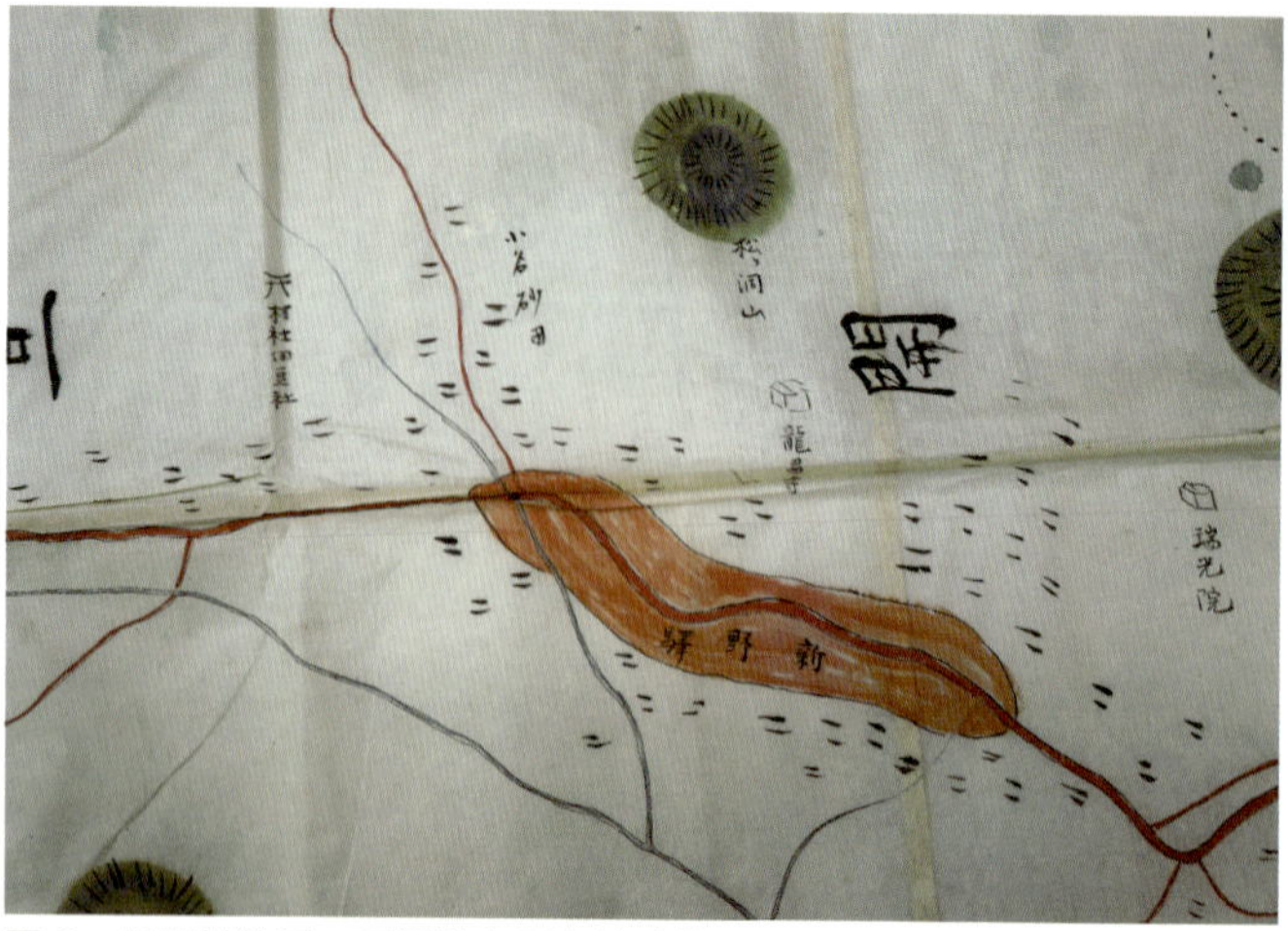

図３　旦開村絵図　長野県立歴史館所蔵

社を創建し、伝えたとされ、明治元年（1868）まで同家が祭りを司った。文安5年（1448）に伊勢国（三重県）から関盛春《せきもりはる》が新野へ移り、二代盛国が下伊那郡天龍村から仁善寺《にぜんじ》観音を迎えて、田の神祭りを伝えたという。

　この祭りを広く世に知らしめたのは大正15年（1926）に最初に訪れた折口《おりくち》信夫《しのぶ》で、雪祭りの命名も彼だとされる。折口が「日本の芸能を学ぶものは、一度見る必要のある祭り」と言ったように、日本の芸能史にとって極めて重要な祭りで、明治33年（1900）にできた『信濃宝《しなのほう》鑑《かん》』が「本社の祭日は、毎年一月十一日より同十四日迄にして、之が祭典を行ふに当て、信徒中より抽籤《ちゆうせん》を以て其の供奉者を定む。籤《くじ》に当る者は斎戒沐浴《さいかいもくよく》して之に従ふ。且つ其の祭典の荘厳なること、近郷に其の比を見ざるなり」と記すように、古くからの伝統がよく伝えられている。

　午前1時頃松明《たいまつ》に点火し、広庭の祭事が始まる。最初に出てくるのは赤頭巾に長いわらで五穀の入った玉を付けた冠、千早《ちはや》、短袴《たんばかま》、白い脚絆《きゃはん》に足袋、草鞋《わらじ》の出で立ちの「さいほう（幸法）」が、手に松と田うちわを舞う。次に「もどき（茂登喜）」が「さいほう」をまねる。その後、「競馬《きょうまん》」や「お牛」といった人気ある神事が続き、翁、松影、正《しょう》直翁《じっきり》、海道下り、神婆《かんば》と続く。君の舞ともいわれる神婆は、振り袖を着た婆が爺と抱き合うと、娘が鼓をもって現れる。これも生殖行為で、稲の実りを促すという。雪祭りのシンボルともいえる三人の天狗《てんごう》は夜明けごろ登場し、その後に八幡、しずめ、鍛冶、田遊びなどがある。

図４　新野の雪祭りの天狗

坂部の冬祭り

図5は明治12年（1879）に描かれた神原村全図の一部で、小名坂部《こなさかんべ》の西側に諏方社《すわ》(現大森山諏訪神社)が見える。ここで正月4日から翌日にかけておこなわれるのが坂部の冬祭りである。『熊谷家伝記』は武蔵国熊谷郷（埼玉県熊谷市）を本拠地とした熊谷次郎直実《なおざね》の後裔《こうえい》熊谷貞直が、愛知県北設楽《きたしたら》郡富山村を経て、正長元年（1428）に館を坂部本村に移した時に始めた神楽が冬祭りの始まりだとする。

大森諏訪神社において、天照皇大神《あまてらすこうたいしん》の御湯・火の王社の御湯など計八立の湯立てがされるが、それぞれに先立ち、童子による花の舞や本舞が伴う。その後、火の王社から面迎えがある。明け方になると赤鬼が大まさかりを持って現れ、二人の宮人が捧げ持つ松明をまさかりで切る「たいきり面」があり、火の粉が舞殿に飛び散る。

私たちは東京や京都を中心とする視点になれ、長野県では長野市や松本市などから離れれば僻地《へきち》で、文化的に遅れていると考えがちである。しかしながら、これらの祭礼を見れば、いかに祭礼を伝えてきた地域の文化水準が高く、都会を中心とした考え方では計り知ることのできない豊かさがあるかを実感する。

ところが、こうした地域は人口減少に悩み祭礼の存続も危ぶまれている。日本とは何か、信州とは何かを考えるためにも、貴重な祭礼が維持されるよう、私たちも背後から協力していかねばならないだろう。

舞の素晴らしさ、芸能の豊かさ、過疎の中で何とか祭りを伝えようとする住民とこれを助ける外部の人たち。胸が痛くなるような継承への努力に頭が下がる。

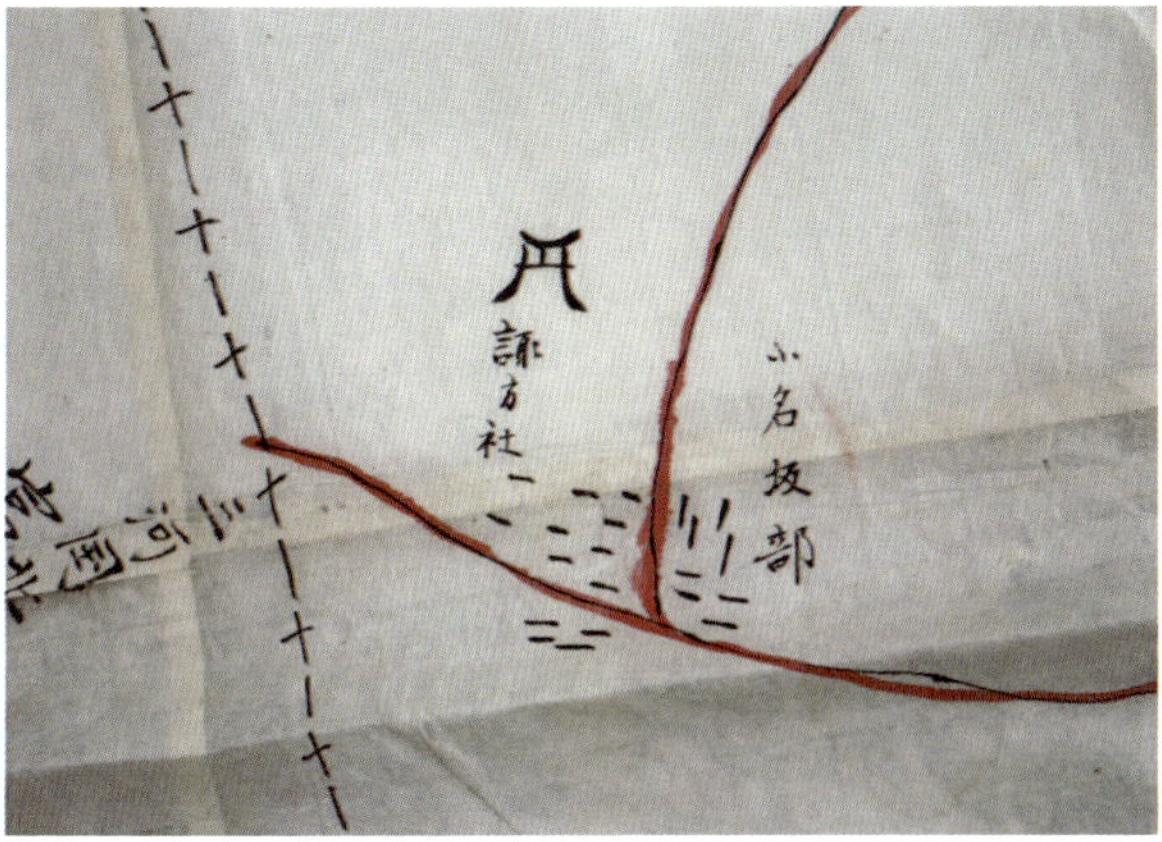

図5　神原村絵図より諏訪神社　旦開村絵図
長野県立歴史館所蔵

図6　坂部の冬祭り

豊臣秀吉によって分割された境内

小野神社と弥彦神社

笹本正治

並び立つ鳥居

図1は明治18年（1885）の「東筑摩郡地区町村全図」の一部である。下の方に鳥居が二つ並んでいる。

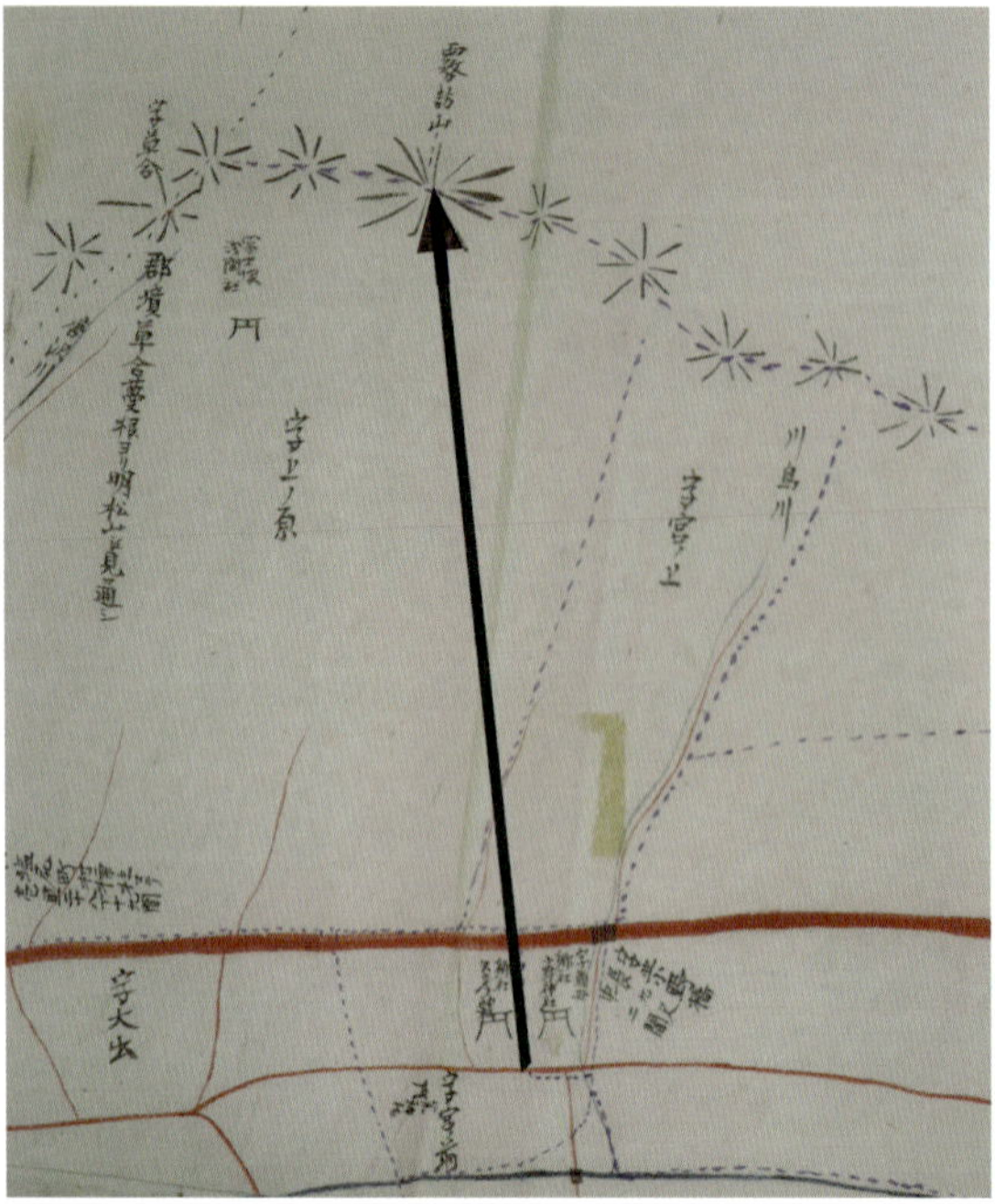

図1　東筑摩郡地区町村全図（部分）長野県立歴史館所蔵

右側には「字頼母《あざたのも》　郷社小野神社」、左側には「郷社弥彦神社」とある。現在小野神社は塩尻市、弥彦神社は辰野町である。このように大きな神社が二つ並んでいるのは異様であるが、現状でも北に小野神社、南に矢彦神社が鎮座し、両社の境内は同一の社叢である。面積3万6326㎡の社叢は針葉樹と広葉樹が混ざった混交林で、天然林を残していることから「矢彦小野神社社叢」として長野県指定天然記念物に指定されている。

永禄10年（1567）の仁科盛政起請文《にしなもりまさきしょうもん》に「小野南北大明神」とあり、天正7年（1579）の南方久吉《みなかたひさよし》の契状に「小野二之宮造営」の記載が見え、本来は弥彦神社と小野神社は「小野南北」で二之宮であった。しかし、飯田城主毛利秀頼《ひでより》と松本城主石川数正《かずまさ》の領地争いがあり、天正19年（1591）に豊臣秀吉の裁定によって土地が北小野・南小野に分けられ、神社境内も分割されたのである。

御神体の霧訪山

小野神社の社殿は、寛文12年（1672）の再建で、

図２　小野神社

図３　弥彦神社

本殿2棟と八幡宮本殿が南から並列し、勅使殿《ちょくしでん》がその前方中央に位置する（図2）。これら4棟は長野県宝に指定されている。弥彦神社の拝殿と左右の回廊は、天明2年（1782）の造営、神楽殿は天保13年（1842）の造営で、いずれも立川流《たてかわりゅう》の代表的な建築物である（図3）。勅使殿は江戸時代の造営ながら、室町時代の様式を残している。これら5棟も長野県宝に指定されている。

地図の矢彦神社・小野神社の境をなす線を西側に延ばすと霧訪山《きりとうやま》に至る。実際に現地に立って西側を見ると、西に霧訪山が眺められる。弥彦神社・小野神社にとってはこの山が御神体である。

諏訪大社上社の御神体山は守屋山《もりやさん》である。守屋山は霧がかかると雨が降るとか、雲が晴れたら農業ができるとかいわれ、水の神様が住むと考えられた。諏訪大社上社で大事な建物の一つが天流水舎《てんりゅうすいしゃ》である。神楽殿から勅使殿に向かう右側にある小さな建物だが、毎日天から水が降ってきて、これが天竜川の源になるとされた。諏訪信仰の根源は水《み》分《くまり》信仰なのである。霧訪山という名前は霧を問う山、霧が巻く山、まさに雨をもたらしてくれる山の意味である。諏訪大社上社の状況からすると、矢彦神社・小野神社の御神体山は霧訪山で、この山が水をもたらしてくれると信じられていたのである。

小野神社の武田勝頼《たけだかつより》が寄進したと言われる梵鐘《ぼんしょう》はボロボロである。伝承によれば、雨乞いをする時には霧訪山の山頂まで運び、ゴロゴロと転がし落としたために傷だらけになったという。諏訪大社上社の場合、守屋山頂上の守屋の祠を蹴っ飛ばしたりして、雨乞いをしていたが、御神体の山で神を怒らすというのは同じ発想法である。

小野神社の北にも水が湧き、周囲には水場でないと育たないカツラの木がある。弥彦神社の南にも池がある。こうやって水がじわじわと湧き出す場所、両神社の中心から霧訪山が見える。この両社が信濃国の二之宮で、信濃国を代表する神社なのである。

麓から鉢伏山頂まで広大な信仰空間を持つ

善男善女に御利益がある牛伏寺

原　明芳

信州随一の厄除け観音

1月の厄除けの日の真夜中、牛伏寺《ごふくじ》には県内各地から多くの老若男女たちが参拝に訪れ、参拝者数はピークを迎える。

臨時につけられた電灯の明かりによって、牛伏寺のある山中はまるで真昼のような明るさなのである。参道には出店が立ち並び、厄除けの祈祷の読経が響く観音堂へ向かうため、仁王門をくぐる人の列は途切れることはない。

近年の厄除けの人出は10万人を超すともいわれる。車社会になった現在は、麓の駐車場に止めて参拝するが、かつてはJR村井駅から2時間をかけて歩いてのぼってきた。それ以前は松本平の津々浦々から、真夜中に牛伏寺への参拝者が向かったといわれる（図1）。

嘉永2年（1849）に刊行された『善光寺平名所図会』では、牛伏寺の厄除けの日のことを、次のように記している。

当寺の本尊十一面観音は、聖徳太子の作で厄除け観音と呼ばれ、霊験が著しく、近くからも遠くからも貴賤を問わず男女が歩いてやってくる。

例年正月7日、大般若経を転読している夜8時頃、追儺《ついな》の祭りとして、多くの厄年の者たちが麦の松明《たいまつ》をかざして、鬼を追う儀式があった。

鉄杖を持ち幣を担いだ鬼二人を、後から大太刀を持って追いかけて戦う様子はとても勇壮である。雪の中で大かがりを焚き、白昼のような明るさの中を、多くの童男・童女が群れるように参拝して、山が振動するようである。

その際に使われた、永禄10年（1567）と墨書された木彫りの青鬼と赤鬼の追儺面が伝わっている。『牛伏寺由来記』には、「於本堂追儺祭　世俗謂之厄除祭」と記されている。

このような厄除け信仰の行事が中世から幕末までおこなわれていた。どのような経緯かわからないが、1月15日におこなわれるようになり、現在では1月の第2土曜日、日曜日におこな

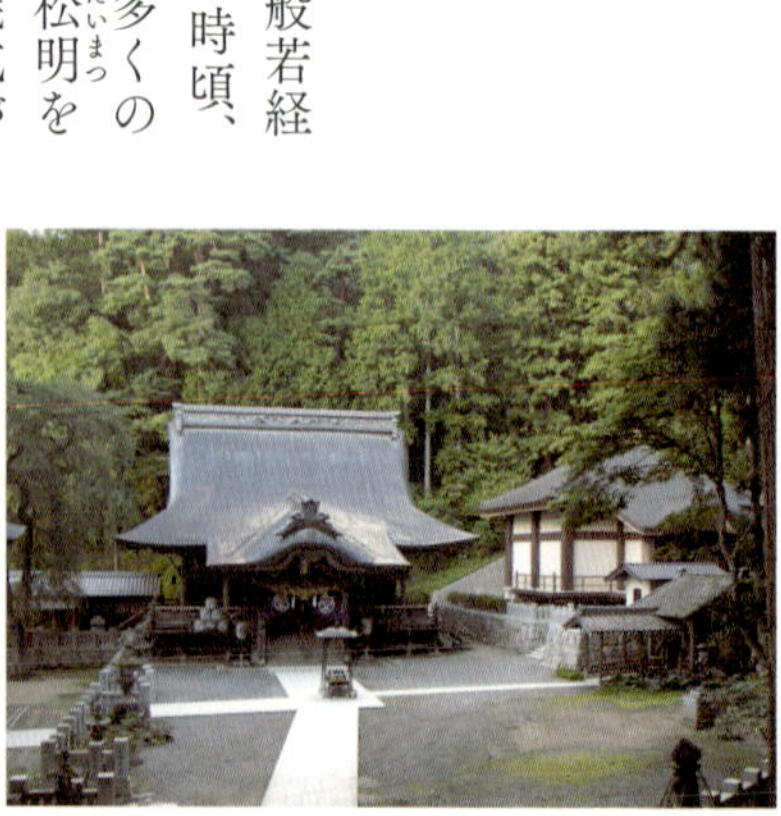

図1　牛伏寺観音堂

われている。

牛伏寺の由来

牛伏寺は、山号は金峯《きんぽう》山、真言宗智山派の松本平きっての名刹である。寺名は『牛伏寺由来記』によれば、かつては普賢院、威徳坊と呼ばれていたようである。いつの頃からか牛伏寺と呼ばれるようになる。そこには次のような不思議な話が伝わっている。

唐の玄宗皇帝は、妻の楊貴妃の菩提を弔うため、赤黒二頭の牛に大般若経六百巻をつけ善光寺に納経に向かわせた。しかし牛たちは、長旅の疲れのためか経文を積んだまま、牛伏寺近くで斃れてしまった。玄宗皇帝の使者たちは、寺の本尊十一面観音の霊力を知り、そこに大般若経を納め、牛を埋葬して帰っていった。そこには、牛堂が後に建てられ、阿弥陀如来座像を中央に二頭の牛造が安置されている（図2）。

図２　牛堂

牛伏寺は、このお経を積んだ「牛が伏せる」からつけられたといわれる。

鉢伏山と牛伏寺

牛伏寺が所在する鉢伏山は古くから水分の山として信仰の対象となり、その山頂には蔵王権現が祀られ、山岳修行の山であった。金峯山の山号も、鉢伏山の信仰が仏教の信仰と合わさって、大和国吉野の金峯山の信仰が移されたともいわれる。

鉢伏山は、標高１９２８ｍ、長野自動車道塩尻北インターチェンジ付近から東をみると、松本平の東を画する筑摩山脈のなかに、ひときわ高く鉢を伏せた山が見える。それが鉢伏山、標高１９２８ｍ、松本平の学校の校歌に歌われるほど、優美な山の容姿である。

また、「鉢伏山に雲がかかれば雨となる」といわれ、日照りの年は山頂で雨乞いの儀式がおこなわれた。その際には、鉢伏大権現の本体として祀られた蔵王権現像は縄をかけられ引きずり回されたといわれる。人々の生活と深い結びつきがあった山であった。

歴史とかつての姿

伝承によれば、寺院は当初鉢伏山頂に近い蓬堂に置かれており、その後堂平に下って、天文3年（１５３４）に現在地に移ったといわれる。しかし慶長17年（１６１２）の大火に遭って伽藍は焼亡。江戸時代を通して主要堂宇の再建が続き、現在に至っている（図3）。

牛伏寺には古代から中世の多くの仏像が伝えられている。本尊十一面観音像や、釈迦三尊像、薬師如来像、大威徳明王像、如意輪観音像

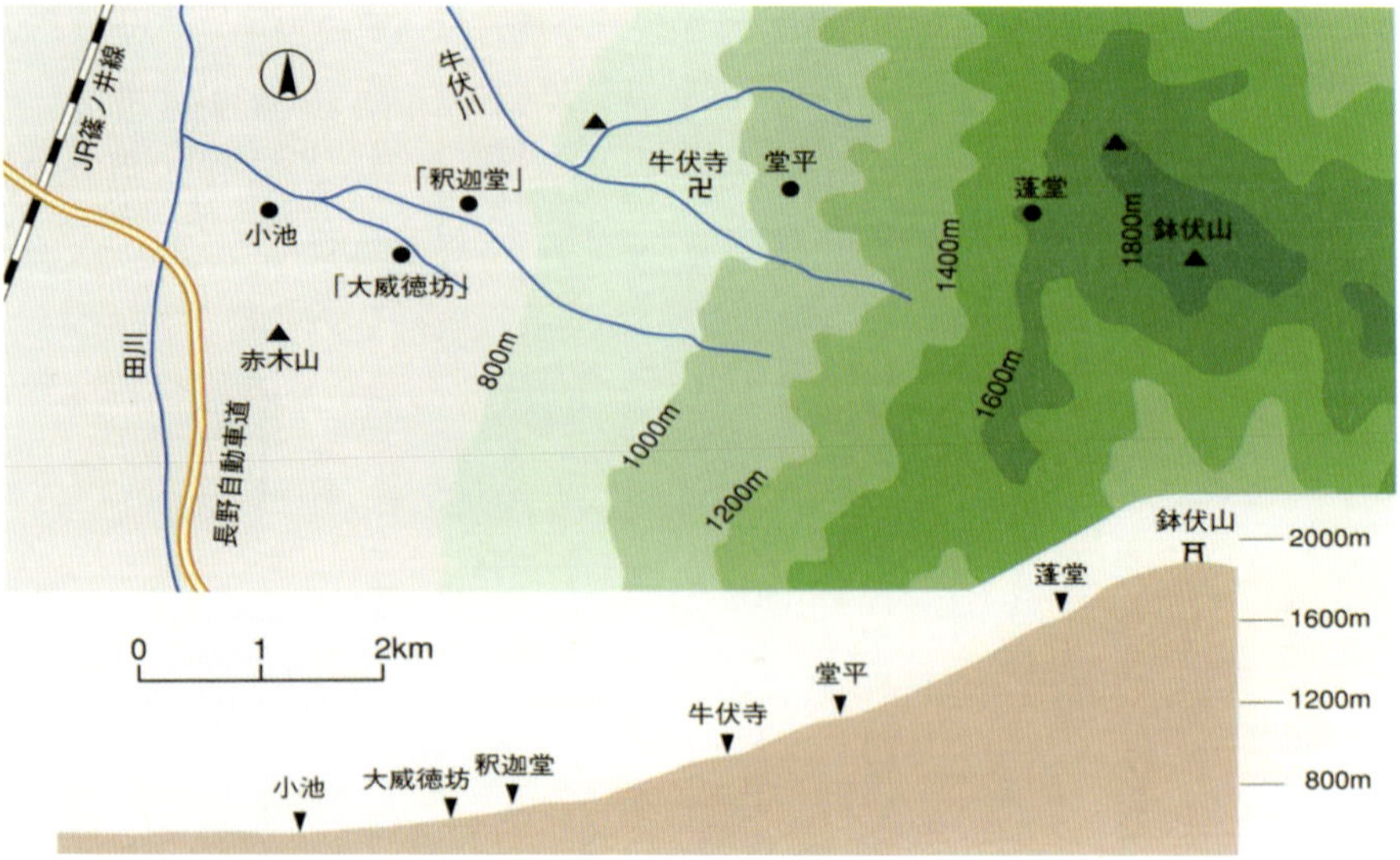

図3　牛伏寺の信仰空間
（『平成22年度秋季企画展図録『東の牛伏寺　西の若澤寺』長野県立歴史館、2010年）

など平安時代後期から鎌倉時代の作であり、いずれも国重要文化財、県宝などに指定されている。それらは、開基の古さを教えてくれる。

　現在奥殿に安置されているが、墨署名や地名から、かつてはそれらが麓の広範囲に展開していた堂や坊に安置されていたことがわかる。古くは、鉢伏山の頂上から山腹、麓にかけ、仏や神のいる堂や坊などの建物が展開する、広大な信仰空間を持っていたのである。

　その後現在地に下り、戦国時代に武田氏、江戸時代になると小笠原氏の庇護を受ける。しかし小笠原氏の移封後は、牛伏寺のある内田一帯は、諏訪の高島藩領になり、藩主が地方巡検をする際には休息所にもなった。

　牛伏寺は雨乞いや雨よけをする祈祷寺であったが、やがて一般庶民との結びつきも強くなる。信濃三十三観音二十七番札所として多くの巡礼者も訪れるようになった。その姿は、『善光寺道名所図会』に描かれている（図4）。

　明治維新の際には、松本藩が神仏分離を進め、多くの寺院が廃寺となる。しかし、牛伏寺は高島藩（諏訪）領であったため事なきを得て、現在に続く伽藍が残った。現在でもその姿はほとんど変わらない。

描かれた牛伏寺

　見付門（図4左下）から寺域に入ると、左に牛堂、六地蔵があるが、背後に描

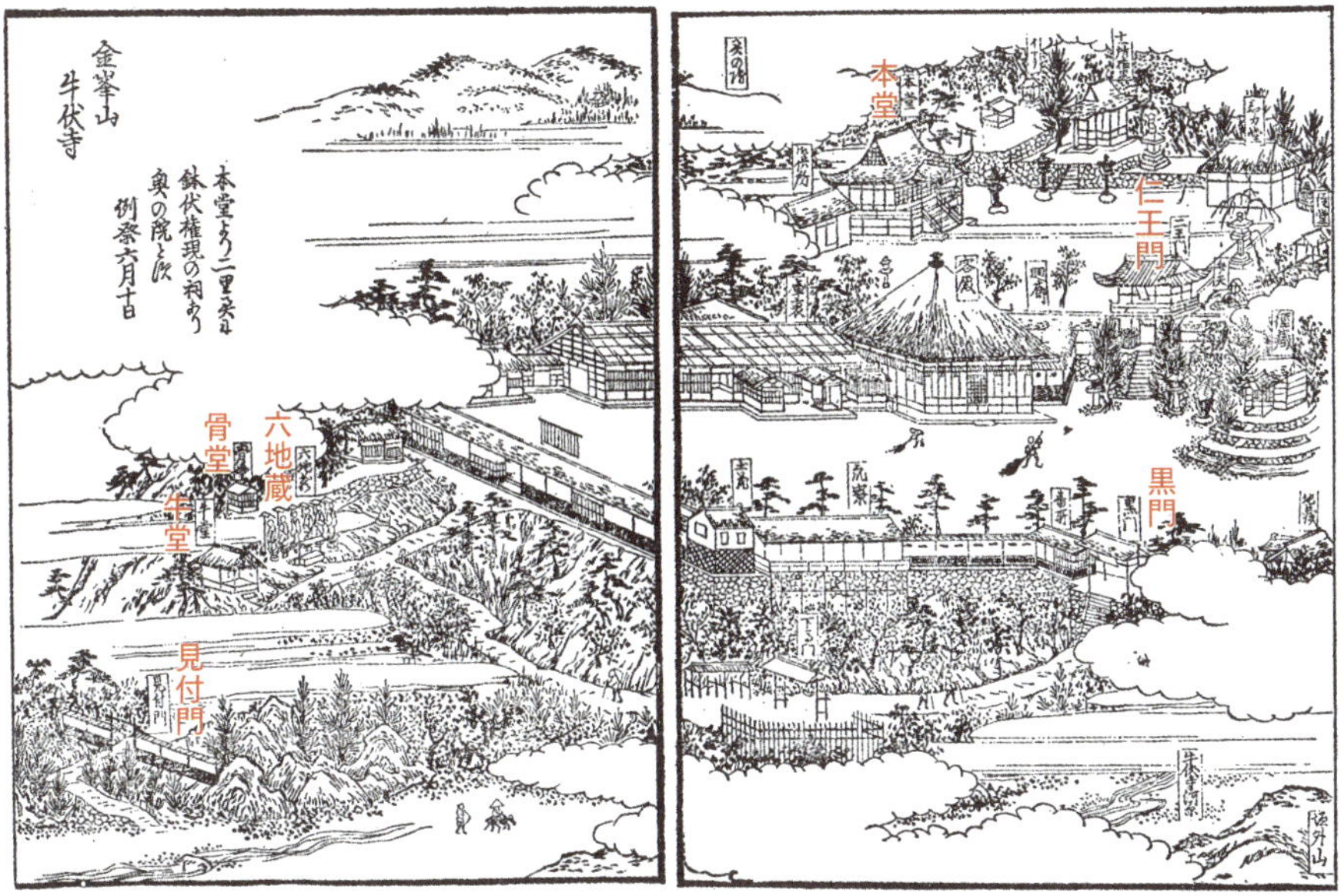

図４『善光寺道名所図会』に描かれた牛伏寺境内　長野県立歴史館所蔵

図５　六地蔵

かれた骨堂は今はない（図5）。その場所の調査で人の歯が多数発見された。それによって、この堂が忘れられた納骨信仰の拠点であったことがわかった。

　現在はそのまま登り、冠《かぶ》木門《きもん》から庫裡、客殿（現・如意輪堂）の南を通って仁王門から本堂を参拝する。しかし、図4に描かれた杖をついた参拝者は、六地蔵から一度下り小さな門をくぐり、黒門を通って仁王門に向かっている。ここも土砂崩れで流されてしまったため現在は通れない。

　六地蔵にはこんな話がある。多くの人々が参拝したが中にはトラブルも多かった。延享5年（1748）には参拝に来た松本藩士3人が酔っ払って六地蔵を倒して破損させてしまった。僧侶が追いかけたが、逆に刀を振り回され追い返されてしまった。その場にいた川人足たちが高島藩の代官の命令で追い散らした。その後、松本の安楽寺が間に入り、寛延4年（1751）に松本藩が費用を出して六地蔵を開眼した。松本藩士たちは追放等の処分を受けたという。

幻想的な火祭りを担った寺院の記憶

失われた榊祭りの拠点 大応院

山田直志

望月の榊祭り

　佐久市望月の榊《さかき》祭りは、室町時代の延徳年間（1489〜92）におこなわれたことがあるといわれる古い祭である。現在の榊祭りは、毎年8月15日の夜、地元の百人を超える若者が、松明《たいまつ》を手に松明山から駆け下り、その炎を次々に鹿曲川《かくまがわ》へと投げ込む様子がよく知られている（図1）。さらに、祭りのクライマックスは大伴《おおとも》神社の境内にて、榊の神輿を激しく地面に叩き付け、水を掛け合い、賑やかに執りおこなわれる。火と榊によって不浄を払い浄め、五穀豊穣や無病息災を祈る、荒々しくも幻想的な火祭りである。

　図2の絵地図は「寛政十二年　望月宿及周辺地図」である。

　寛政12年（1800）に

図1　榊祭り
佐久市立望月歴史民俗資料館提供

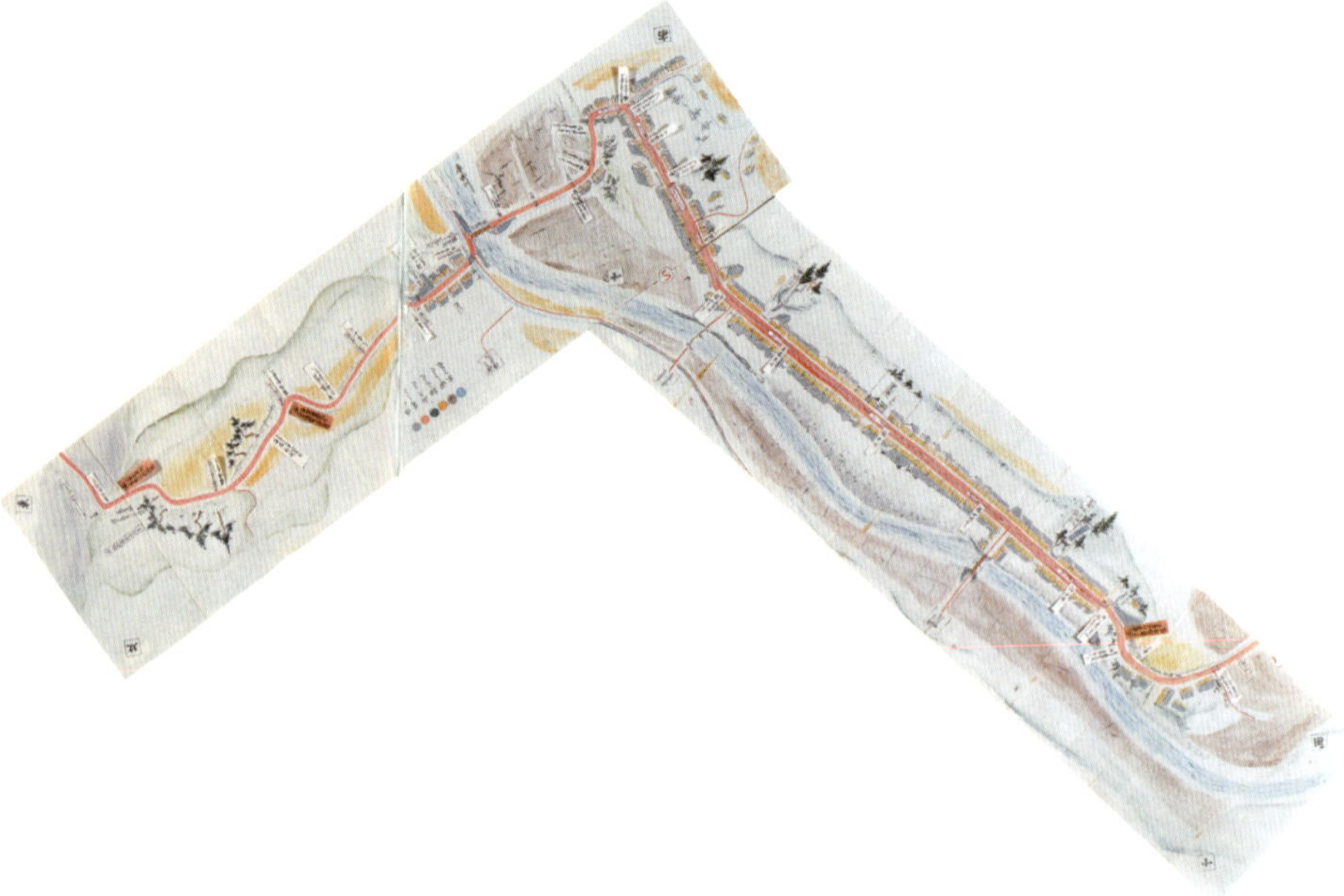
図2　寛政12年　望月宿及び周辺絵図（部分）個人所蔵　佐久市立望月歴史民俗資料館寄託

図３　図２の部分　中程縦に付箋が貼られ、「間口拾三間　裏行七間　大応院屋敷」の記載がある。

つくられたもので、「御分間御絵図御用ニ付差上候、中山道望月宿地内絵図」と袋に記されている。分間とは縮尺のことで、幕府が街道の縮尺図面を必要としたので、宿場本陣でそれをつくり、幕府に提出したものの控がこの地図である。

　望月宿を中心にその周辺を実際の道の屈曲に合わせて描いた地図であるため、4枚の紙に描き分けられている。望月歴史民俗資料館では、4枚を合わせた状態で常設展示されている。本書に掲載したのはそのうちの東北側（江戸方）の二枚をつないだものである。

　その絵地図に、今は存在しない「大応院」という寺院が描かれている。大応院は、醍醐三法宝院を本山とする当山派の修験寺で、一時期は佐久・小県の同派の中で、寺社奉行から出る命令や交渉事を司った触頭《ふれがしら》も勤めていた。望月に伝わる江戸期の古文書によると、当時は、大応院が榊祭りの起点となってきたという。

廃寺となった大応院

　この大応院は、明治5年（1872）の修験禁止令が出され、修験道が禁止になったのを機に廃寺となった。

　現在、その跡地には石垣といくつかの石塔が確認できる。「寛政十二年　望月宿及周辺地図」には大応院のあった場所に、立派な石垣と馬頭観世音との記載とともに「間口拾三間　裏行七間　大應院屋敷」との付箋が添えられている（図3）。「間口拾三間」ということはかなり大きな建物を有した寺院だったことがわかる。

　そんな大きな寺院が時の政策によって失われた。しかし、その後も昭和30年代までは、大応院当主だった家が祭りの起点になっていたという。長く続く祭りは、変わらず続けている部分と、時代に応じて変化していく部分がある。地元でも大応院という寺院があったこと、また、その寺院が地元伝統の祭り「榊祭り」に関わりがあったことなどを知る人はごく少数になっている。

絵地図で見る信仰の山・御嶽山

明治時代中期に出版された御嶽山の案内図

市川 厚

信仰の山

木曽の御嶽山は古くから信仰の山であった。修験道《しゅげんどう》の修行の場であり、徳川幕府からは入山が厳しく規制されていたこともあり、庶民からは言わば遠い山であった。

その御嶽山が庶民に開かれた山となったのは、江戸時代中後期、尾張修験者の覚明《かくめい》、そして江戸修験者の普寛《ふかん》によるところが大きい。覚明は黒沢口（現木曽町三岳）、普寛は王滝口（現王滝村）の登山道を開き、御嶽信仰の広まりにもつながった。

さて、ここで紹介するのは「信濃国木曽御嶽山全図」である。この絵地図は、明治26年（1893）、長野県西筑摩郡福島村（現木曽町福島）の児野《ちごの》文助が編輯《へんしゅう》し、愛知県知多郡半田村（現半田市）の紙商兼銅板・石版・活版印刷業の竹倉鍵太郎が発行した石版画の案内図である。

早速、この絵地図を見てみよう。

中央には御嶽山にまつわる由緒が書かれており、醍醐天皇、後白河天皇の勅使や木曽義昌《よしまさ》による登山参拝の歴史、また覚明、普寛という文字も見える。図面の左右には、木曽八景と題する和歌が詠まれている。絶頂から四面を見渡した眺望の説明もあり、富士山、白山、乗鞍岳、槍ヶ岳、立山、恵那山、駒ヶ岳、浅間山といった山々が挙げられている。図面下部には、児野が販売する百草、奇応丸《きおうがん》（薬草の宝庫でもある御嶽山ゆかりの生薬）の宣伝もある。

そして、緻密な絵地図である。

福島村が起点となり、行人橋で木曽川を渡り、黒沢口または王滝口を経て御嶽山頂に至る道筋が丁寧に描かれている。何合目という表記とともに、社や小屋、特徴的な池や滝などが描かれる。御嶽信仰の要素が満載であり、登山者の手引きのほか、土産としても使われたことであろう。そして御嶽信仰の広まりにもつながっていく。

その後の御嶽山

この絵地図が出版された翌年、日本近代登山の父とも称されるイギリス人宣教師・ウェストンが御嶽山を訪れている。かつての修験道、宗教や信仰としての山

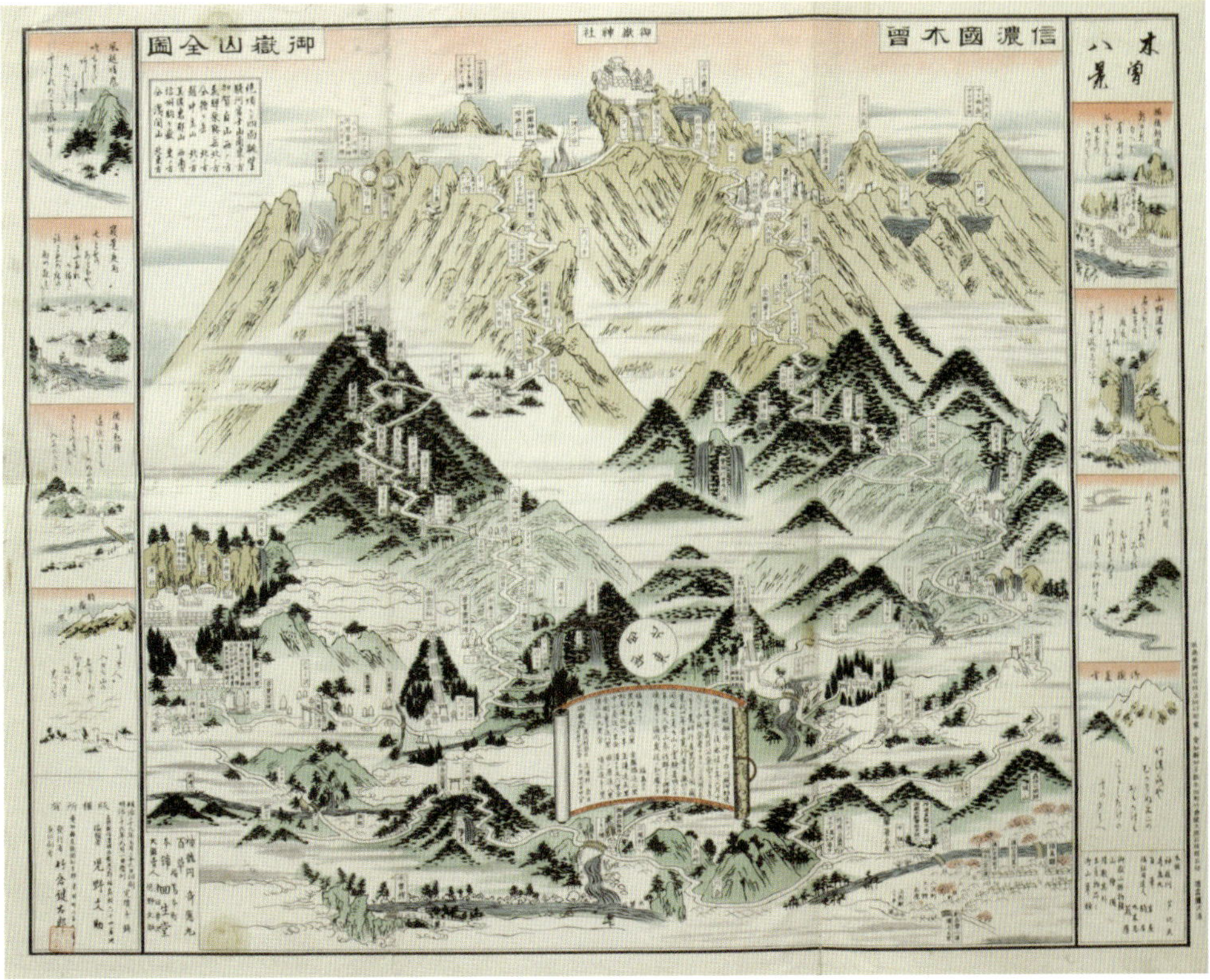

図１　信濃国木曽御嶽山図　長野県立歴史館所蔵

図２　御嶽山

は、登山自体を目的とするレジャー的側面も人口に膾炙していく。

　また、交通機関が急速に発達していき、明治44年（1911）には中央本線が全通し、鉄路は中京圏（名古屋）、関東圏（東京）とつながった。大正14年（1925）には乗合自動車の営業も開始される。

　その後、昭和40年代には黒沢口と王滝口それぞれに通じる車道や林道が開通し、バス利用による登山客も多く見られるようになる。

絵はがきの中の信州④

笹本正治

上高地大正池から見た穂高岳

上高地大正池　長野県立歴史館所蔵

大正池は大正４年（1915）に焼岳が噴火し、泥流によって梓川が堰き止められてできた。「上高地」は昭和３年（1928）に「名勝及ビ天然紀念物」に指定された。その際、池にある立ち枯れの木々の景観も評価された。昭和28年（1953）8月23日付の大正池の絵はがきには「湖中に林立する大自然の美は大正池ならでは見られぬ一幅の名画である」とある。

しかし、現在は立ち枯れの木はほとんど見えなくなった。

諏訪 高島城

高島城跡　長野県立歴史館所蔵

絵はがきの解説には「諏訪市の西方にあり、天正十八年の築城にかかる諏訪三万石の居城跡、現在天守閣其の他を失ひたれ共石垣等当時の名残を止む、現在高島城公園として観桜の頃は遊覧客で賑はう。」とある。明治８年（1875）に天守閣以下の建造物が破却もしくは移築され、翌明治９年に高島公園として一般に開放された。

現在は昭和45年（1970）に復元された天守閣・櫓・門・塀があり、往時を彷彿とさせる。

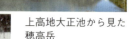

Part5

街道と物資輸送

初期中山道と伊那街道が重なる場の宿場町

旧中山道と小野宿

笹本正治

中山道

慶長5年（1600）9月の関ヶ原の戦いで天下を掌握した徳川家康は、支配を強めるため道路を整備し、二代将軍秀忠は日本橋を起点として慶長9年（1604）に五街道を定めた。

五街道の一つに中山道があり、信濃がその道筋に当たることは周知の事実である。中山道は京都と江戸を結ぶ大動脈で、南回り・太平洋沿岸経由の東海道に対し、北回り・内陸経由が特徴である。この道は慶長5年に大久保長安によって整備されたといわれる。当然のことながら、多くは旧来の道を改修整備したもので、中山道もそれまでの東山道が前提になっていた。

中山道が定められた当初は現在我々が一般的にいうルートと異なり、下諏訪より東堀（岡谷市）・小井川（同）・岡谷（同）を通り、三沢（同）から標高1075mの小野峠（同）を越えて小野宿（上伊那郡辰野町）にいたり、さらに標高1064mの牛首峠（同）を抜け、桜沢（塩尻市贄川）に通じていた。

この当時は江戸の町づくりのために多くの用材が必要だった。このため大久保長安は木曽の森林資源に着目し、その運搬道路として、

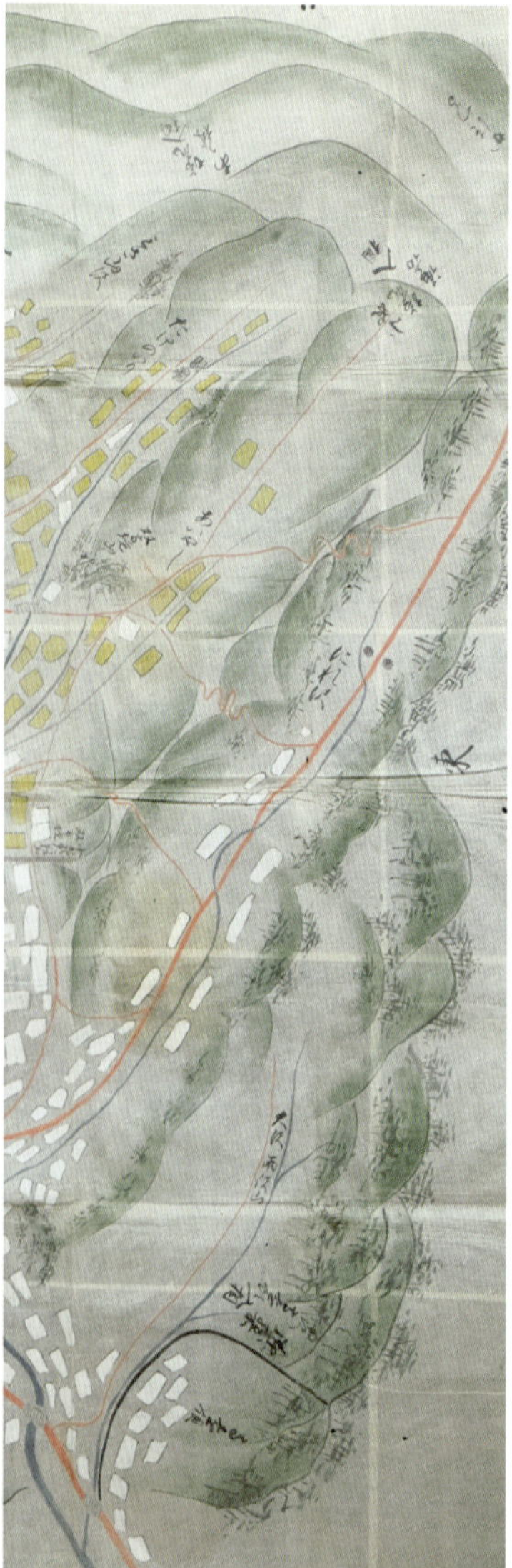

図１　寛文７年櫻沢山論絵図
（小野家文書）
辰野町教育委員会提供

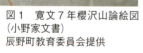

後の中山道よりも距離の短いこの道を開発したようである。

小野宿

図1を見ていただきたい。これは「寛文七未年櫻沢山論ニ付立會繪図写」で、寛文7年（1667）に描かれた絵図の写である。絵図の中央を南北に流れているのが小野川である。この川の西側、南北に赤く引かれている線が本書において中馬街道として記している伊那街道（三州街道）で、松本（松本市）と飯田（飯田市）を結び、さらに根羽（根羽村）を経て三河の吉田（現、豊橋市）に達する。現

在の国道153号線とほぼ重なる。

　この道と交差するように東西に記されているのが旧中山道である。絵図の下部、西から東に流れ小野川に流れ込んでいるのは飯沼川で、旧中山道はこれに沿っている。この部分はほぼ県道254号線と重なる。現状で国道153号線とぶつかるところに、「小野下町」の信号がある。その左手には「是より先旧伊那街道　小野宿」の立柱がある。

　旧中山道はここを北上して駒沢川を渡る直前に東側に折れる。直進すると橋が描かれているが、これは「おし橋」である。現在は川を渡ると「しだれ栗入口」の信号がある。その北側の大きな建物は祭林寺で、その左手の道が分岐しているところには辻地蔵が存在している。さらに直進して少し上の部分、右手に神社が二つ並んでいるのが、本書でも扱っている小野神社と弥彦神社である(本書98ページ)。

　絵図で初期中山道と伊那街道が重なる間に家が密集して描かれているのが小野宿である。小野は延享2年(1745)で家数171軒、人数995人があり、文化4年(1807)には北小野で家数180軒、人数795人、安政7年(1860)に北小野で家数225軒、人数1073人あり、宿も相当に栄えていた。

　現在の宿内を北上していくと左手に問屋跡や高札場がある(図2)。それをさらに進むと、左手に長野県宝である旧小野家住宅(小野宿問屋)の大きな建物が残る(図3)。この周辺はいくつも本棟《ほんむね》造りなど間口

図2　小野宿

図3　小野宿問屋小野家住宅

の広い重厚な造りの家々が軒を連ねており、かつての宿場の趣をよく伝えている。

ただし、現在見られる町並みは、幕末の安政6年（1859）の大火後に建築された建造物で構成されている。大火によって失われた宿場再建のため松本・諏訪・伊那の職人が集められたので、各地域の特徴を持つ建築を見ることができ、建物を見るだけでも楽しい。

一里塚

地図に沿って初期中山道を東に進んでいくと、「にれ沢」と書いた右手に黒い点が二つ描かれていて、道はその間を通っている。これは楡沢の一里塚を示しているが、右手に現存している（図4）。

図4　楡沢の一里塚

図5　シダレグリ

図6　楡沢の割石

この一里塚は江戸日本橋より58里にあり、当時の通筋をしのぶことができる。ここから500m上ると、国の天然記念物に指定された小野のシダレグリ自生地になる（図5）。

シダレグリ自生地から現在の道を北上すると、約900mで左手に楡沢の割り石がある（図6）。これには、寛文5年（1665）に楡沢山の山林原野の利用をめぐって雨沢村（小野）と岡野谷村に紛争が起こった際、和解した内容が記されている。

このように、この地域は古地図を持って歩くのにはうってつけの場所であり、多くの歴史遺物と自然を楽しむことができる。

江戸時代の北国街道が彩色鮮やかに描かれている

参勤交代の道をたどる 北国街道

市川 厚

加賀藩の通った道

「下道中絵巻」は、江戸時代の北国《ほっこく》街道を描いた絵巻である（図1）。

北国街道とは、信濃国と江戸、そして北陸諸国を結ぶ道である。（脇往還である北国街道は、明確な呼称や範囲は定まってはいなかったが、ここでは、中山道・信濃追分から北陸道・越後高田までの経路を北国街道と呼ぶ。）この道は、善光寺につながる信仰の道であり、佐渡金山の輸送路としての道であり、そして参勤交代の道でもあった。

参勤交代は、寛永12年（1635）、三代将軍徳川家光のときに確立した制度である。諸国大名は一定の時期ごとに江戸と領国とを往復したわけだが、北国街道を利用した最大の藩として、加賀藩前田家を挙げることができよう。その行列は、多いときには約4000人の規模だったと言われている。

加賀藩では江戸に、金沢から東、すなわち北国街道に向かう道を下《しも》街道、対して金沢から西、京都方面に向かう道を上《かみ》街道と称した。加賀藩では190回の参勤交代をおこなっているが、そのうち181回は下街道を利用している。なお、加賀藩が下街道を利用して金沢と江戸間に要した日数は、12泊13日というのがもっとも多い。下街道経由の全行程は約480kmであるので、平均すると1日約37kmとなり、現在のフルマラソンの距離に匹敵する。

信濃国内の史跡名所

「下道中絵巻」に話を戻そう。山や木、海や川、建造物などが彩色鮮やかに描かれている絵図である。城下や宿駅の名は大きく記され、加賀から江戸までの街道の様子がよくわかる。

信濃国内を見てみよう。関所のある関川付近から信濃国に入り、野尻湖には、浮かぶ島に弁才天という文字が確認できる。黒姫山に続き、戸隠山《とがくしやま》、飯縄山を見ながら善光寺を経て、犀川を渡る。さらに千曲川を渡ると屋代《やしろ》となるが、千曲川東岸を経由し、真田氏城下の松代を経由する東脇往還というルートもあった。屋代の先にある横吹峠は、親不知とともに街道屈指の難所と言われ、無事通過した暁には本国まで飛脚がたったという話が残っている。さらに上田城下、海野《うんの》、小諸を通り、浅間山を横目に、信濃追分で中山道と合流する。軽井沢から急峻な碓氷《うすい》峠を越える頃には、江戸まで残り数日となっている。

絵図には、それぞれの特徴や史跡名所が精密に描かれている。当時の大名行列の様子を想像しながら眺めるのも楽しい。

なお、この北国街道は、2015年に開通した北陸新幹線とほぼ同じ経路をたどる。現在の姿と対比させてみるのもまたおもしろい。

図２　下道中絵巻（部分）横吹峠周辺　金沢市立玉川図書館近世史料館所蔵

図１　下道中絵巻（部分）
金沢市立玉川図書館近世史料館所蔵
40枚以上の料紙をつなぎ、長さ16ｍを超す絵巻。作者および制作年代は不明。野尻宿～善光寺宿・川田宿

甲州街道の宿場町

村石正行

甲州街道は日本橋から内藤新宿、八王子、甲府を経て信濃国の下諏訪宿で中山道と合流する5街道のひとつである。全長53里24町余り（約２１２㎞）の行程である。このうち信濃国関係の宿は蔦木《つたき》（諏訪郡富士見町）、金沢（茅野市）、上諏訪（諏訪市）そして下諏訪（諏訪郡下諏訪町）の4宿（いずれも高島藩領）のみである。江戸から甲府までを表街道、甲府より中山道下諏訪宿までを裏街道と呼んだ。参勤交代でこの街道を利用した大名は高島・高遠・飯田藩の3藩のみであった。

蔦木宿

甲斐国最後の宿教来石《きょうらいし》宿を出て山口番所を経て釜無《かまなし》川《がわ》を越えると諏訪郡に入る。しばらく進むと蔦木宿（上蔦木村）である（図１）。百々川を越えると宿の枡形となる。右手には応永2年（１３９５）開基とされる鹿島山三光寺がある。その背後には山城の蔦木城がそびえている。蔦木宿の最後の本陣は有賀家が勤め、その後移築され子爵渡辺千秋の別邸となった（現在は取り壊される）。

金沢宿

蔦木宿を出ると、御射山《みさやま》神戸《ごうど》に至る。慶長16年（１６１１）にあらたにつくられた新村で間宿《あいのしゅく》であった。村名のとおり、向かって右手２㎞北東に御射山社を祀る。旧暦7月27日から上社の神事御射山祭がおこなわれた。

江戸より48里の一里塚を過ぎると間もなく金沢宿（金沢村）に至る（図２）。金沢宿は上青柳・下青柳の住人により設置されたことからもとは青柳宿と称したが、のちに移転・集住し改称した。青柳の道筋には「ゆるぎ石」がある。毎年米一粒ずつ移動すると伝承された奇石で、「諏訪藩御手元絵図」にも描かれている。この宿の本陣・問屋職は延宝6年（１６７８）から維新期まで２００年間白川氏が勤めた。

金沢宿から1里10丁ほどいくと間宿茅野宿がある。金沢宿から上諏訪宿まで3里14町離れていることから、慶長15年（１６１０）に藩主諏訪頼水《すわよりみず》が「千野新町」および新田を設立させた。「茅野」となるのは延宝期ごろからである。周辺には南北朝期の創設とされる安国寺

図１　諏訪藩主御手元絵図「蔦木村」　長野県立歴史館所蔵

図２　諏訪藩主御手元絵図「金沢村」　長野県立歴史館所蔵

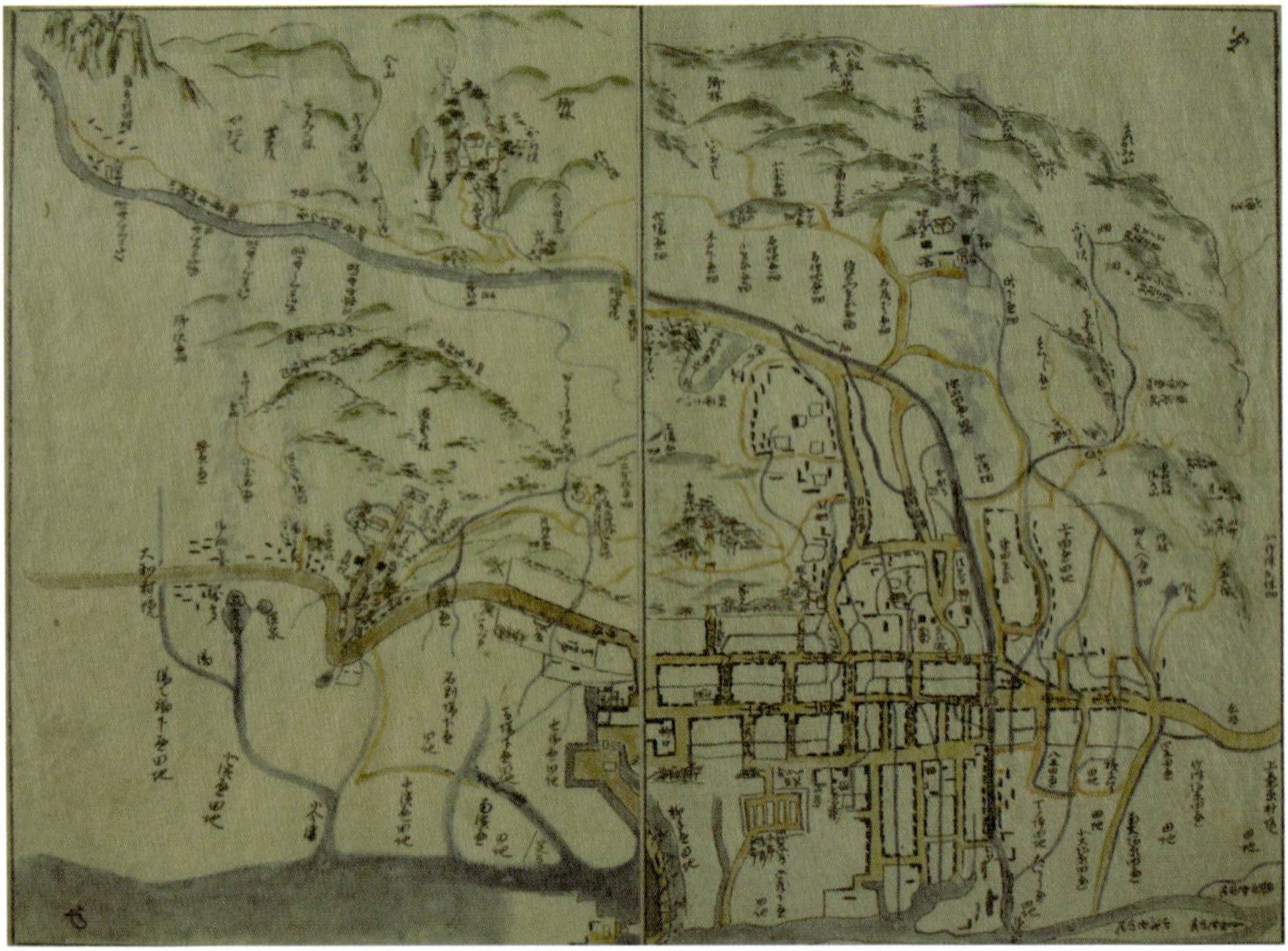

図3　諏訪藩主御手元絵図「上諏訪宿」 長野県立歴史館所蔵

などがみられる。

上諏訪宿

上諏訪宿は、いうまでもなく諏訪上社本宮・前宮の膝下の宿場であり、また高島城下の上諏訪町としての城下町でもある（図3）。また郷村としては下桑原村の地分である。元禄2年（1689）には638石余り、天保期には830石余りの高であった。茅野橋を渡り、諏訪頼忠・頼水の菩提寺である頼岳寺《らいがくじ》を横目に進むと、佐久へ通じる大門道との分去《わかさ》れになる。石造道標が残る。

宿は上町・中町・本町に分かれた。本陣は中町に置かれ、小平氏が問屋とともに兼任した。明治以後は郡役所となった。

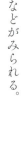

下諏訪宿のにぎわい

中山道下諏訪宿は、甲州道中上諏訪宿から1里11町、中山道塩尻宿から2里32町、同和田宿まで5里18町の要衝地である（図4）。本陣は元禄時代初めから岩波氏が勤めている。甲州街道は諏訪下社秋宮から下諏訪宿に入った。

下諏訪宿は諏訪下社への参詣者だけでなく、湯治客でもにぎわう。下諏訪宿が「湯之町」と呼ばれた所以である。宿場の中央には綿之湯があった（図5）。下社の祭神である八坂刀売命が上社から化粧用として湯を持参する際に綿に浸してきたという伝説（諏訪七不思議の一つ）がその名の由来である。湯田横町にある

旦過湯《たんがのゆ》は町の共同浴場である（図6）。もとは臨済宗慈雲寺《じうんじ》（図7）が行脚に訪れた僧のために設置した旦過寮《たんがりょう》の浴場であったという。「諏訪遊楽図屏風」には下社の繁栄ぶりが生き生きと描かれている。

図4　諏訪藩主御手元絵図「下諏訪町」長野県立歴史館所蔵

図6　旦過湯　個人所蔵（部分）

図5　綿之湯　個人所蔵（部分）

図8　下諏訪宿本陣　個人所蔵（部分）

図7　慈雲寺　個人所蔵（部分）

中馬の拠点となった町や村

信州の中馬と地場産業

山田直志

江戸時代の前半、街道の宿場に置かれた問屋は、輸送を独占していた。これに対して信州では、荷主から送り先まで直接農民が馬や牛で運ぶ仕事が盛んになり、中馬《ちゅうま》とよばれた。信州各地の産業は、この中馬の活動と結び合って発達した。

明和の中馬裁許

中馬が盛んになると、これを阻止しようとする諸街道の宿場問屋との争論がおこった。中馬は物資を目的地まで直送する「付《つけ》通し」だったので、その隆盛につれて、宿継ぎ送りの宿場問屋側と利害が対立したからである。

幕府は実情を調査のうえ、明和元年（１７６４）に裁許をくだした。伊那（三州）街道では中馬が全面的に勝訴し、中山道、甲州街道、北国街道、北国脇街道などでも、荷品などに制限は付されたものの、中馬輸送が公認された。６７８か村、１万８６１４匹の中馬かせぎが認められていた。

中馬の活動によって、信州から米・煙草・木地製品・干柿・紙・麻（大麻）・繭などの農耕生産品が移出され、塩や茶・肴《さかな》・綿・太《ふと》物《もの》・呉服・瀬戸物・農具などの商品が移入され、江戸時代の活発な物流が支えられたのである。

信濃の地場産業

物流の活発化も相まって、18世紀半ば以降、信州各地で特色ある地場産業が発達した。

信州の代表的な地場産業には、上田の上田縞・上田紬、善光寺平の木綿栽培と加工、伊那や木曽の木櫛《きぐし》・檜笠《ひのきがさ》、諏訪の寒天・鋸《のこぎり》、松本領と松代領山間部の麻、松本領の生坂《いくさか》煙草をはじめ各地の煙草栽培と加工、松本の押絵雛、高井郡の内山紙や各地の和紙、飯田付近の元結《もとゆい》・水引《みずひき》・阿島傘《あじまかさ》等々がある。

これらは中馬の活動と関わり合い、発達したのである。

信州の中馬に関わる古地図として、浪合《なみあい》村（現・阿智村）の増田家所蔵の「信州中馬稼道筋宿絵図」がある。原本には当たれなかったが、下伊那の郷土史家・市村咸人《みなと》のいくつかの著作に写図が掲載されている（図１）。

この図の右上には、前述の明和の裁許で認められた、

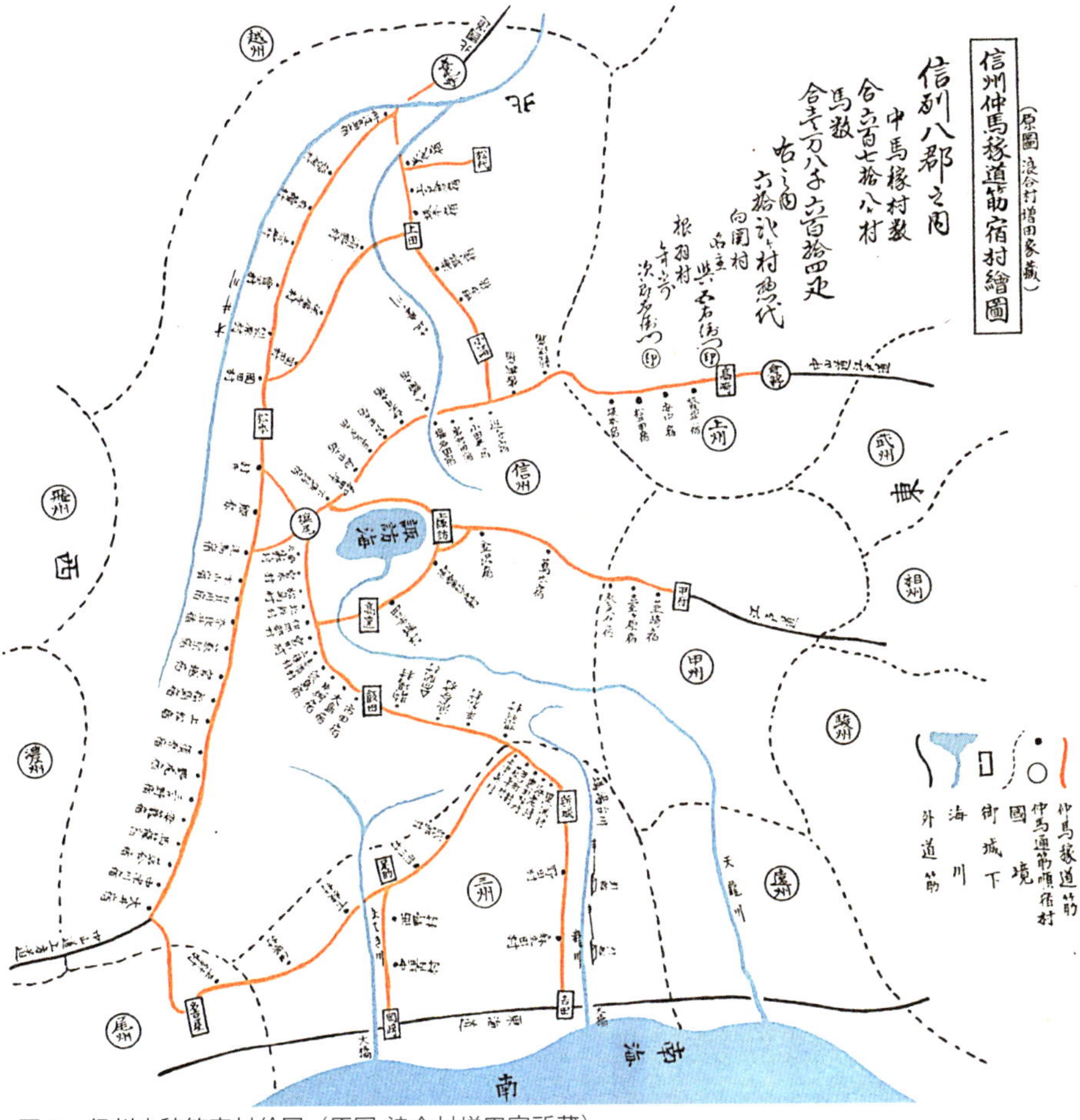

図１　信州中稼筋宿村絵図（原図 浪合村増田家所蔵）
（市村咸人「江戸時代に於ける南信濃」信濃郷土出版社、1934 年）

信州八郡内の中馬稼ぎの村と馬の数が記され、下伊那の六十二箇村の惣代として向関村（現・阿智村）の名主と根羽村の年寄の署名が添えられている。右下には凡例があり、朱色で示されているのが中馬稼ぎの道筋である。街道沿いの主だった宿場や村の名が点に添えて示されている。軽井沢宿が「軽沢宿」、坂木宿が「坂本宿」などと書かれているのはご愛嬌である。

北は善光寺、南は東海道まで、信州を縦に横にと中馬の道が通っていることをこの地図で一覧できる。あらためて中馬の道が近世の信州の人々のくらしを支えたことを実感するのである。

商品の流通路として繁栄した

塩の道としての糸魚川街道と宿場

小野和英

塩の道

長野県松本市と新潟県糸《いと》魚川《いがわ》市を結ぶ糸魚川街道（別名千国《ちくに》街道、松本街道）は塩の道ともいわれ、塩の重要輸送路であった。糸魚川宿には塩や海産物を扱う問屋が6軒（江戸中期には3軒になる）あり、「信州問屋」と呼ばれていた。

千国（北安曇郡小谷村）には松本藩によって口留番《くちどめばん》所《しょ》が置かれ、塩や海産物などの運上《うんじょう》銭（通行税）の徴収や人改めをおこなった。

松本を信州側の出発点とする糸魚川街道は、松本城下の六九《ろっく》町を出発し、梓川を渡り、成合新田《なりあいしんでん》・保高《ほたか》・池田宿を経て、街道の中で最も大きな大町宿に至る。大町宿から海ノ口（大町市）、沢渡《さわど》・飯田・飯森・塩島新田（以上白馬村）、千国・来《くる》馬《ま》・大網《おあみ》（以上小谷村）を経て越後国糸魚川に至る約120㎞の街道である。

宿の体裁を比較的整えているのが成合新田・保高・池田・大町の各宿であった。他は荷継ぎのために使われた間《あい》の宿程度のものであった。大名行列などの通行はなく、もっぱら商品の流通路として機能していた。

天保11年（1840）、江戸の俳人田川鳳朗《ほうろう》は、江戸から中山道を辿り、上州を経て糸魚川から松本を目指した。6月30日、街道の様子を紀行文「続となみやま」に記した。「千国といへる所迄行けるに大町といふまでの間泊りなし。牛士共の牛牽《ひき》ながら一夜を明すあやしき小屋あるのミ」。千国というところまで行ったが大町宿まで一般の旅人が泊まれるような宿がなく、牛方が利用する小屋があるのみであったと記す。また「此山間在々迂迫にして耕作の地乏しければ専ら養蚕もて専業とするとかや」とも記し、山が迫り耕作地が乏しいので、養蚕を専業としている様子を記す。糸魚川街道の主要な宿場の絵図を二つ取り上げる。

池田宿

明治18年（1885）2月に長野県に提出された北安曇郡池田町村の絵図である（図1）。高瀬川を水源とする町川は、宿場の北（図1の左）から幾筋かに分かれ宿場内を貫流する。道の中央の流れは、馬の飲用などに利用された。宿場の裏手を流れる2筋の川は

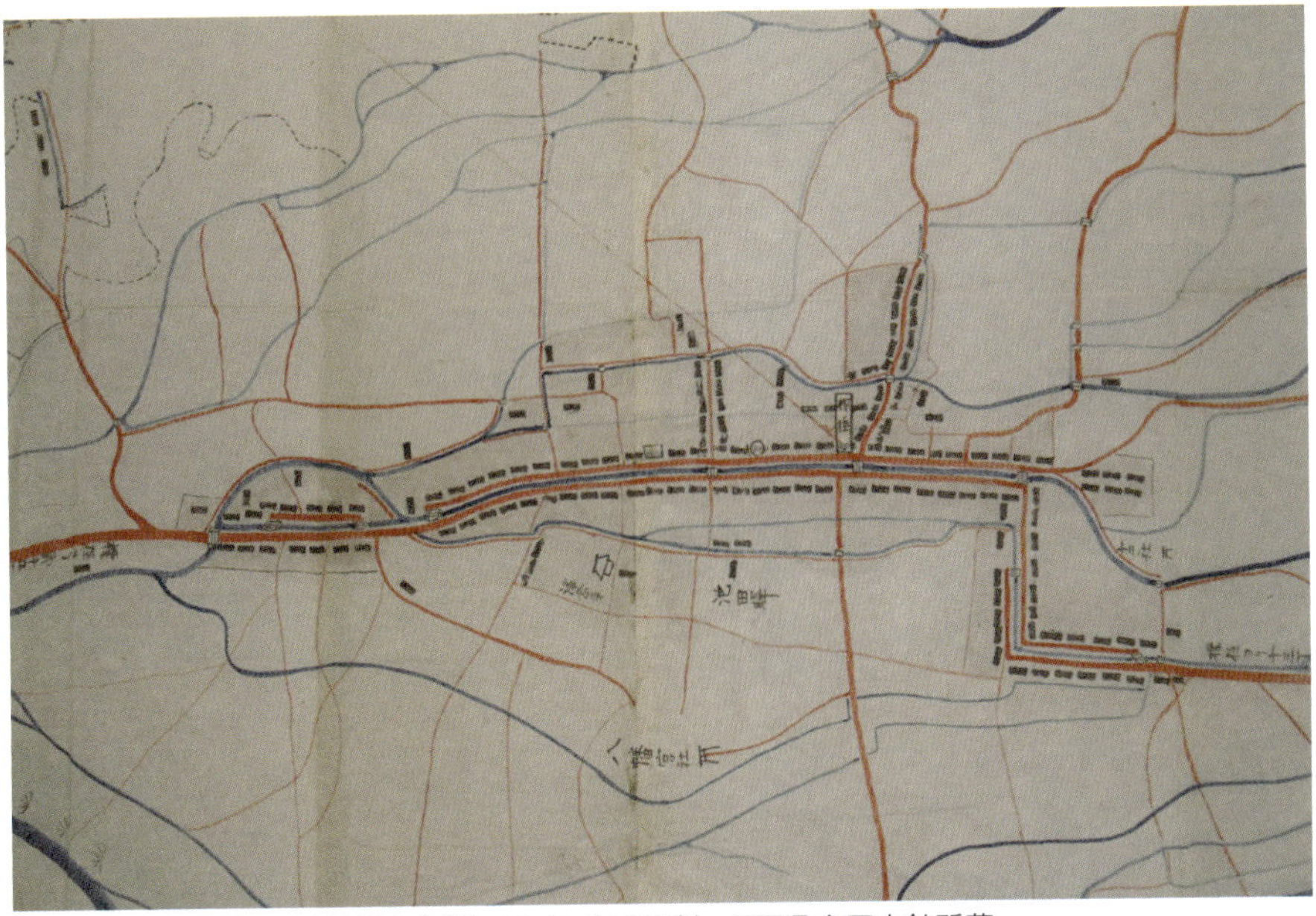

図1　北安曇郡池田町村絵図（明治18年〔1885〕）長野県立歴史館所蔵
向かって左が北で、大町に至る

飲み水などの生活用水として利用された。

絵図の凡例に「壱町六分」と書かれ、1町（約109m）の長さを6分（約1・8㎝）に縮尺したことがわかる。6000分の1の縮尺である。◯が戸長役場、□が郵便局を示す。街道に沿って人家が並び、池田宿内で直角に折れ曲がりクランク状になっている。

図2　池田宿の北の外れにある観音堂。右の細い道が糸魚川街道である

大町宿

大町宿の北の外れ（旧町名は大黒町）に糸魚川街道と大町市美麻を経由して善光寺に至る善光寺道との分去れがある。延享元年（1744）に建立された庚申塔（図4）が分去《わかさ》れの道標を兼ねている。大町宿の北端の町は九日町であったが、江戸時代中期に宿が北に延び

図3　池田宿の南の入り口にある観音堂

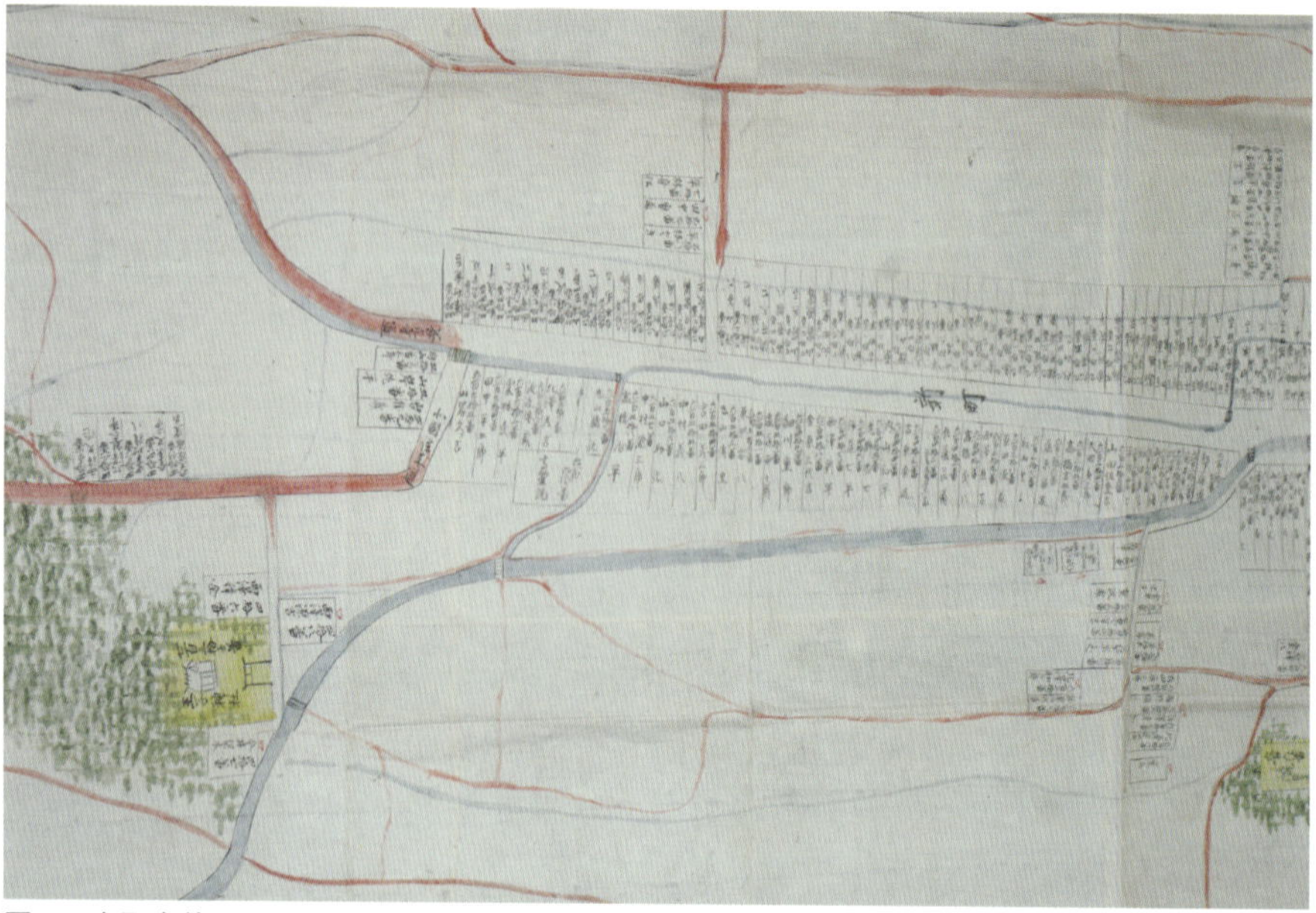
図5　大町宿絵図　平林家所蔵
写真の左側が北である。写真左にある神社が若一王子《にゃくいちおうじ》神社である

図4　大町宿の北の分去れにある道標

新しい町が形成され、新町（江戸時代末には大黒町）と呼ばれるようになった。塔の左側面には「左越後道」の文字が刻まれ、糸魚川街道が北に伸びている。

絵図（図5）を見てみよう。宿内の道に面して短冊形に区画された家屋がぎっしり並んでいる。番地の表記とともに苗字が記載された、明治期のはじめの絵図である。

宿場内を流れる用水路は二つの水源から導水している。地図の左下から入る用水路は鹿島川を水源とする。一方、新町の街道中央を流れる用水路は仁科三湖（青木湖・中綱湖・木崎湖）を水源とする農具川などの水から導水されたものである。

大町宿はいくつかの町に分かれている。北から新町、九日町、上中（仲）町、下中（仲）町と続く。街道は下中町から東に曲がり八日町、五日町を経て、池田宿に向かう。また下中町から西へは高見町、南原町が伸びる。池田宿と同様に宿内の中央に用水がひかれ、生活用水は家の裏手に幾筋も流されている（図6）。大町宿の南入口である五日町には石垣が設けられている（図7）。

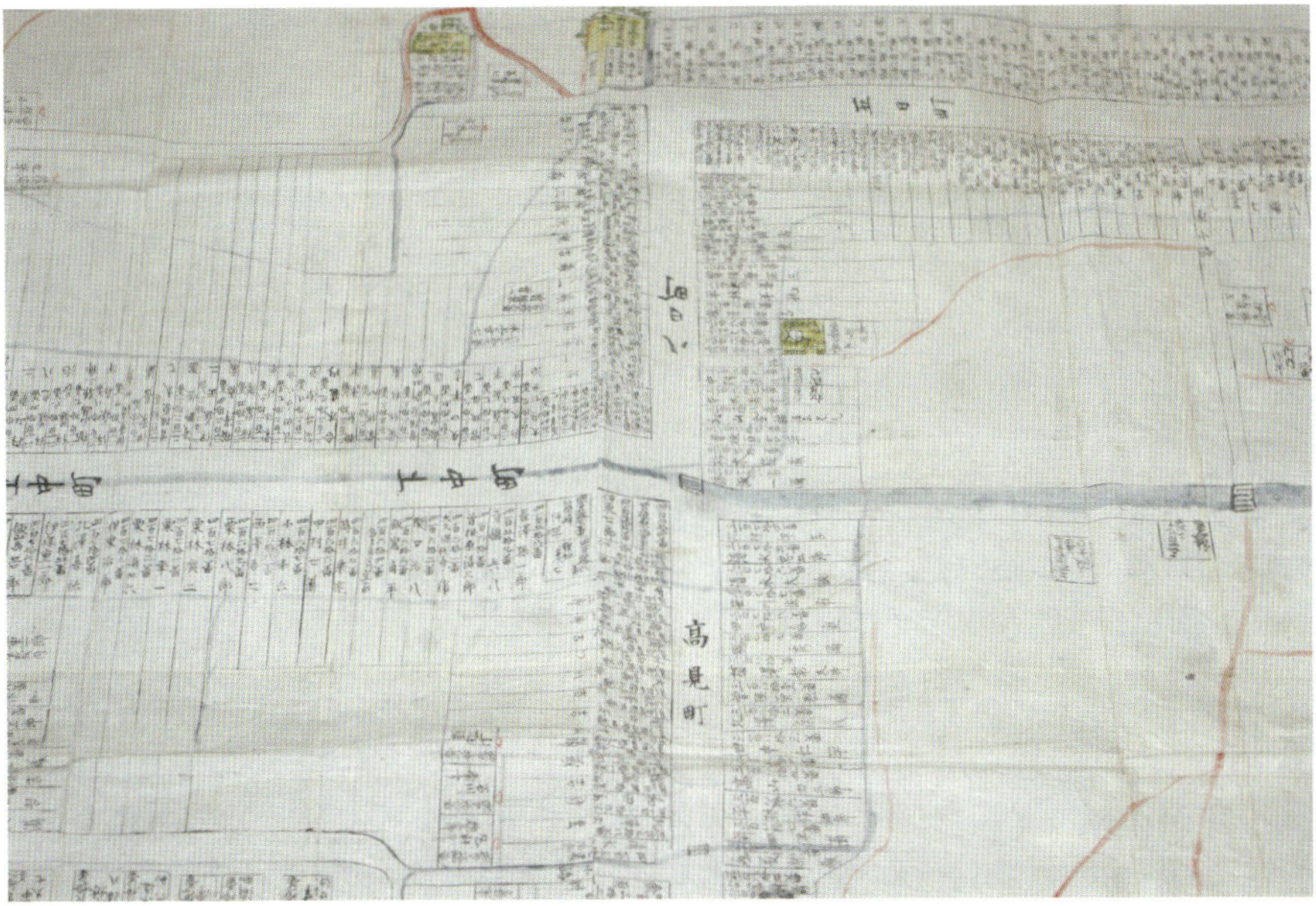

図６　大町宿絵図の中心部　平林家所蔵
家の裏手に幾筋もの生活用水の流れを見ることができる

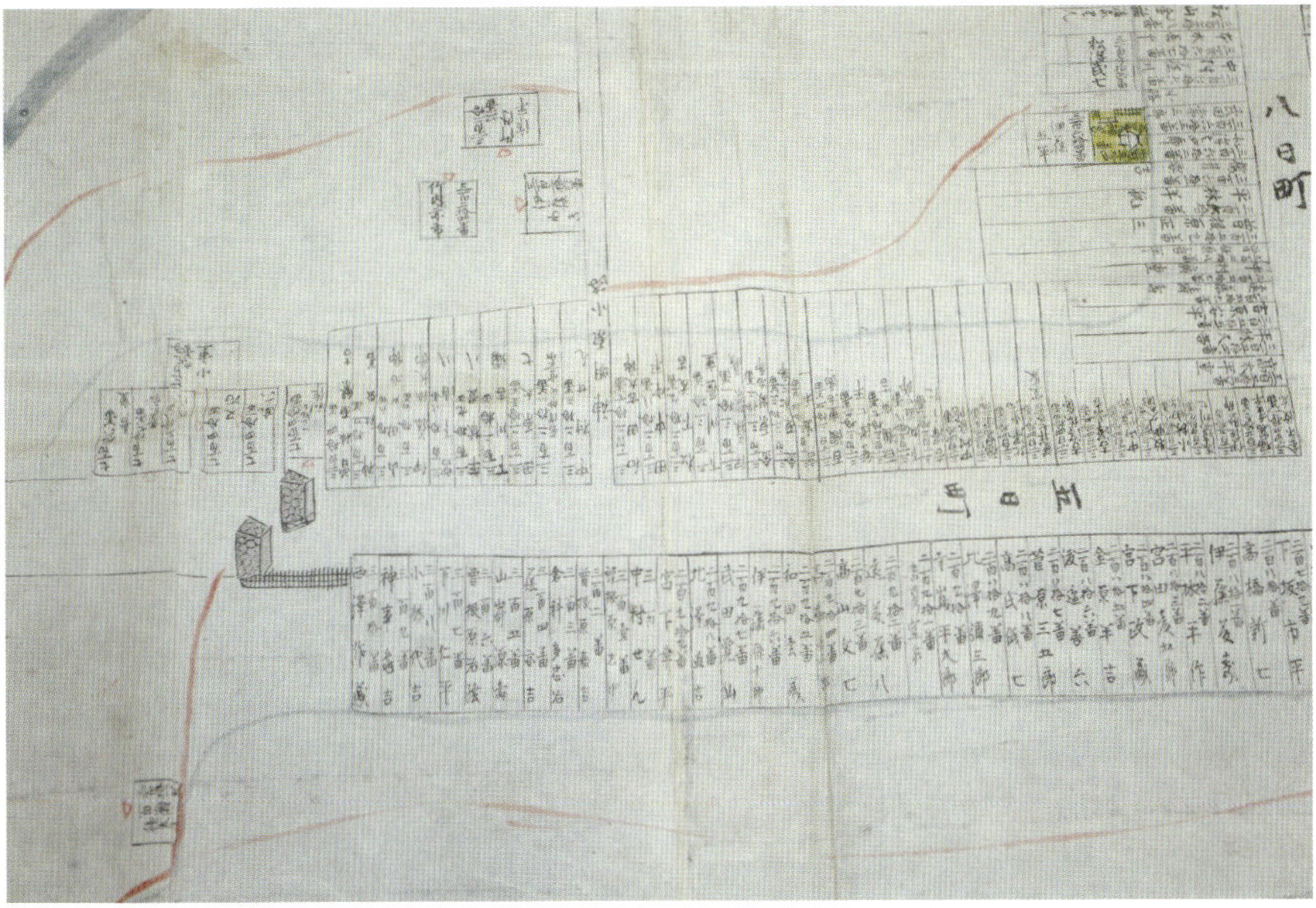

図７　大町宿の南外れ　平林家所蔵
写真の左が南である。大町宿の南入口に石垣が設けられている

時代によってさまざまな役割を果たした

地域文化を育んだ信州の峠

西山克己

長野県の峠の特徴

長野県は面積の85%以上が山地である。古代からとなり村への行き来でも、必ずと言ってよいほど峠を越えねばならなかった。「峠」は文化的境界もつくり出す。このため、長野県には多くの地域文化が育まれた。

県内では古代から現在までに行き来したとされる峠が、173箇所ほど知られている。

たとえば、古墳時代の東山道では南から神坂峠《みさか》（阿智村）～雨境峠《あまざかい》（立科町）～入山峠（軽井沢町）、戦国時代には武田信玄が三河攻めのために越えたと言われる青崩峠《あおくずれ》（飯田市）、江戸時代であれば、幕末に皇女和宮《かずのみや》が京から江戸へ向かう途中に越えた中山道の難所、木曽路の鳥居峠（木曽郡木祖村～塩尻市）、北上して和田峠（長和町）～碓氷峠《うすい》（軽井沢町）、諏訪地域で製糸業が盛んになった近代には、飛騨地方の工女たちの往来を見守った野麦峠（松本市）などがあげられよう。

長野県の峠の特徴は、岐阜県に通じる神坂峠のように、上り下りともに急傾斜の峠や、群馬県側が急傾斜で長野県側が平らとなる碓氷峠、あるいは峠の頂が緩やかな形状となり、峠の形状を思わせない雨境峠など、さまざまな形状をもった峠が見られることである。

最大の特徴は、古墳時代、特に5世紀から6世紀にかけて、滑石《かっせき》製模造品類を用いて峠越えの安全を祈願した「峠の祭祀」がおこなわれていたことだろう。

現在、発掘調査によって神坂峠、雨境峠、瓜生坂《うりゅう》（佐久市）、入山峠の4峠（坂）で「峠の祭祀」跡が確認されている（図1）。古墳時代における滑石製模造品類を用いた祭祀は、全国の集落遺跡や祭祀遺跡などで多数発見されているが、滑石製模造品類を用いた「峠の祭祀」跡は非常に希である。

図1　神坂峠から南信州・赤石山脈（南アルプス）を望む　史跡神坂峠祭祀遺跡

古代の峠

まずは長野県内の古墳時代から古代にかけての著名な峠である神坂峠と雨境峠についてふれてみたい。

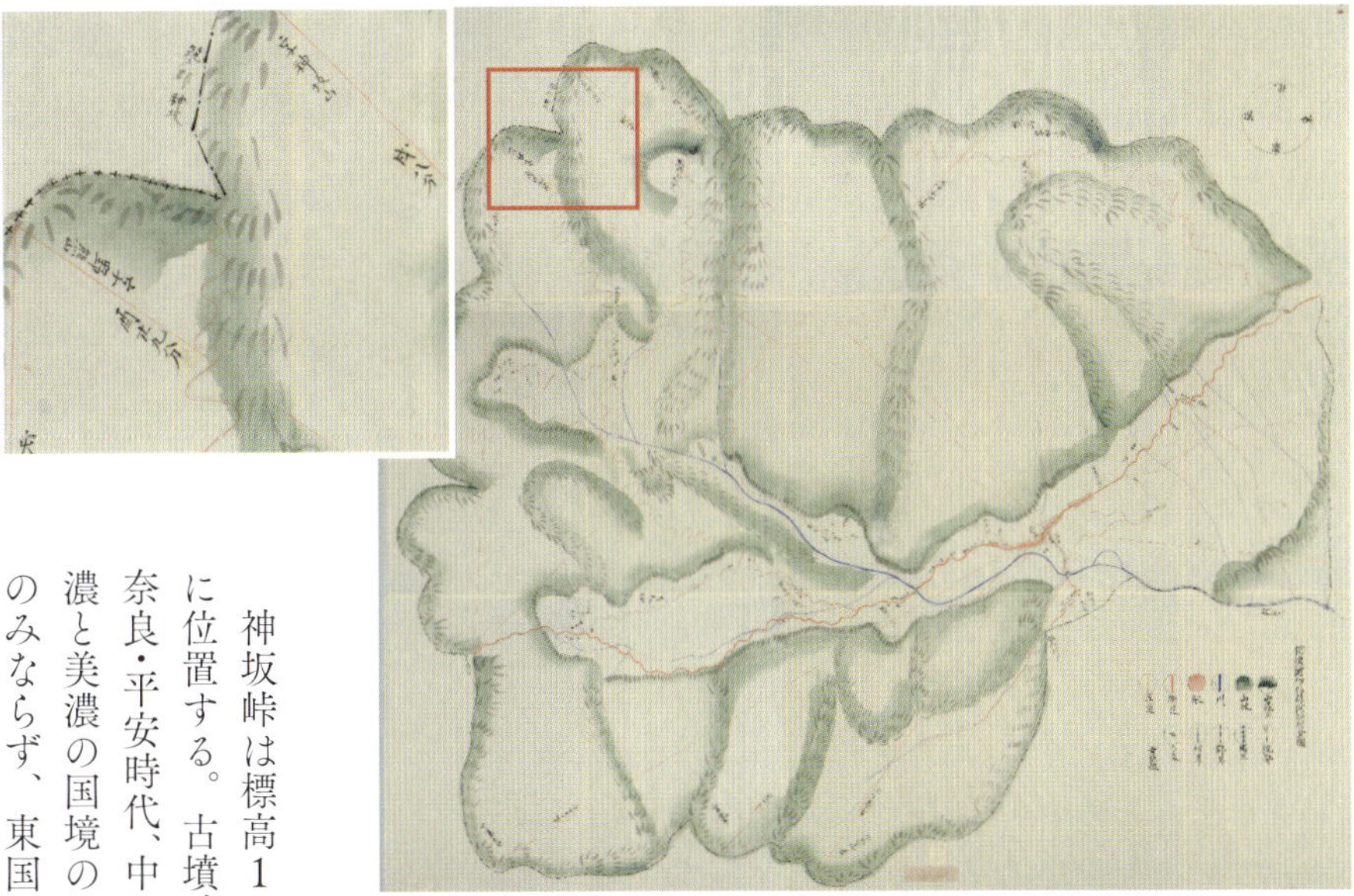

図２　阿智村全図（明治期）長野県立歴史館所蔵
左上は、神坂峠（赤枠の箇所を拡大）。読み取りにくいが、細い赤線が峠道を示す

神坂峠は標高１５６９mに位置する。古墳時代以降、奈良・平安時代、中世には信濃と美濃の国境の峠としてのみならず、東国へ通ずる要所であり、東山道随一の難所でもあった。旅の安全を願って古墳時代以来「峠の祭祀」がおこなわれた。

明治期の阿智村全図には筑摩郡神坂と記載されている（図2）。明治11年3月までの行政区が長野県筑摩郡であったことがこの絵図でも確認できる。幾重にも重なり連なる山々を越えなければならなかった峠であることもうかがえる。

大正10年（１９２１）、鳥居龍蔵氏らによる神坂峠頂上地点の踏査で峠の「祭祀遺跡」であることが確認された。１９５１年の発掘調査では、三種神器となる多くの勾玉・剣形・有孔円板（鏡形）の滑石製模造品ほかが出土し、古墳時代を中心とする峠の祭祀遺跡であることがさらに解明された。

雨境峠は標高１５８０mに位置する。雨境峠に関わる古絵図・地図は残されていない。現在の地図を参考にするならば、国道40号線諏訪白樺湖小諸線沿いに雨境峠祭祀遺跡群（鳴石《なるいし》遺跡、勾玉原《まがたまはら》遺跡、赤沼平遺跡、池ノ平遺跡、鍵引石《かぎひきいし》遺跡、鳴石原遺跡）と呼ばれる「峠の祭祀遺跡」が発見され、保存整備されている。鳴石遺跡は鳴石と呼ばれる鏡餅状に重なった2個の巨石と周囲に築かれた南北約10m、東西約11mの方形の集石遺構が主体となっている。2個の巨石は神を招き降ろす磐石《いわくら》である（図3）。遺物としては勾玉・管玉・臼玉・剣形・有孔円板（鏡形）などの滑石製模造品が発見された。

鳴石遺跡近隣の駐車場を利用すれば、遺跡群や女神湖を散策できる。

近世・近代の峠

さてつぎに、近世中山道の鳥居峠と近代の野麦街道の野麦峠を紹介したい。

鳥居峠は標高１１９７ｍに位置し、中山道木曽路一の難所として知られている。

図3　雨境峠　鳴石遺跡の磐石

鳥居峠の峠名の由来は、室町時代に木曽の領主木曽義元が松本の小笠原氏と合戦をした際に、この峠から見える御嶽山に戦勝を祈願したところ、その霊験により勝利したので鳥居を奉納したことによるとされている。

明治期の木祖村図からは、山地を表す部分を一気に登る中山道が描かれ、峠道が急勾配であったことがうかがえる（図4）。

また文化2年（１８０５）に秋里籬島《あきさとりとう》により刊行された『木曽路名所図会』には、旅人が鳥居峠から御嶽山を眺めている光景が描かれている（図5）。木曽路の歴史は奈良時代の和銅年間に登場する「岐蘇路」がそのはじまりとされ、鳥居峠は古代より美濃国と信濃国の国境となっていた。

図5『木曽路名所図会』
長野県立歴史館所蔵

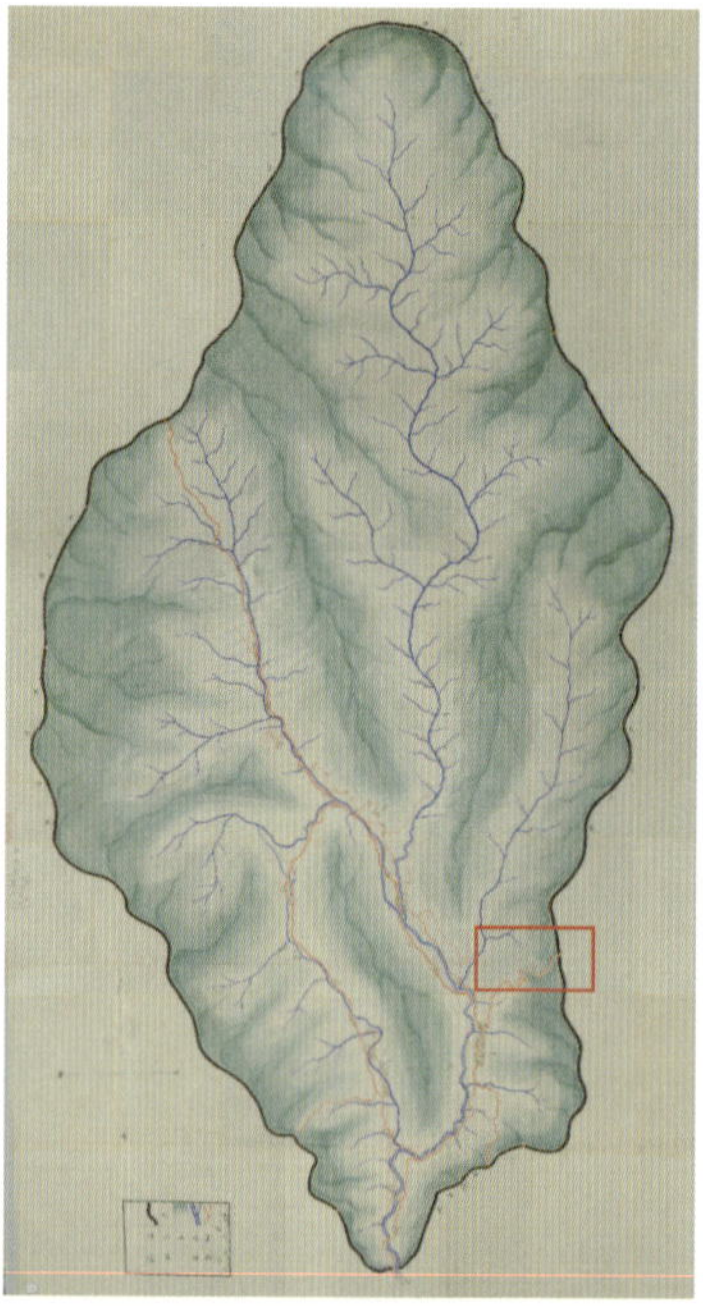

図4　木祖村図（藪原、小木曽村、菅村）（明治期）長野県立歴史館所蔵
右図は鳥居峠（上の図中赤枠を拡大）

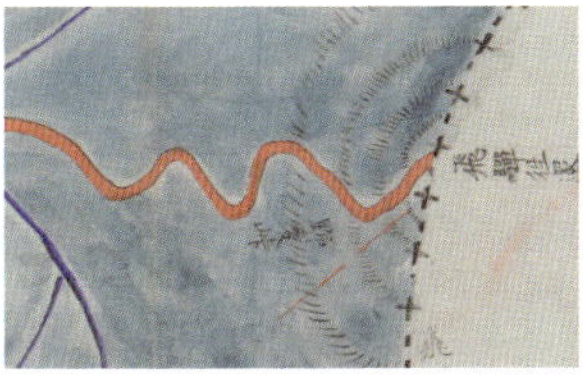

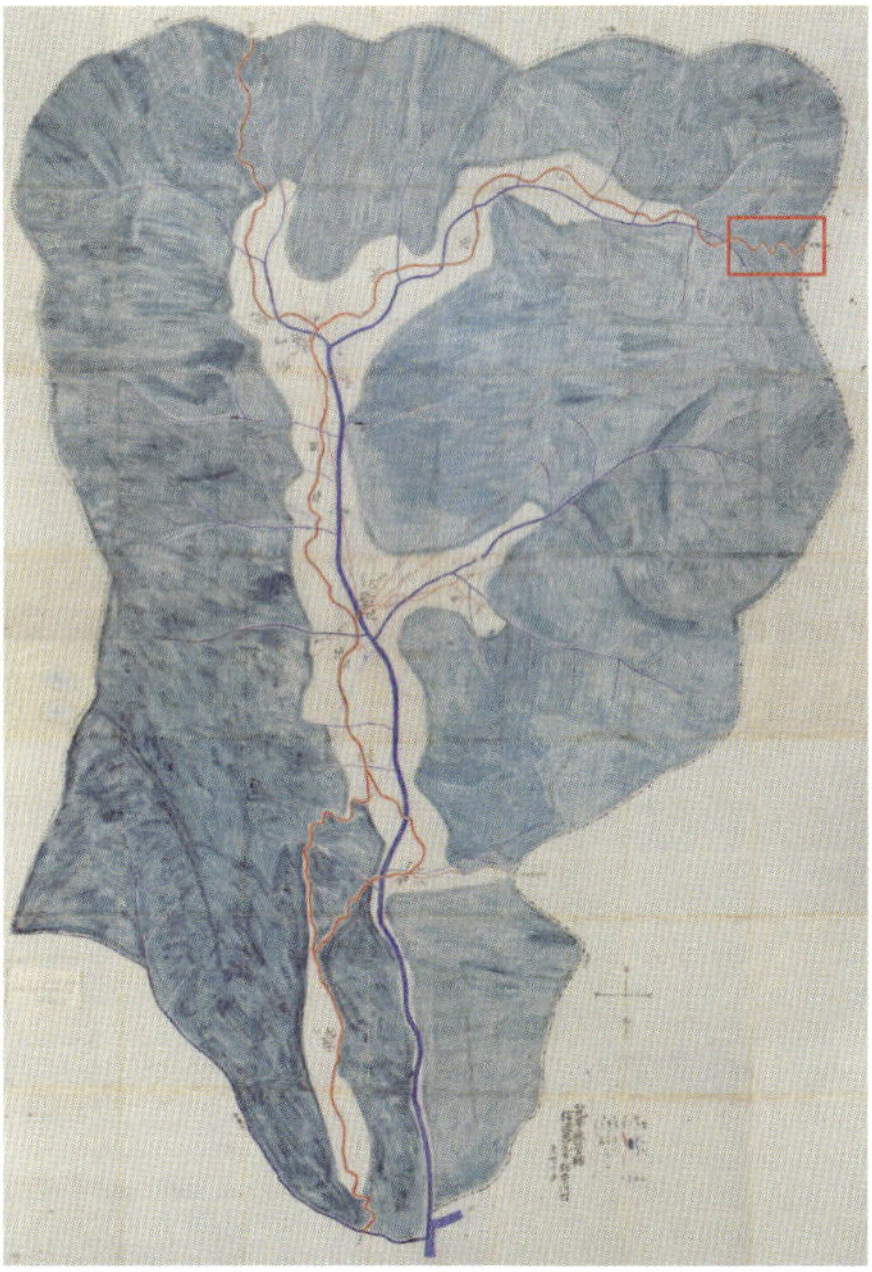

図6　奈川村誌図（明治期）
長野県立歴史館所蔵
上図は野麦峠部分（赤枠を拡大）

図7　野麦峠の「あゝ野麦峠像」

この鳥居峠は要衝のみならず、この峠を境に奈良井《ならい》川は千曲川（信濃川）として日本海へ注ぎこみ、木曽川は太平洋へと注ぎこむという象徴的な分水嶺としても知られている。

現在藪原《やぶはら》宿から鳥居峠を越え奈良井宿を結ぶ旧中山道は「旧中山道鳥居峠越え」トレッキングコースとして整備されている。藪原宿から鳥居峠に向かう手前にある御嶽神社横のベンチから御嶽山を展望することができる。

野麦峠は標高1672mに位置する。野麦峠は明治時代の製糸業を支えた工女が行き来した峠として有名である。

明治期の奈川村誌図では、峠から奈川盆地へ最短距離で野麦街道が下っていることがうかがえる（図6）。

野麦峠を有名にしたのは昭和43年（1968）に山本茂実が発表した小説「あゝ野麦峠」である。

明治30年代に現在の長野県岡谷市にある製糸工場に、岐阜県飛騨地方から野麦峠を越えて働きに出た少女たちを描いた小説。1979年に映画化され上映されたことが、より多くの老若男女に野麦峠の名を広めることになった（図7）。

現在は岐阜県側の峠頂一帯が資料館を含め整備されている。毎年5月頃には工女姿の女性と一般の人たちが参加して、峠から野麦街道1・3㎞を松本方面へ歩く「野麦峠まつり」が開催されている。

長野県立歴史館のご案内

長野県立歴史館は県庁所在地である長野市の南隣りにあたる千曲市にあり、国史跡森将軍塚古墳の直下に位置します。唯一の県立博物館として1994年11月に開館しました。敷地面積は19,500㎡で、鉄筋コンクリート2階建て延床面積10,457㎡の建物と、屋外展示から成ります。

設立の目的としては、考古資料並びに歴史的に貴重な行政文書・古文書などの収集・整理・保存をベースに、それらの調査研究、閲覧・情報提供、展示と教育普及があげられます。特に開館以来、貴重な文化財を守り伝え、広く県民の利用に供し、学習活動を支援することに重きを置いてきました。

組織は、館長・副館長の下におかれた管理部と学芸部からなります。そのうち学芸部では運営の目的を円滑に実現すべく、総合情報課、考古資料課、文献史料課が互いに連携を取りながら活動しています。

収蔵資料としては考古資料約3万箱、文献史料約30万点を有し、そのうち国重要文化財には「長野県日向林B遺跡出土品」「長野県吉田川西遺跡土壙出土品」「鳥羽院庁下文」があります。また長野県宝には「下茂内遺跡出土品」「動物装飾付釣手土器」「屋代遺跡群出土木簡」「社宮司遺跡出土木造六角宝幢」「大文字の旗」「長野県行政文書」「清水家文書」があり、貴重な文化財を適切な環境で収蔵しています。

展示室には「信濃の風土と人びとのくらし」をテーマに原始から近現代までの時間軸に沿って実物資料と複製資料等を幅広く展示公開する常設展示室と、年2回の企画展に加え、季節展・巡回展を開催している企画展示室があります。また閲覧室では約13万冊の歴史関係の図書を閲覧できます。225席を有する講堂では週末を中心に多くの講座・講演会などが企画されています。

刊行物としては『長野県立歴史館展示案内』『長野県立歴史館展示資料目録』、各企画展図録、ブックレットほかがあり、特に職員の調査研究成果を公開するための『長野県立歴史館研究紀要』は開館以来毎年刊行されてきました。

最近ではミュージアムショップでのオリジナルバッジの販売、遠方の学校等で歴史の授業を行う「お出かけ歴史館」、職員が他の博物館で講演を行う「信州学出前講座」など、活動範囲を全県に拡大し、県民により親しまれる歴史館を目指して、新たな事業を展開しています。今後も進化し続ける長野県立歴史館に、多くの皆様方がご来館いただけるよう、お待ちしております。（水澤教子）

●しなの鉄道屋代駅から徒歩25分、屋代高校前駅から徒歩25分

●長野自動車道更埴ICから車5分

Part6

災害の爪痕と防災

古記録に残る大洪水はほんとうにあったのか

地図と発掘調査でさぐる仁和の洪水

寺内隆夫

伝説の洪水はあったのか

千曲市の小高い尾根上にある森将軍塚古墳に立つと、眼下には碁盤の目に整備された水田が広がり、北側には東流する千曲川を望むことができる（図1）。

この場所の水田区画は、9世紀に造成された条里水田（更埴条里《こうしょくじょうり》遺跡）を踏襲している。ただし、当時と現在の水田の間には、数十〜数センチの洪水砂が堆積している。人びとは長い年月をかけて、ほぼ同じ場所に畦畔《けいはん》を復旧したのである。

地元の須々岐水《すすきみず》神社には、平安時代に起きた洪水後、埴科《はにしな》郡司の金刺舎人正長《かねさしのとねりまさなが》がこの社（場所は移動）で「水害を免れんことを祈る」祭祀をおこなった、との伝承が残る。

現在、この神社は水田域の西端、用水の分岐点近く（図1）にあり、江戸時代の棟札には「屋代堰水神惣社」とある。また、水田域の東端には雨宮《あめのみや》神社が鎮座する。水に関わる両社が広大な水田域を潤す用水の取水と排水の要所を守っていたのである。

さて、洪水が頻発していた当地で、なぜ、記憶に新しい洪水ではなく、はるか昔の洪水話が根強く伝わってきたのだろうか。『類聚三代格』などには、仁和4年（888）、信濃国で洪水による大災害があったと記されている。都にまで聞こえた未曾有の大洪水は、地元の人びとの記憶にも深く刻まれていたのだろう。

では、信濃国十郡のうち六郡に壊滅的な被害を与えるほどの大洪水は、本当にあったのだろうか。

変化する千曲川の流れ

まず、近年まで残っていた地形から探ってみよう。

図1・2には、周囲より標高の低い水田が帯状に連なっている箇所がみえる。これらは、埋没した千曲川の古い河道跡（A〜Cほか）である。

例えば、Cの岸辺には、川中島合戦で有名な雨宮渡し伝承地があり、戦国時代の河道とみられる。Cに削られたBは、上信越自動車道建設に伴う発掘調査で平安時代後半（10世紀以降）の旧河道であることが判明した。また、Aは古墳時代以前（7世紀以前）の旧河道であった。このように、千曲川は大規模な堤防がで

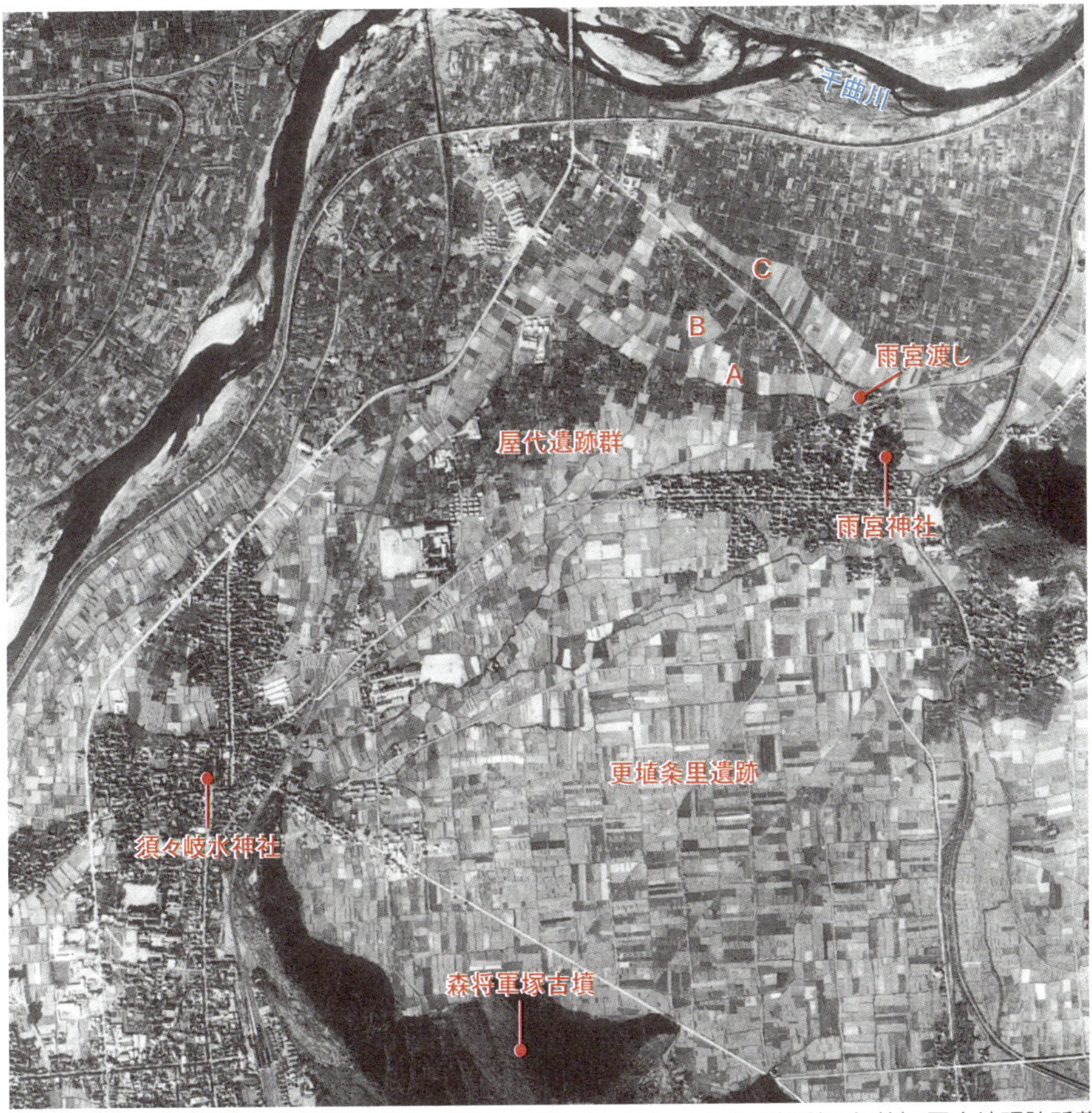

図１　千曲市屋代周辺の航空写真と遺跡等の位置関係（1947 年米軍撮影に加筆）国土地理院所蔵

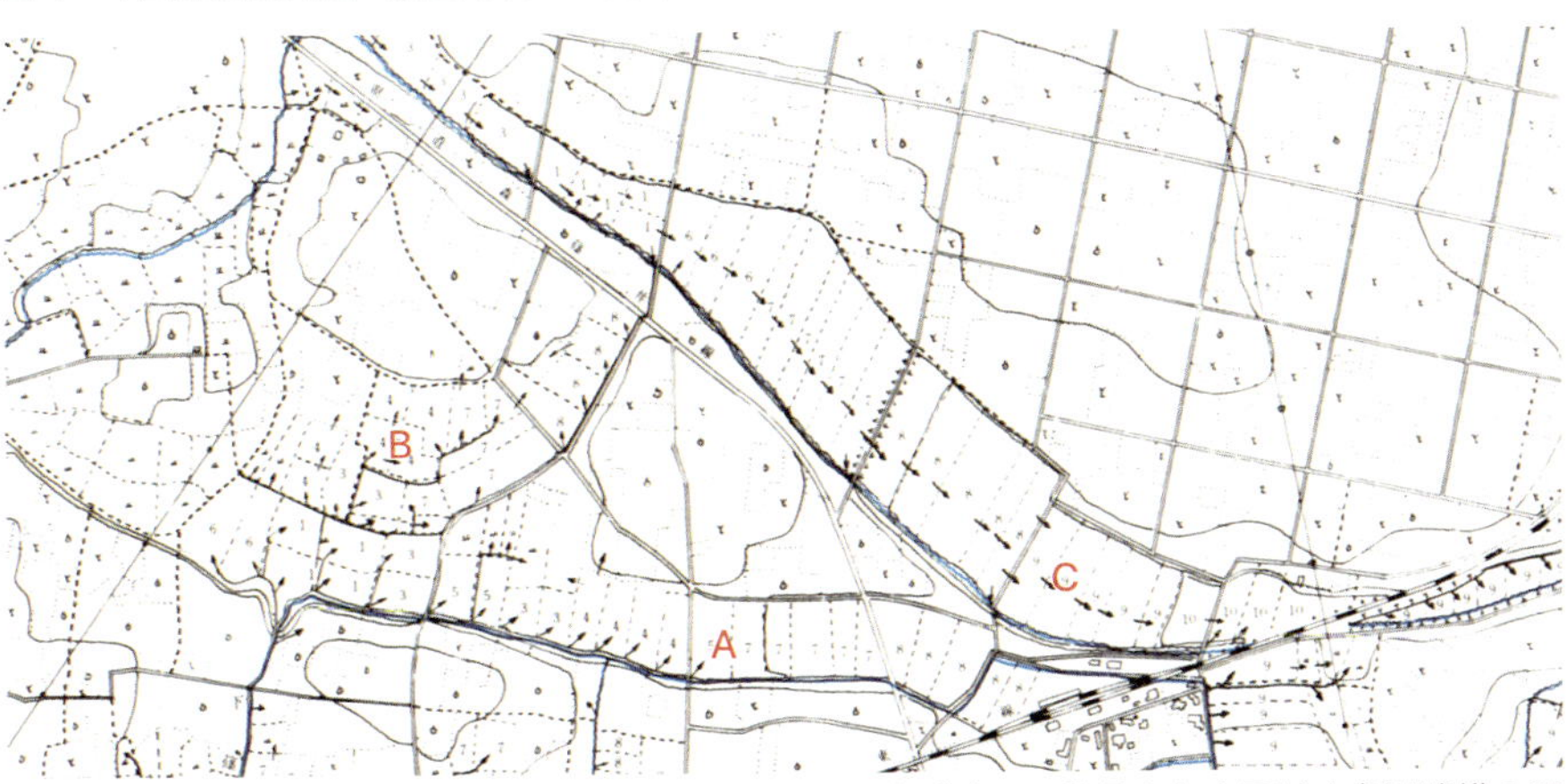

図２　1950 年代の河道痕跡（部分）（長野県教育委員会『地下に発見された更埴市条里遺構の研究』に加筆）

きるまで、何度も流れを変えてきたのである。そして、そのつど水害を引き起こしていた可能性がある。

注目点の一つは、U字形に湾曲した平安時代後半の旧河道Bである。河川の大蛇行は、流速の弱まる平坦な地で起きやすい。この時期にその条件が整う要因を想定すると、仁和4年の大洪水があげられる。

注目点のもう一つは、仁和4年の直前（9世紀後半）には水田化されていた旧河道Aである。発掘調査では約1m50㎝もの洪水砂がこの水田を覆っていた。千曲川の大蛇行が起きる直前に大量の土砂が流れ込んでいたのである。

平野部の全域を襲う洪水

一方、一連の洪水砂が自然堤防を越えて、集落域（屋代遺跡群）や水田域（更埴条里遺跡）に広がっていたことも判明した。これほど大量の洪水堆積物は後にも先にも確認できず、文字通り未曾有の大洪水だったことがわかった。

図1で水田区画を再確認すると、千曲川に近い地区ほど軸線に乱れが生じている。この地区では、数十センチを超える砂に覆われた場所もあり、水田復旧が遅れ、区画の乱れにつながった可能性がある。洪水の痕跡はこのような所にもうかがうことができる。

さらに、同時代の分厚い洪水砂は、対岸の更級郡《さらしなぐん》や上流の佐久郡《さくぐん》でも確認できた。千曲川流域の広範囲で、同時代に大洪水が発生していたのである。このことから、氾濫の原因は、さらに上流にあったことが予想される。次に、千曲川の上流に遡って探ってみよう。

山奥に海の地名

千曲川を上流へ遡ると、小海町《こうみまち》があり、南牧村《みなみまきむら》には海ノ口《うみのくち》・海尻《うみじり》という地名がある（図3）。なぜ海から最も遠い場所に海地名があるのだろうか。地元の伝承では、千曲川の湖が決壊して干上がり、新しく生まれた土地を海口・海尻と称したという。また、小海は相木川の湖に由来する。いずれも、堰止め湖を海と称していたのである。

『扶桑略記』には、洪水の前年、仁和3年（887）に信濃国で山が崩れたことが記されている。地質学の調査から、八ヶ岳連峰の一つ稲子岳が崩れて岩屑なだれが発生、千曲川を堰止めたと考えられている。岩屑なだれに埋まっていたヒノキの年輪年代測定では、最終年輪が887年秋との結果が出ている。

近年、古地名・伝承・都の記録、それに地質・考古・年輪年代学などの成果を合わせることで、887年に千曲川上流部で大きな堰止め湖が形成され、翌年の決壊で千曲川流域に大災害が発生したことが裏付けられるようになった。『類聚三代格』などの記述が、一部を除いて正確だったことが実証されたのである。
では、堰止め湖出現から千曲川流域の大洪水・災害発生までを再現してみよう。

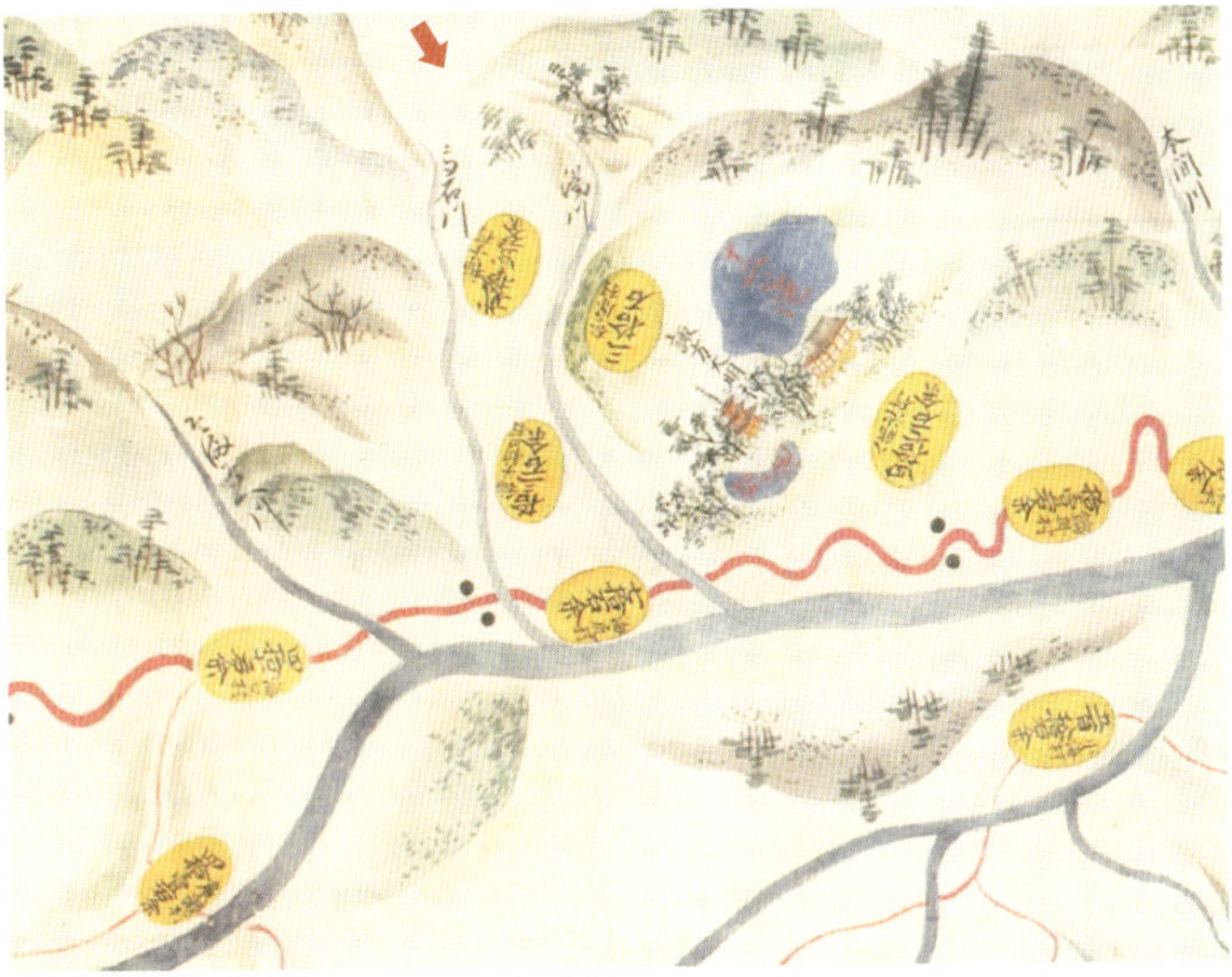

図3　元禄国絵図（部分、江戸時代）
上田市立博物館所蔵　協力：上田市マルチメディア情報センター
絵図上方に八ヶ岳がある。中央の流れが千曲川本流。元々あった堰止め湖の下流側（中央付近）に海尻村、上流（左寄り）側に海口村の地名がみられる。⬅は岩屑なだれの方向

大災害の記憶から学ぶ

太平洋側の東南海沖を震源とし、都でも大被害があった仁和3年の大地震（グレゴリウス暦で887年8月26日）は、八ヶ岳の大崩落を引き起こした。崩落は岩屑なだれとなって大月川沿いを流れ下り、千曲川を堰止めた。

この堰止め湖は303日間水を溜めていたが、梅雨の時期に入った888年6月24日（グレゴリウス暦）に決壊した。濁流は千曲川流域の集落や耕地を襲い、千曲市周辺へは、決壊から5時間余りで到達したと推定されている。

『類聚三代格』には、被害状況や国の緊急対策が記されている。しかし翌年、都に信濃から人を食う鬼がきた、との噂が広まったという（『日本紀略』）。飢えた被災民たちが、都にまで押し寄せたことの喩えだったのかもしれない。

平安時代には、列島各地で地震や火山噴火が頻発していた。869年に東北を襲った貞観地震（東日本大震災に匹敵）、887年の仁和地震（東南海地震）といった大地震が頻発し、広域に被害が及んだ。

人びとは、大災害の伝承や記録を残し、再び起きるかもしれない天災に備えたと考えられる。口伝えのため不正確な部分があるからと言って、こうした伝承を軽視すべきではないだろう。また、洪水に関わる祭祀も続けられてきた。地元の老若男女が参加し、組織立った共同作業を伴う祭りは、災害時の助け合いの力となりうる。存続には重要な意味があるといえよう。

土石流に飲み込まれた城下町を描く

戌の満水、その時小諸城下町では

青木隆幸

「戌の満水」

江戸時代中期、寛保2年（1742）の旧暦8月初、千曲川で大洪水が発生した。干支にちなみ「戌《いぬ》の満水」と呼ぶ。

この年は7月下旬から雨が続き、そこに大型台風が江戸の近くに上陸した。台風は長野県の東側を北上しながら、浅間山や八ヶ岳山麓に大量の雨を降らせ、千曲川上流の支川では同時多発的に土石流が発生、下流では千曲川本流があふれ、多くの人家・田畑が被害をうけた。流死者は千曲川流域で3000人を越えたと言われる。

最大の被災地小諸城下町

500人を越える流死者を出したのが小諸城下町だった。浅間山麓の急斜地に立地する小諸では8月1日朝、城下町に流れ込む三つの主な河川（蛇堀《じゃぼり》川・松井川・中沢川）（図1）で次々に土石流が発生し、わずか2時間ほどで町が壊滅した。土石流の流れを描いたのが「寛保二年　小諸大洪水変地絵図」（図2）で

図1　現在の中沢川

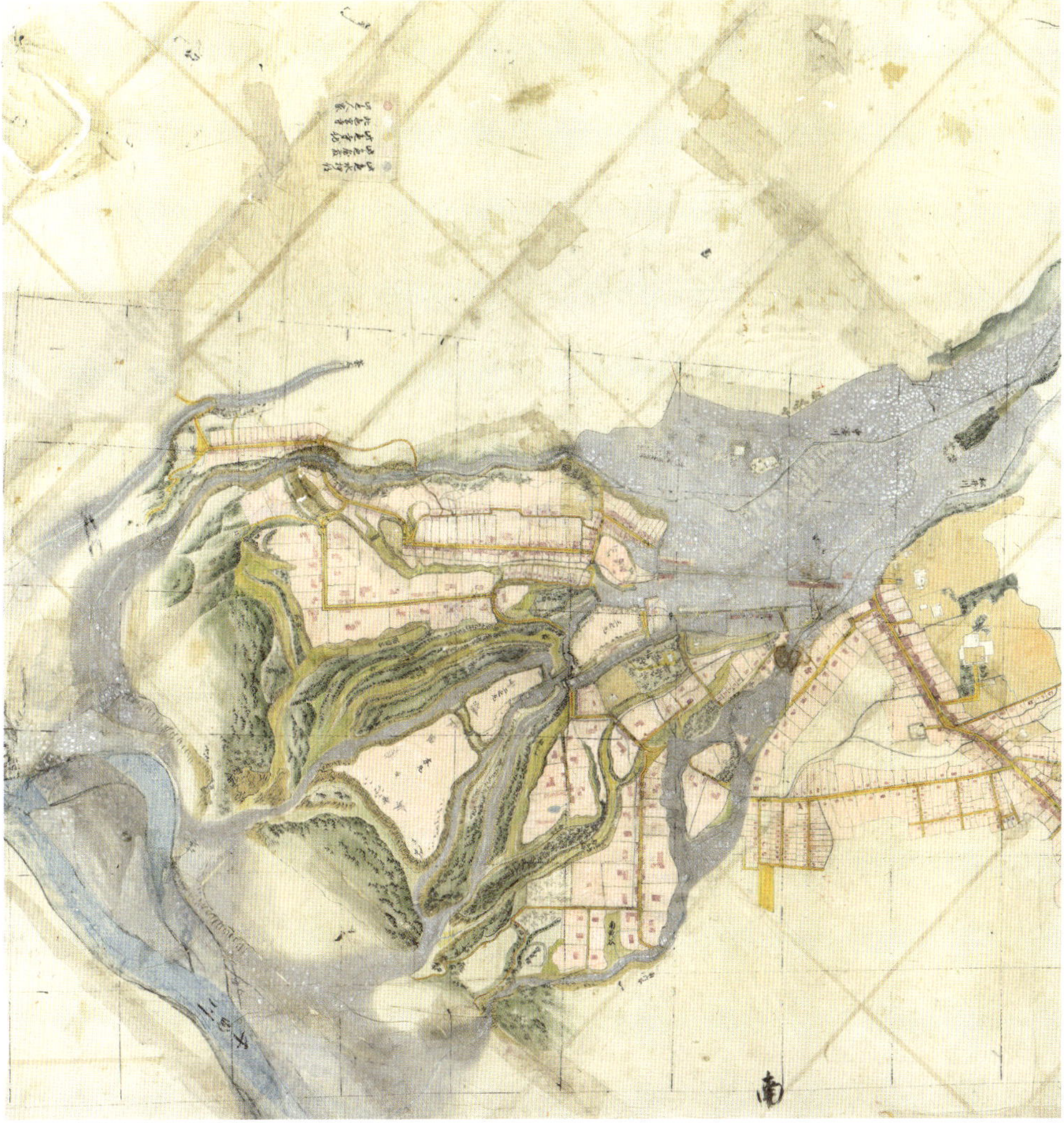

図２　小諸大洪水変地絵図　小山家所蔵

図３　三の門

ある。

絵図は、浅間山系を水源とし、城下に北西から流れ込む中沢川と松井川が成就寺近くで合体し、一つの巨大な土石流となって本町・田町を押し流した様子が描かれている。人や家を飲み込んだ泥流が大手門、三の門（図3）を突き抜けて城内に流れ込んだ。

分厚く堆積した土砂の中

からたくさんの遺体が掘り出された。

「蛇水」（土石流）の恐怖

小諸にはこのときの土石流を「蛇水」と記した史料が残っている。「（襲来してきた蛇水の）水煙は天にのぼるほど高く、だんだん屏風を立てたようになった。ところどころでは15～18ｍほどの高さになり、大石小石が雨が降るように舞い上がり、水中では石がこすれ合って火花をちらしていた」と記されている。

市町はのこった

絵図の左（西）側に土石流被害を免れた部分がある。市町《いちまち》である。市町の北に鍋《まべ》蓋曲輪《ぶたくるわ》とよばれる微高地があったおかげで土石流の直撃を免れたのである。戌の満水のあと、本町にあった本陣や問屋は市町に移転、以後、市町が城下町の主要な機能をになうことになった。

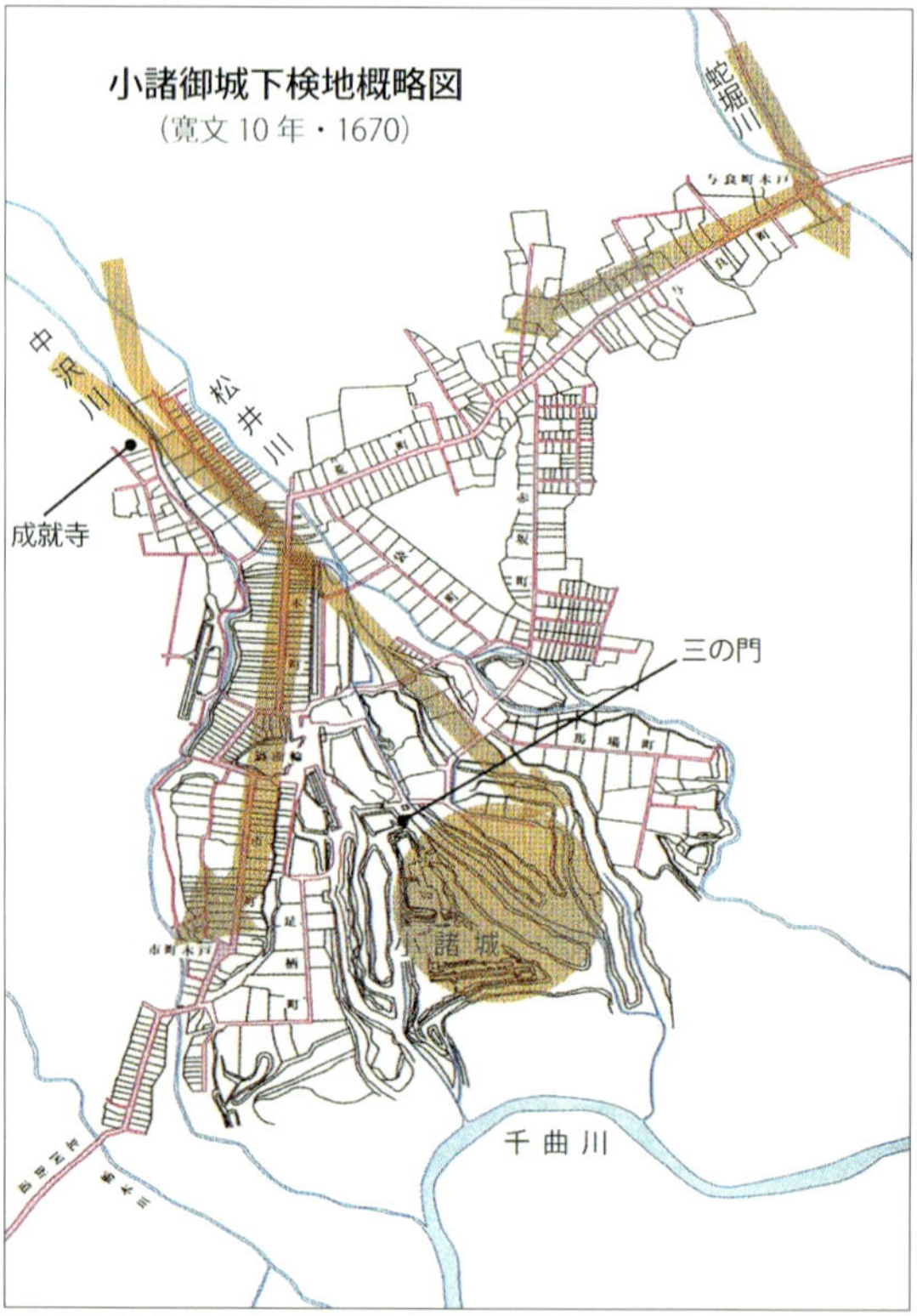

図4　土石流の流れ（『高原の城下町　小諸藩歴史散歩』に加筆）

一度あったことは必ず二度ある

長野県には、小諸同様に、溶岩の上に火山灰が堆積した急斜地が多い。その上、小雨地帯のため、表土が流されず厚く堆積している。こうした場所では大量の雨が降り、土壌が排水能力を超えると表土が一気に崩壊し、巨大な土石流を生む。普段は水が少なく川幅が狭い河川で大規模な土石流が発生する可能性がある。蛇堀川など三つの河川はその典型だった。「一度あったことは必ず二度ある」。これは災害に備える重要な心構えの一つである。

身近にある災害記録を調査・研究するとともに、ハザードマップを手がかりにしつつ、住民自らが防災・減災に取り組むことが大切だ。

未の満水

夜泣き石

未の満水とは

正徳５年（1715）６月、上伊那南部から下伊那にかけての天竜川流域をおそった大洪水を干支にちなんで「未《ひつじ》の満水」と呼びます。梅雨前線にともなう集中豪雨でした。

６月13日頃から降り出した雨は、18日未明に激しくなり、７日間近く降り続きました。18日未明は「膝を並べ、向かい合って話をしていても声が聞こえない」ほどの豪雨でした。

各地の被害

上流で山が崩れた大島山川（現高森町）は､押し出した土砂が天竜川をせき止め、天竜川は上流４㎞ほどが諏訪湖のようになりました。JR市田駅近くの地名「出《だ》砂《さ》原《ら》」は、この時土砂が押し出した場所です。駅ができるまでは巨石が累積し、石切場となっていました。

飯田市の野底川も上流でせき止められ、土石流が発生しました。飯田市上郷別府にある「夜泣き石」（高さ３m、長さ６m）はこの時上流から流れてきたものといわれています。石の上にお地蔵様がまつられています。この石に押しつぶされて赤ん坊が亡くなり、夜になると赤ん坊の泣き声がするので地蔵を祀り霊を弔ったといいます。

松川も大規模な土石流災害を起こしました。２万石の飯田藩ではその３分の１に当たる7800石が水害にあい、死者は32名でした。

三六災害と類似

「未の満水」は「三六災害」とよく似ています。

「三六災害」は、昭和36年（1961）、伊那谷で発生した災害です。梅雨前線による集中豪雨が原因でした。死者行方不明者120名余、500haをこえる土地が浸水、約1500戸が全半壊しました。

飯田測候所によれば、６月下旬梅雨前線が活発化、27日から28日にかけて豪雨になりました。最大日雨量は27日が325㎜、26日から７月１日にかけ577㎜の記録的な豪雨になりました。天竜川と支流で土石流などが発生、大鹿村では大西山が山体崩壊し、大量の土砂が小渋川に流れ込み、40名を超える死者がでました。

「山津波」の恐怖

土石流を「山津波」とか「蛇抜け」といいます。土石流が発生する原因はいろいろありますが､「未の満水」や「三六災害」の場合、山が崩れ支川をせき止め、それが決壊するという事例がいくつもみられます。

山が崩壊する原因は、前線にともなう集中豪雨以外にも、地震や台風による降雨が考えられます。信州のような山国では雨も地震も、結局は「山津波」（土石流）をうみだすことを心に留めて災害に備えなければなりません。（青木隆幸）

古地図でも楽しめない大地震恐怖の爪痕

善光寺地震を記憶する災害絵図

伊藤友久

大地震記録絵図

　ここに掲載する「信濃国地震大絵図」は、巨大地震を記録したもので、縦約190cm、横幅約420cmを測る大作である（図1）。絵図は、松代藩主真田家・藩士伝来品を含め約5万点の資料を収蔵する真田宝物館（長野市松代町）に、保存管理されている。

　絵図の中央右寄り下端には松代城下町が描かれる。ここを鑑賞者の手前、起点として扇状に他地域が俯瞰《ふかん》される特徴的な描写方法で、松代藩お抱え絵師による作図とわかる。

　絵図の右端に飯山城下町、左端に松本城下町を配する。これを手掛かりに、その方位に注目すると、北の飯山藩領から、南は松本藩領に及ぶ広大な範囲が網羅されていた。

　すなわち、松代藩は、寺領、松本藩や飯山藩などに協力を仰ぎ、また藩命により村役人が各村内の災害報告を書き取り、罹災地を踏査し、つぶさに描かせた絵図を集約し、作製されたものと思われる。これを持って、他藩に知らせ、江戸幕府に報告するために清書さ

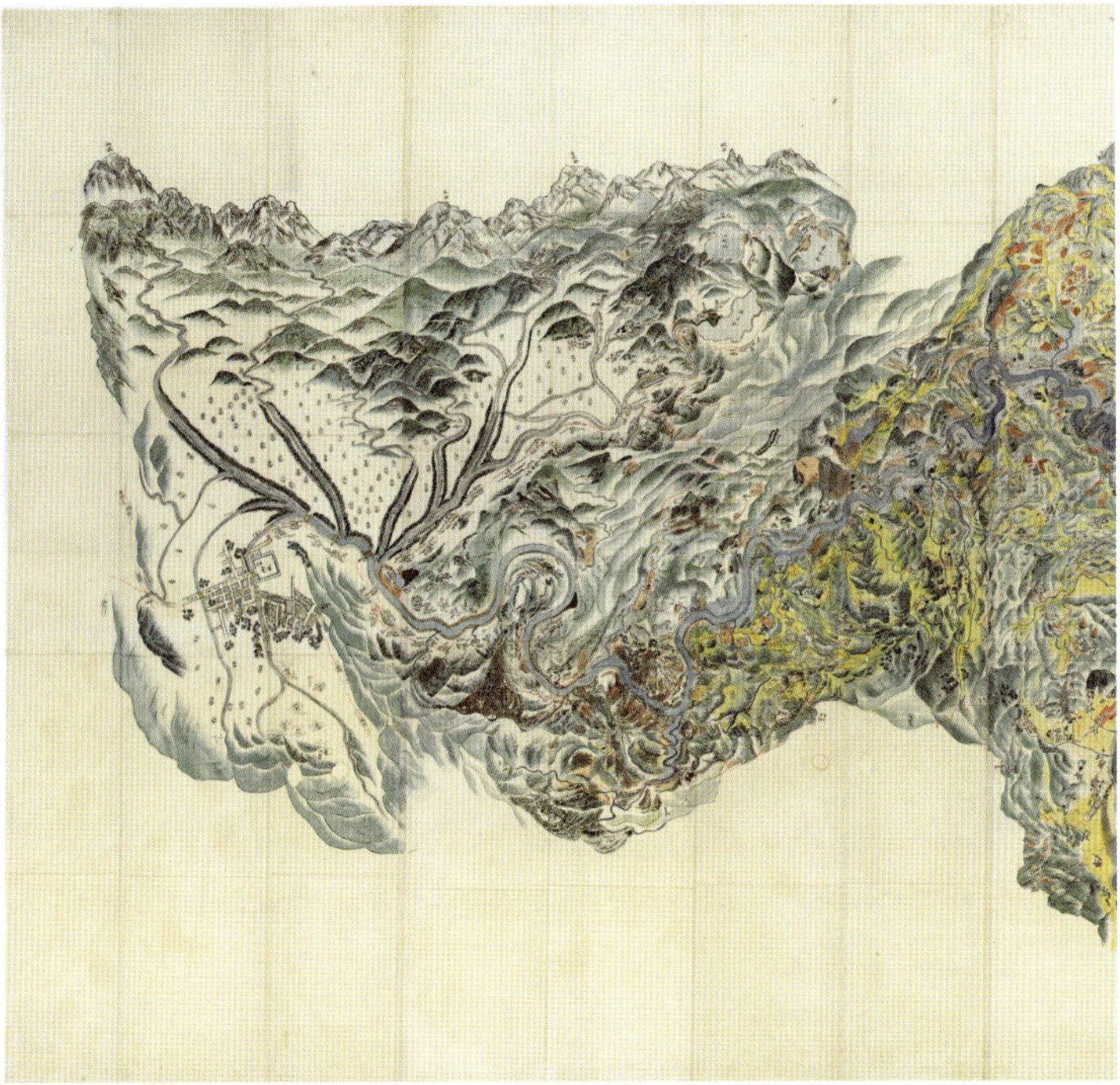

図1　信濃国地震大絵図（全体）真田宝物館所蔵
善光寺地震の罹災状況記録を収集し、まとめられた絵図。松代城下町を起点として、罹災状況を扇状に俯瞰している。

れた災害絵図の一枚が本絵図といえる。

江戸時代に信州に発生した大地震とはどのようなものだったのだろうか。

絵図に見る罹災状況

「信濃国地震大絵図」には、火災・土砂災害・水害等を彩色別に標《しる》し、被害状況が一目でわかるよう工夫が凝らされている。

土砂崩れによる山津波被害地と、崩落土で露わになった山肌の露出部分を濃い朱色で、火災被害にあった建物をそれより薄い朱色で炎に見立て記録される。そして崩落土により堰き止められた河川は青紫色とし、欠壊による二次的被害にあった水害地域を焦げ茶色で土石流を表現し、被害状況が示される。その甚大な被害を記録した本絵図「信濃国地震大絵図」こそは、江戸時代後期の大震災・善光寺地震だったのである。

善光寺地震は、信濃国の北側半分以上の大地を大きく揺るがす、とてつもない力が善光寺平の地下深くに作用した地震であったことが明らかになったのである。地震発生直後は、罹災民救済が最優先におこなわれた。被害状況を記録した絵図の制作は後のことで、しばらくの間は震源地などわからなかった。しかし、現地踏査や住民からの報告を基に罹災状況がつぶさに記録され、絵図としてまとめられたことにより、その罹災実態を徐々に把握することができたのである。このため、「善光寺地震」と呼ばれるのは、これより後のことだった。

真田藩の地震被害記録

善光寺地震は、弘化4年（1847）3月24日（今日の暦では5月8日）の夜10時頃に発生した。この日は晴れて暖かく、本堂内にはおこもりする人々、境内では出店が昼夜営業に、多くの賑わいがあったことが記録されている。また、善光寺は六万五千日回向《えこう》（常念仏がはじまり六万五千日を経た御祝の法会《ほうえ》）で、3月9日から4月末までの御開帳がおこなわれ、全国から善男善女が参詣に訪れていた。地震により引き起こされた火災は、善光寺本堂・山門、そして問屋町以南は免れたが、それ以外の周辺家屋はことごとく燃えている（図2）。

この善光寺周辺と山間地のあちらこちらでは、山肌を切り裂き土砂崩れが発生したことが絵図に記録される。山間地の崩落土は、家屋田畑に覆い被さり被害をもたらした。

とくに、中央南西側から北東方向へ流れ下る犀川の右岸に位置する更級《さらしな》郡内の岩倉山が大崩落したことにより、犀川が堰き止められた。これより上流側の川縁

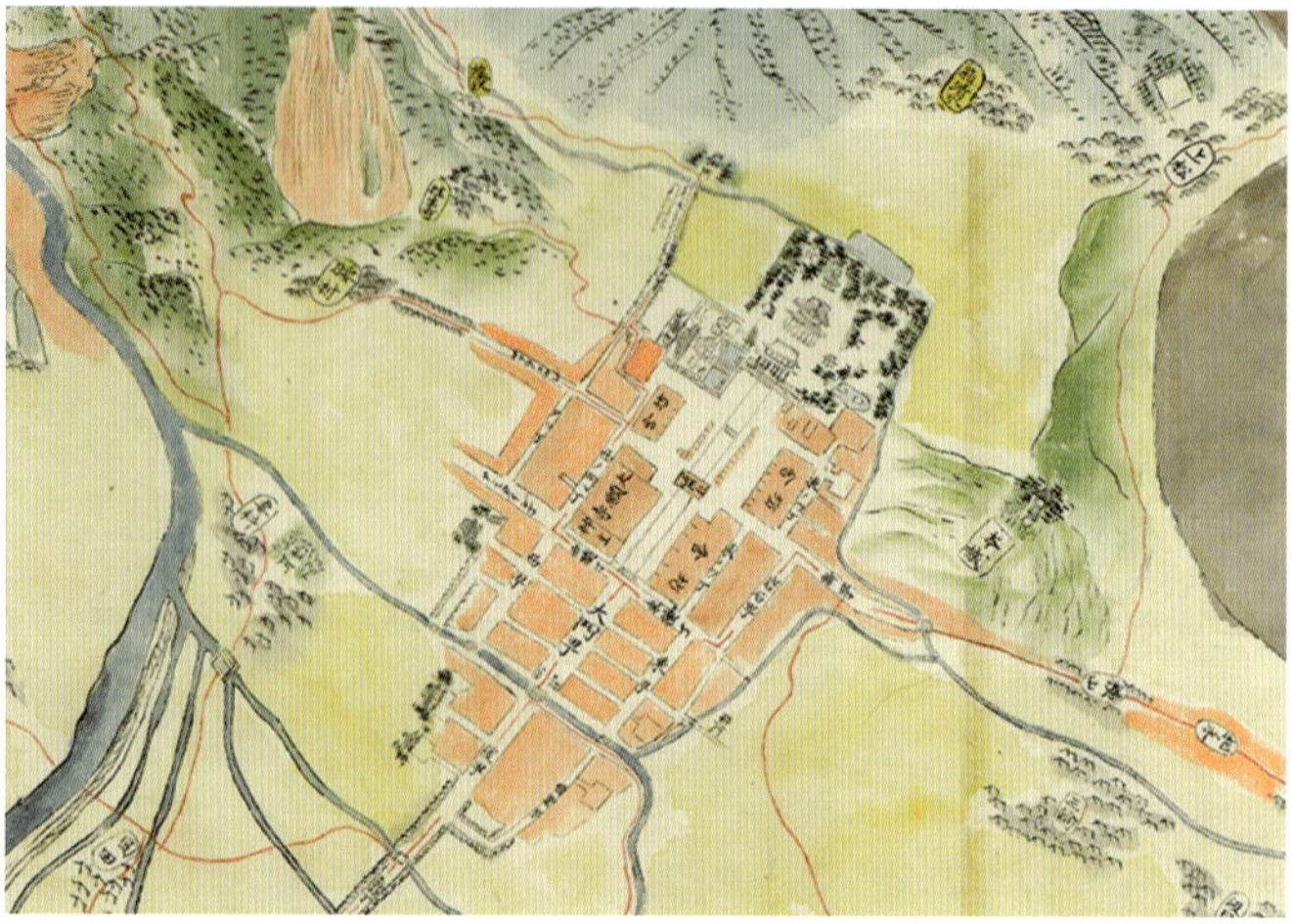

図2　信濃国地震大絵図（部分）
善光寺の火災状況を記録する。薄い朱色は、炎をイメージした彩色で、焼失建物を示す。

図3　信濃国地震大絵図（部分）
岩倉山の崩落と、犀川が堰き止められた状況を示す。湛水により家屋600軒以上が水没した。

が膨張した様子が青紫色で、蛇行した河川に標され恐ろしい。湛水《たんすい》は、集落の家屋600軒以上を水没させた(図3)。被害はそれだけではなかった。4月13日の午後、集落・田畑を水没させた湛水は、限界に達して土砂崩落によりつくりあげられた堤防を決壊させた。善光寺平一帯を突如として未曾有の大洪水が押し寄せてきたのである。この時の崩落地が濃い朱色で、氾濫域が濃い茶色で塗られ、震災範囲が明らかにされている。

地震被害と復興

この地震に即座に対応したのが、松代藩主・真田幸《ゆき》貫《つら》だった。藩主幸貫は、罹災前に予定していた参府を取り止め、御救小屋《おすくいごや》を各地域に設け、御救役に罹災者の救済にあたることを命じている。その後、災害状況を把握することに力を注ぎ、田畑を失った者のために、罹災被害の少なかった近隣の村から人足、牛馬を集め揃えさせ復興に着手した。

藩主幸貫は、善光寺地震の被害状況を取りまとめさせた「信濃国地震大絵図」等の記録類を携えて、取り止めていた参府を果たして以降、幕府に災害状況を逐一報告している。この努力もあり、幕府から一万両の拝借金を得ている。この時に作製した罹災絵図等が効力を発揮したといえる。幸貫はその後も、罹災地を視察して廻り、領民に寄り添う姿が、藩史に記録されている。欠壊により破壊した河川の修復工事に着手し、用水路に道路や橋の復旧に国役普請を願い出て、着実な復興に精力を傾けたのである。

地震学による善光寺地震

今日、地震学により地震のメカニズムが解明されたことにより、この時に発生した善光寺地震について、地震状況を記録した古文書や絵図等の史料調査が進められた。

善光寺地震の震源地や規模は、甚大だった被害状況の記録と、これまでに蓄積された現在の観測データ及び地震被害の資料とを総合的に比較した、地震学の専門家による分析で、推定値が割り出されている(宇佐美達夫『資料　日本被害地震総覧』)。

それによると、善光寺地震は長野盆地西縁部、浅川上流域(現長野市浅川清水地籍近辺、推定経緯:東経138・2度、北緯36・7度)の地下を震源(地震発生地点)とするM(マグニチュード)7・4規模を震度とする内陸性直下型地震と推定された。

地震による被害は、信州・信濃の善光寺の御開帳の真っ直中に発生したこと。また、北は飯山から南の千曲市稲荷山付近までの広範囲に及ぶ大地が、とくに大きく揺れ動いたことで、善光寺平に甚大な被害をもたらしたことが、科学的な分析からも裏づけられたことになる。

今も息づく「富国の礎は山河の制御から」

防災遺産としての牛伏川階段工

伊藤友久

今日の牛伏川

フランス式階段工を備えた牛伏川《うしぶせがわ》は、松本市の南東部、標高1928・5mの鉢伏山《はちぶせやま》の山頂から、南西方向に連なる横峰の西斜面に水源を求める。牛伏川本流は、厄除《やくよ》け祈願の寺として名高い牛伏寺《ごふくじ》の参道脇を流れ下り、牛伏寺砂防ダムによって一端阻まれる。ダムを通過した流水は、松本市並柳地籍の出川変電所のあたりで北流する田川に流れ込む。田川は、JR篠ノ井線北松本駅の西側で北流する奈良井川に流入した先の島内地籍で梓川と合流して犀川《さいがわ》となる。犀川は、長野市若穂綿内地籍で南佐久《さく》郡川上村から続く千曲川《ちくまがわ》に合流する。千曲川は、新潟県に入ると信濃川になって日本海へと注がれる。この壮大な一級河川の支渓谷のひとつに牛伏川本流がある。

今日では、緑豊かな自然の景観に砂防施設が溶け込む一帯に遊歩道も整備され、「牛伏川本流水路（牛伏川フランス式階段工）」として、2012年に国の重要文化財に指定され観光地となった（図1、2）。

牛伏寺観音に救いを求めて

しかし、江戸時代に「牛伏寺川《ごふくじがわ》」と呼ばれていたこの川は、元禄3年（1690）8月の大洪水以降、災害記録が残る。6月〜8月の雨期から台風シーズンの時期に掛けては、数十年に一度の頻度で、西北方向に広がる牛伏川扇状地下流域の白川・白姫・百瀬・上瀬黒・竹渕など、農耕水田地域に甚大な土砂災害を与え続けてきた。

図１　牛伏川堰堤（現在）

図２　牛伏川フランス式石堰堤（大正７年〔1918〕）（『牛伏川砂防工事沿革史』）

それでも、土砂災害が治まると、下流域では川除普請による砂防築堤の土木工事をおこなうなど、対策を講じてきた。しかし、溢流《いつりゅう》による破堤、ときには二千町歩に及んだという土砂氾濫は繰り返され、農耕への思いも喪失するものだった。このため、牛伏川本流の急峻な渓谷の西斜面には、悪沢に泥沢、日影沢、そして地獄谷に杉ノ沢という地名が残されている。

この地を管轄する諏訪高島藩は、土砂災害が起きると、罹災農家に対し米穀物類を供与したり、租税軽減を図ったことが古文書より読み解ける。牛伏寺が厄除け観音を祀ったのも、その奥の院が最上流域の地獄谷に鎮座した平安時代の昔から、山の神の怒りを鎮めるために、牛伏川本流を背に鎮座する寺への信仰の形として、あるのかもしれない。

御雇オランダ人工師と牛伏川

この窮状に終止符を打とうとしたのが、明治新政府だった。「富国の礎は山河の制御から」を唱え、内務省は砂防工事に着手するため、海外にその人材を求めた。そして、内務省直轄砂防工事として、明治14年から22年に掛けて、利根川・信濃川（千曲川）・澱川《よどがわ》・木曽川の主要河川砂防工事を進めた。

幕末期に開港対象とされながらも外洋船が入港できなかった新潟港。その主因であった信濃川の堆積土砂対策は急務だった。その改築計画を主導した御雇工師《おやといこうし》オランダ人ジョージ・アーノルド・エッシャーの後任、ファン・ドールンとエッシャーが人選したローエンホルスト・ムルデルに、水源地砂防計画を立案させる。その一連の砂防工事の中で、牛伏川本流の渓谷改良の必要性が特に高いものとなり、内務省が明治18年（1885）から22年（1889）までに5カ所の石堰堤《えんてい》（石積みの水路ダム）を施工し、荒廃した山腹に積苗《せきびょう》（植栽林）を指導した。

明治23年（1890）、牛伏川に完成した石堰堤施工状況を見たのが、長野県知事・内海忠勝が招聘したオランダ人土木工師デ・レーケだった。このとき牛伏川の砂防工事を視察したデ・レーケは、堰堤をさらにその上流に新設する必要性を唱えた。このことが、「明治二三年三州及高府街道計画並テレーケ氏巡視関係」（長野県立歴史館所蔵）に記されている。が、この時は実現に至らなかった。

長期工事の覚悟

繰り返される土砂災害と防災対策の必要性により、明治29年（1896）に河川法と森林法、明治30年に砂防法が制定された。ここで、長野県は内務省から砂防工事を引き継ぎ、明治31年から国庫補助事業として工事を再開した。階段工は、このとき牛伏川の水流を緩やかにする目的と、石堰堤直下の浸食対策として設けられたものだった。

『牛伏川砂防工事沿革史』（信濃毎日新聞社）に掲載される砂防工事開始まもない頃の写真によれば、ここが

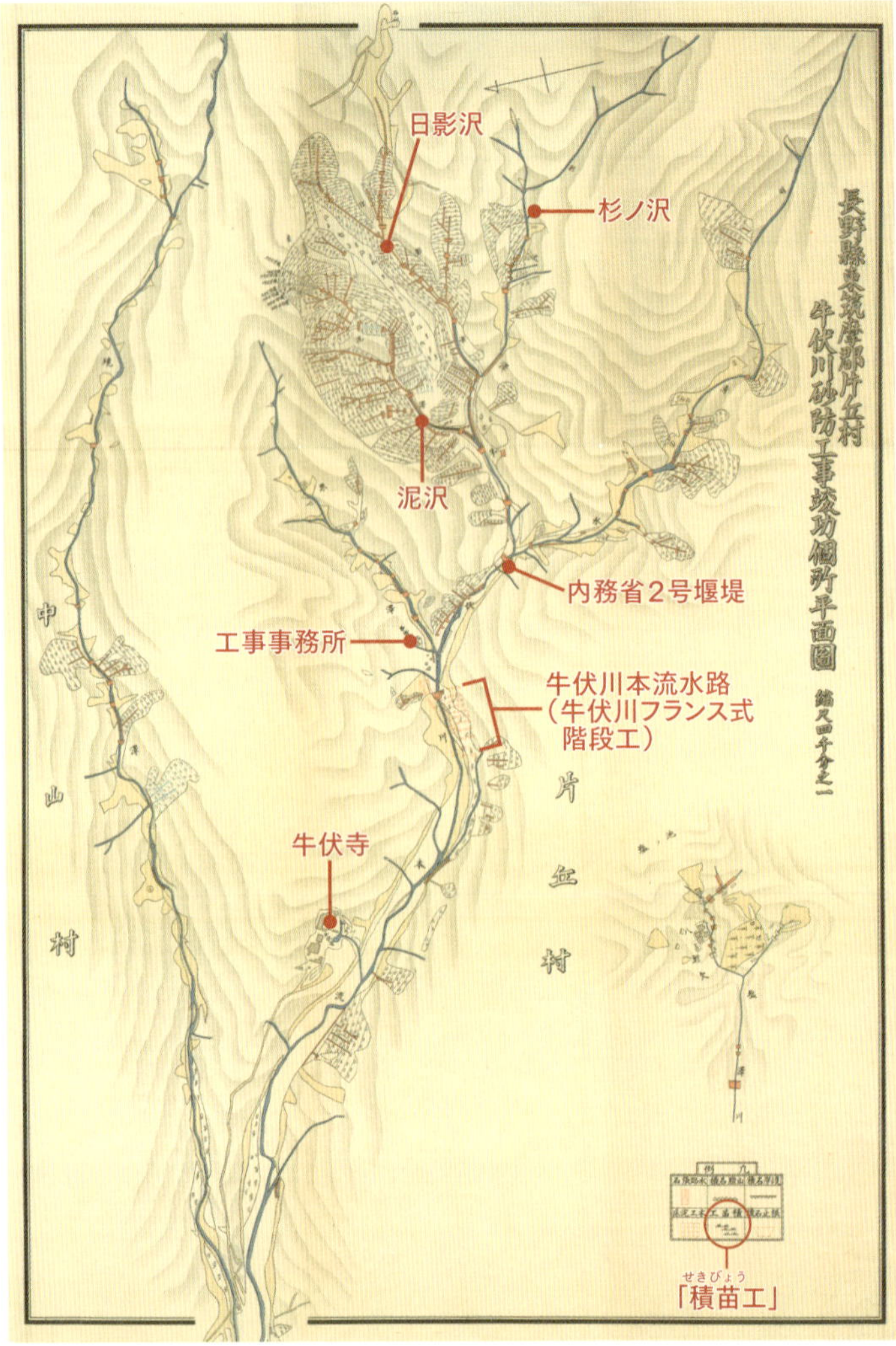

図3　牛伏川砂防工事竣功箇所平面図　長野県立歴史館所蔵

日本列島を二分する糸魚川～静岡構造線の活断層・牛伏寺断層が走り、風化して崩壊しやすい地質であることがわかる。これら露出する岩肌に施す積苗工《せきびょう》も重要な砂防対策だった。不安定にある土壌を切り崩し、成形面に張芝や節芝に藁《わら》をまぜて定着化を図り、苗木を植えることで緑化した。「牛伏川砂防工事竣功箇所平面図」（図3）に読み取れる。

日本人土木技師と牛伏川

この砂防工事を主導したのが、内務省土木部土木技師池田《いけだ》圓《まる》男《お》だった。池田は、明治44年（1911）頃に土木治水学を学ぶために欧州留学に派遣されている。持ち帰った図書の内、『渓流工事と山岳地の森林および芝草の回復』記載、フランス南部のサニエル渓谷《けいこく》の階段工図を模写し、参考にしたことが、池田から長野県土木課長・西池氏文宛の書簡から明らかになった。

書簡には、端的に「別紙図面ノ如キ設計トセバ『コンクリート』ヲモ要ヒズ維持ヲ良好ナラシカル」とあり、フランスの階段工図の模写が、「仏国ニ於ケル一例」とした添付図に描かれたことによりわかった。「内務省技師池田圓男書簡付図」(図4)。このことから、牛伏川本流水路の別名は、「牛伏川フランス式階段工」と呼ばれている。このフランス式階段工の土木工事は、大正5年(1916)からはじめられ、大正7年(1918)に完成した。

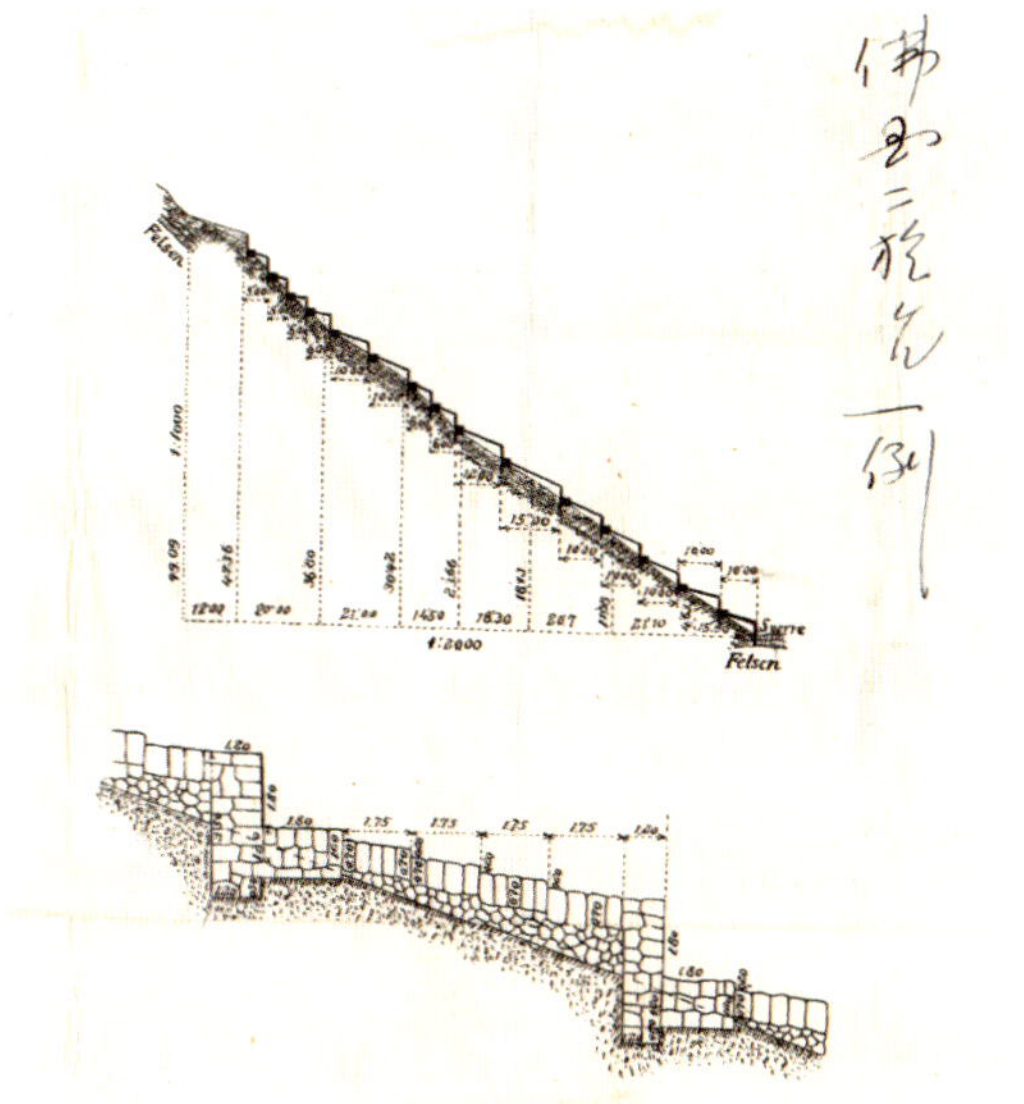

図４　内務省技師池田圓男書簡付図（部分）
長野県立歴史館所蔵
大正５年（1916）池田圓男が、長野県土木掛に宛た書簡添付図。右上に「仏国二於ケル一例」と記す。

完成百年の防災遺産

下流域が氾濫し、田畑や用水を埋め尽くし、多くの人々の暮らしを破壊してきたかつての暴れ川・牛伏川には、堰堤が100基以上。斜面には92万本の苗木を植え整えられ、その施行範囲は諏訪湖の二倍に達した。このことにより、明治18年(1885)からはじめられた牛伏川の砂防工事は、大正7年(1918)に完成するまでに33年を要した難工事を制した。今日に在っては、山深い森林地帯が形成され、端正な石積みが機能美を醸しだした景観が育まれている。

災害と数百年間闘い続けてきた防災遺産として注目されるフランス式階段工は、このうち最後の2年間の土木工事に過ぎなかった。が、今ではその土木工事に取り組んできた技術者らの砂防対策に苦闘した足跡を知ることのできる技術遺産であり、防災遺産の象徴として主張することなく、周囲の自然にしっかり溶け込んでいる。この環境が、当時の工事関係者が追い求めた形であり、この功績を知り、次世代へつなぐことも防災意識となるといえよう。その完成から100年を経る現在でも立派にその役目を果たしている。

そしてまた、昭和45年(1970)には、フランス式階段工の下流域に牛伏寺砂防ダムが竣工したことで、牛伏川本流から流れ下る水流調製管理はより確かなものとなり、下流域に暮らす我々の生活に恩恵をもたらしている。

防災のヒントがここにある

古地図に残る災害地名

笹本正治

妻籠宿に沿って

最初の地図（図1）は明治初期に描かれた「吾妻村《あづまむら》絵図」である。絵図の中央を右（東）から左（西）流れているのは蘭川《あららぎ》で、北上して木曽川に流れ込む。地図左上、蘭川の東側で赤く人家が密集しているのが中山道の宿場として全国に知られる妻籠《つまご》宿である（図2）。この地図を見ると平地がほとんどなく、わずかな谷間の平地に人家が点在している様子が見てとれる。

妻籠宿を南（地図の下方）に行くとこの地図には描かれていないが、島崎藤《とう》村《そん》が生まれたことでも知られる馬籠《まごめ》宿（岐阜県中津川市）がある。

地図を見ると妻籠宿から馬籠宿の間の左手（西側）に赤茶けた地形が気になる。その部分を拡大したのが3枚目の写真である（図3）。中央を南から北へと流れているのは男埵川《おたるがわ》で、蘭川に合流する。中山道はこの沢に沿いながら通っている。

『改訂綜合日本民俗語彙』は、「タル」を「平常は水のない渓谷で、雨のときばかりは瀧になるような場所を中部日本の山地ではこういう」と説明している。男埵川はまさにそうした川であり、この川の名前自体が土石流災害が起きる可能性を示している。

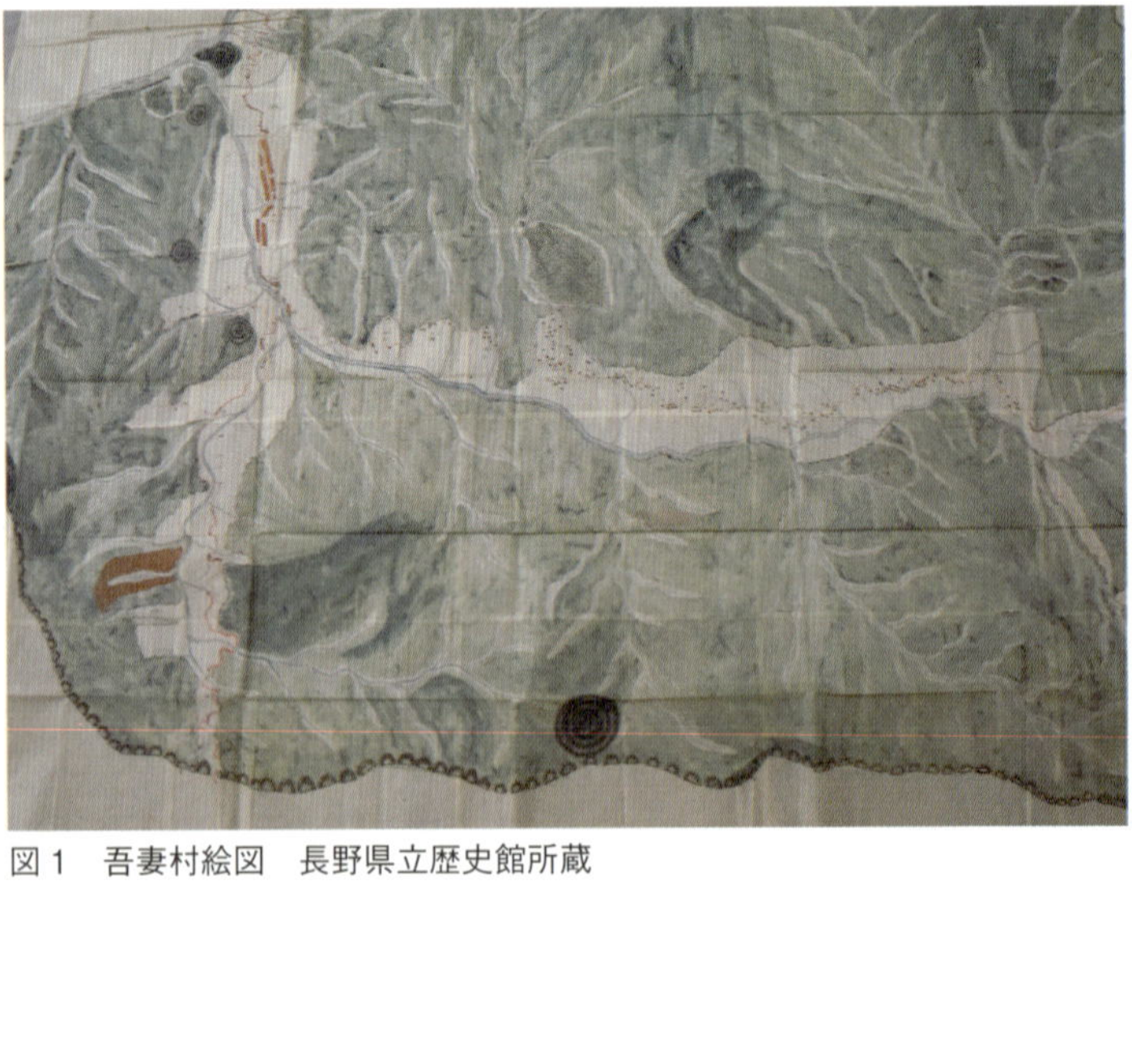

図1　吾妻村絵図　長野県立歴史館所蔵

木曽谷南部は降水量の多いところである。「吾妻村

図２　現在の妻籠宿

絵図」を見れば山から一気に沢が幾筋も流れる状況が読み取れる。地質は主として花崗岩類よりなり、馬籠峠断層が走り、幅広く粘土化した破砕帯をともなっている。この地の花崗岩は一般に風化が著しく、花崗岩の露頭のほとんどがマサ化しており、地すべりを起こしやすい。このため特に急傾斜地では土石流や山腹崩

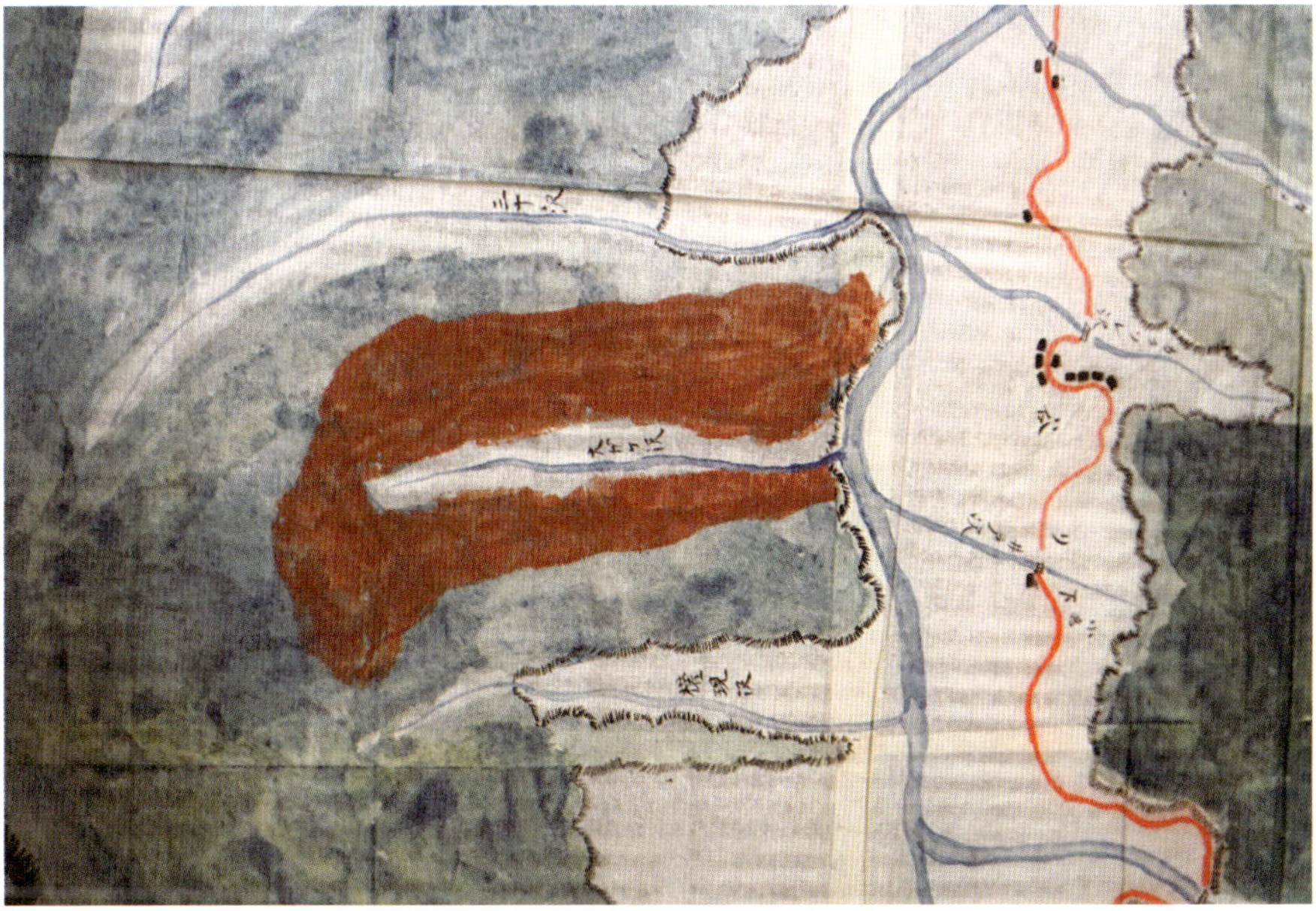
図３　大崖沢　吾妻村絵図　長野県立歴史館所蔵

壊が起きた。加えてこの地方は木曽の材木の生産地で、宝暦年間（1745〜51）に尾張藩が皆伐方式をとったことにより災害が増加した。

大崖沢

地図で赤く塗られた箇所の中央には「大ガケ沢」（大崖沢）とあり、西から東に流れ男埵川へ合流する。この地域では度々土石流が発生した。

大崖沢は水で谷が削られ大きく崖になった地形に由来する名前である。絵図では大崖沢の急斜面でできた崩壊地に朱色が付されている。これは赤茶けた崖の色を示していよう。当時の人々は日々、崩壊地形を目の当たりにしていたのであ

る。

　この地を明治11年（1878）に明治政府が招聘《しょうへい》したオランダ人技師ヨハネス・デ・レーケが視察し、あまりのひどさに驚いて内務省に砂防工事の必要性と予算増額を強く要請した。明治13年（1880）に明治天皇が中山道を巡幸した際には砂防工事現場を視察した。このとき施工された堰堤工（谷止工）は長らく土の中に埋もれていたが、地元の人たちによって昭和57年（1982）に発掘された（図4）。掘り下げられた深さを見れば、工事完成後だけでもいかに土砂が流れてきたか想像がつく。ちなみに現在ここは大崖砂防公園となり（図5）、過去の災害の実態とそれに挑んできた先人たちの闘いを思い起こさせてくれる。

図4　掘り出された大崖沢の堤防

図5　現在の大崖砂防公園

蛇抜

　木曽谷で度々繰り返されてきた土石流災害を地域では蛇抜《じゃぬけ》と呼んでいた。

　妻籠宿の記録によれば、天保15年（1844）5月27日の夜に与川《よがわ》（南木曽町）の下山中の沢で山抜があり、99人が死んだり行方不明になった。事件の起きた隣村の三留野《みどの》（南木曽町）の「北原家古文書写」には、「天保十五年辰五月二十七日晩、与川山千丈ケ瀧より大蛇抜あり、材木山の杣《そま》・日雇《ひよう》帳面に有る者百六人死す、その外数知れず」と記されている。与川集落の入口に死者の供養のために尾張藩が建てた石地蔵が今も立っている（図6）。

　近代も木曽谷は土石流に見舞われた。大正12年（1923）7月17日から翌日にかけての豪雨によって起きた蛇抜は、7月23日の『信濃毎日新聞』によれば死者81名を出した。中央本線須原《すはら》駅（大桑村）は土砂で埋まり、列車の転覆事故、鉄橋の流失などによって、鉄道が二週間あまり折り返し運転をよぎなくされた。

　JR中央本線の南木曽駅から500mほど西の天白公園に、昭和28年（195

図6　尾張藩が建てた蛇抜慰霊碑

図７　悲しめる乙女の像

3）７月20日の土石流の犠牲者3人の霊を慰める「悲しめる乙女の像（蛇ぬけの碑）」が、流れ出した大岩の上に建っている（図7）。

２０１４年７月９日に南木曽町読書《よみかき》の三留野地区で発生した土石流災害では、1名が死亡し、3名が軽傷を負った。人家被害は全壊が10戸、一部損壊が３戸あった。

災害地名

こうした頻発する土石流や崖崩れの爪痕は、大崖沢のように沢名や地名として残っている。古地図にはそうした情報が詰まっており、先人たちの警鐘に耳を傾けねばならない。

吾妻村の北側にあったのが読書村である。「長野県信濃国西筑摩郡読書村全図」の一部を見ると「蛇ヌケ沢」（図8）とあり、ここで蛇抜があったことを知らせている。

南木曽町の蛇抜地名を探してみると、

与川＝えんまなぎ、赤なぎ沢、じゃぬけ沢

柿其＝歩危、ほけ沢（あぶな洞）、蛇抜沢、ジャヌケ沢、志やぬけ沢

三留野＝蛇抜沢（桂洞）、なぎ、蛇抜ヶ沢、蛇抜沢、ないの沢（梛野沢）、梛野、ナキノ舟ト（薙の舟渡）、歩危（大ぼけ）、クヅレ

妻籠＝蛇石橋、蛇石、与の洞（堀切沢）、さんけ沢（志やぬけさわ・さぬけ沢・三居沢）、大ガレ（大なぎ）、大崖（大山沢・押出）、下り谷（埋った下り谷）、押出（押手）、押出沢、押出前山

蘭＝はくなぎ、大なぎ、ジャヌケ

広瀬＝蛇抜沢、とおなぎ（とおない）

田立＝孫なぎ、古なぎ

などがある。

古地図から防災のヒントを得ることも大切なことである。

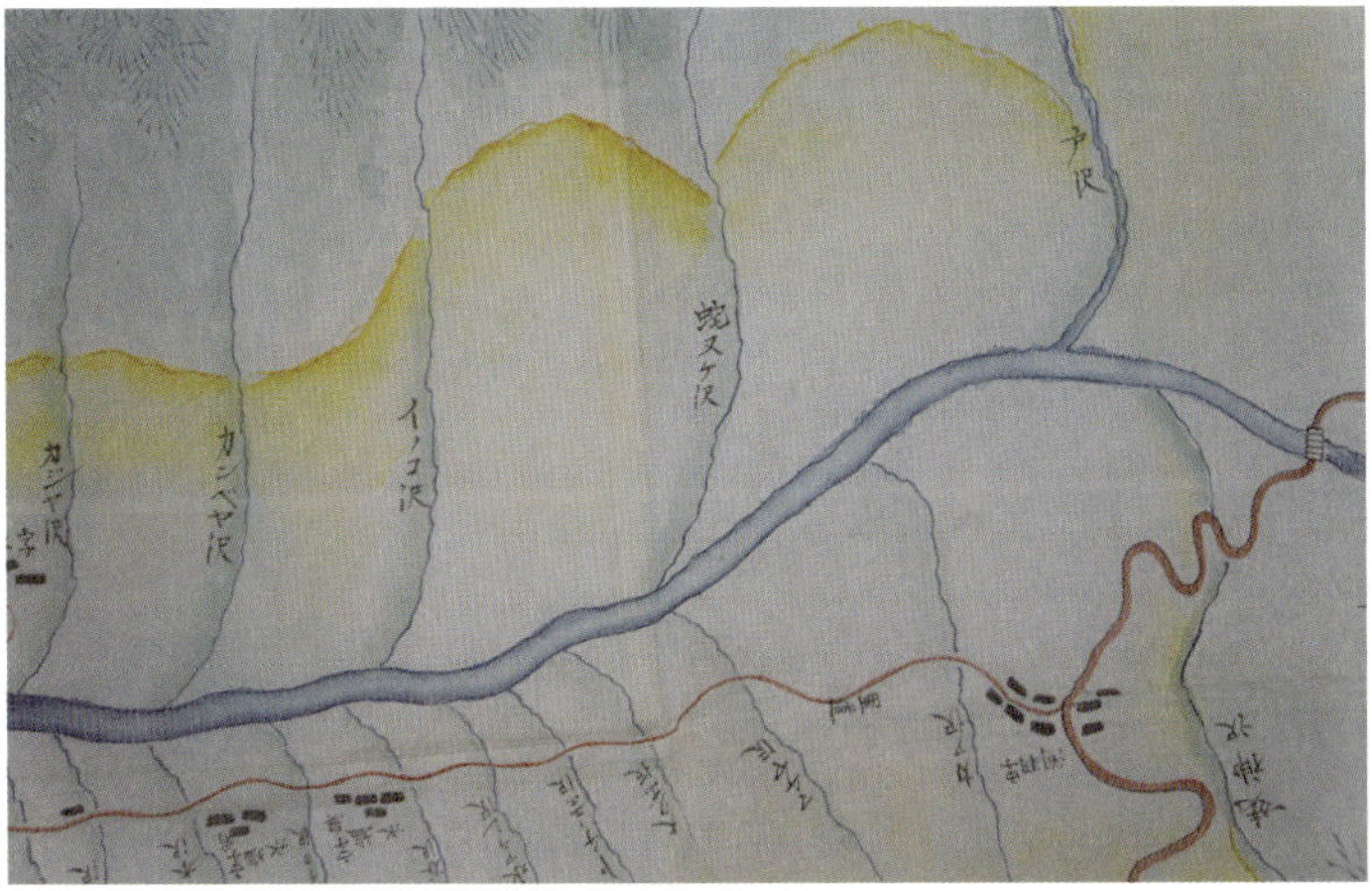

図８　長野県信濃国西筑摩郡読書村全図　長野県立歴史館所蔵

参考文献

赤羽貞幸／北原糸子編『善光寺地震に学ぶ』信濃毎日新聞社、2003年
秋里籬島『木曽路名所図会』臨川書店、1995年
飯山市教育委員会『長野県飯山市小菅総合調査報告書』2005年
飯田市美術博物館『文化的景観「小菅の里」』2014年
飯田市美術博物館『飯田城ハンドブック―飯田城とその城下町をさぐろう』改訂版、2010年
市澤英利『東山道の峠と祭祀　神坂峠遺跡』新泉社、2008年
市村咸人「江戸時代に於ける南信濃」信濃郷土出版社、1934年
井上公夫ほか『日本の天然ダムと対応策』古今書院、2012年
井上靖『風林火山』新潮社、2005年
今福匡『前田慶次と歩く戦国の旅』洋泉社、2014年
上原秀明「信濃国―期待される通絵図研究」『国絵図の世界』柏書房、2005年
宇佐美達夫『資料　日本被害地震総覧』東京大学出版会、1975年
牛伏鉢伏友の会／土木・環境しなの技術支援センター『防災遺産 牛伏川の砂防』2013年
牛山清四郎『牛伏川砂防工事沿革史』信濃毎日新聞社、1933年
沖野外輝夫ほか『洪水がつくる川の自然』信濃毎日新聞社、2006年
大町市史編纂委員会編『大町市史』第3巻、近世、1986年
川村博忠『江戸幕府の日本地図―国絵図・城絵図・日本図』吉川弘文館、2010年
北安曇誌編纂委員会『北安曇誌』第3巻、近世編、2005年
グループ・ルパン『につぽん週刊川紀行　千曲川』学習研究社、2004年
建設コンサルタンツ協会『Consultant』研修部『土木遺産Ⅲ―世紀を超えて生きる叡智の結晶　日本編』ダイヤモンド社、2010年
駒ヶ根市教育委員会『名勝光前寺庭園保存管理計画書』2009年
斎藤豊／赤羽貞幸／中村三郎／望月巧一／長尾勲／山浦直人『善光寺地震と山崩れ』長野県地質ボーリング業協会、1994年
佐久市教育委員会『史跡　龍岡城跡Ⅰ・Ⅱ・Ⅲ・Ⅳ』2014年
笹本正治『修験の里を歩く』高志書店、2009年
笹本正治『蛇坂・異人・木霊―歴史災害と伝承』岩田書院、1994年
笹本正治『山に生きる―山村史の多様性を求めて』岩田書院、2001年
信濃史料刊行会「信濃国絵図仕立帳」『新編信濃史料叢書』23巻、1979年
信州新町史編さん委員会『信州新町史』上巻、1979年
諏訪市博物館編『写真集　諏訪社遊楽図屏風』2001年
関戸明子『近代ツーリズムと温泉』ナカニシヤ出版、2007年
立科町教育委員会『雨境峠―祭祀遺跡と古道』1995年

千曲市教育委員会文化財センター「名勝『姨捨（田毎の月）』保存管理計画」（改訂版）、2013年
『定本　天竜川　母なる川—その悠久の歴史と文化』郷土出版社、2001年
戸倉町誌編纂委員会『戸倉町誌』戸倉町誌刊行会、1999年
長野県編『長野県町村誌』長野県町村誌刊行会、1936年
長野県編『長野県史』通史編、第5巻、近世2、長野県史刊行会、1988年
長野県編『長野県史』近世史料編　第9巻　全県、長野県史刊行会、1984年
長野県阿智村教育委員会『神坂峠』1969年
長野県教育委員会『地下に発見された更埴市条里遺構の研究』1960年
長野県教育委員会編『歴史の道調査報告書Ⅵ～Ⅹ』信毎書籍印刷、1982年
長野県教育委員会編『歴史の道調査報告書ⅩⅩⅩⅠ　千曲川』信毎書籍印刷、1992年
長野県絵図・地図共同研究事業実行委員会『近代村絵図・地図の世界　明治の地図はどうつくられたか』2017年
長野県編『長野県史 近代』資料編、長野県刊行会、1980～82年
長野市立博物館『第40回特別展　信濃国絵図の世界』1998年
長野市立博物館「川中島古戦場散策マップ」
長野県立歴史館『常設展示図録』1994年
長野県立歴史館『信濃の風土と歴史　23　川』2017年
長野県立歴史館『観光地の描き方—浮世絵版画から観光パンフレットまで』2011年
長野県立歴史館『平成29年度夏季企画展 長野県誕生！・』2017年
長野市教育委員会／松代藩文化施設管理事務所『平成10年度企画展 震災150年 善光寺地震—松代藩の被害と対応』1998年
西山克己「信濃の峠～神坂峠～」『みち　信濃の風土と歴史』24、長野県立歴史館、2018年
能登印刷出版部編『北陸新幹線沿線パノラマ地図帖　鳥瞰図でめぐる昭和の東京～北陸』能登印刷出版部、2015年
林誠「吉田初三郎《長野県之温泉と名勝》」『長野県立歴史館研究紀要』18号、2012年
菱芸出版「鳥居峠」『街道物語6 中仙道 木曽路』三昧堂、刊行年不明
古川貞雄編『図説 長野県の歴史』河出書房新社、1988年
別冊太陽『吉田初三郎のパノラマ地図　大正・昭和の鳥瞰図絵師』平凡社、2002年
平凡社地方資料センター編『新潟県の地名』（日本歴史地名大系15巻）平凡社、1986年
堀田典裕『吉田初三郎の鳥瞰図を読む』河出書房新社、2009年
望月町歴史民俗資料館『平成十四年度夏季企画展図録　中山道望月宿の絵図』2002年
望月町誌編纂委員会『望月町誌　第四巻　近世編』望月町、1997年
望月映「第2編 第1節 古墳時代の立科」『立科町誌』歴史編（上）、立科町誌刊行会、1997年
横山篤美「第8章 第2節野麦街道往来」『奈川 奈川村誌 歴史編』奈川村誌刊行委員会、1994年
＊
伊那史学会『伊那』399号、1961年

おわりに

笹本正治

古地図を片手に、新しい視点を持って信州を味わい、楽しもうというこの本を、読者の皆様はどのように評価してくれるだろうか。信州の奥深さを本書で味わっていただけたら幸いである。

風媒社の林桂吾さんにお目にかかって、このような本を作りたいと依頼を受けたのは2018年1月18日だった。幸い職場には多くの地図や絵図があり、これまで展示の蓄積もあったので、何とかなるだろうと気楽に考え、編集を引き受けた。それまでに刊行されていた本を見、大変面白い企画だと判断し、他所の本のように充実した内容にしたいと心に決めた。

「はじめに」で浅井冽が作詞した長野県歌「信濃の国」に触れたが、この歌詞は実に見事に長野県の地理を讃え、歌い上げている。本書でもそれにならってできるだけ全県にわたり、過不足なく執筆するようにしたかった。同時に信州の特質を認識できる内容にしたいと、山と川に重きを置きながら執筆案を練った。

そのうえで、長野県立歴史館の職員に「職務ではないので、

松本城（絵はがき）

勤務時間外に書いていただきますが、参加してくれませんか」と呼びかけ、賛同してくれた人たちに原稿を依頼した。実際の執筆に当たっては、何よりも地図が前提になる。構成案があってもいざ書くとなると、適合する地図がなくては執筆できない。多くの場合、任された内容に関わりそうな地図を見つけ、その地図をいかに料理していくかが課題になった。

歴史館の職員はこれまで考古遺物や古文書から過去を確認しようという作業をおこない、原稿を書いてきたが、その手法では歯が立たないことも多かった。たとえ短い文章であっても、地図を読み解き、解説する幅広い知識が必要となる。その意味で、本書への参加は私たちにとってこれまで経験したことのないよい勉強になった。

激務の中で時間が確保できず、課題の難しさに対応できない者も出てきた。同時に本館の職員は教員や埋蔵文化財センター職員で交代していくため、多くの人が職場から去って行った。このままでは本にならないと急遽、私が肩代わりすると共に、飯山市の宮澤崇士さんに参加をお願いした。その結果できあがったのが本書である。

私としては短い期間の中でカラフルな、そして内容豊かな本ができたと自負している。これだけの本を現在の長野県立歴史館の仲間たちだけで執筆できたことを、館長として誇りに思う。

2019年5月20日

志賀高原（絵はがき）

［執筆者紹介］（50 音順）

青木隆幸（あおき・たかゆき）飯田市美術博物館専門研究員

畔上不二男（あぜがみ・ふじお）長野県立歴史館総合情報課専門主事

市川 厚（いちかわ・あつし）長野県教育委員会事務局文化財・生涯学習課指導主事

伊藤友久（いとう・ともひさ）長野県立歴史館文献史料課専門主事

小野和英（おの・かずひで）長野県立歴史館文献史料課長

寺内隆夫（てらうち・たかお）長野県立歴史館総合情報課長

中野亮一（なかの・りょういち）長野県蓼科高等学校教頭

西山克己（にしやま・かつみ）長野県立歴史館考古資料課長

林 誠（はやし・まこと）長野県立歴史館総合情報課学芸員

原 明芳（はら・あきよし）安曇野市豊科郷土博物館長

町田勝則（まちだ・かつのり）長野県立歴史館総合情報課専門主事

水澤教子（みずさわ・きょうこ）長野県立歴史館総合情報課専門主事

溝口俊一（みぞぐち・しゅんいち）佐久市立佐久城山小学校教頭

宮澤崇士（みやざわ・たかし）飯山市教育委員会事務局市民学習支援課

村石正行（むらいし・まさゆき）長野県立歴史館文献史料課専門主事

山田直志（やまだ・なおし）長野市立鬼無里中学校教頭

［編著者紹介］
笹本正治（ささもと・しょうじ）
1951年生まれ。74年、信州大学人文学部文学科卒業。77年、名古屋大学大学院文学研究科博士課程前期課程修了。信州大学人文学部教授、副学長などを経て、同名誉教授。
2016年4月から長野県立歴史館長。
著書に、『中世の災害予兆』（吉川弘文館）、『地域から見た戦国150年』（ミネルヴァ書房）、『武田勝頼―日本にかくれなき弓取』（ミネルヴァ書房）ほか多数。

装幀／三矢千穂

＊カバー図版　吉田初三郎　長野県の温泉と名勝（昭和5年〔1930〕）絹本着色
長野県立歴史館所蔵

古地図《こちず》で楽《たの》しむ信州《しんしゅう》

2019年7月10日　第1刷発行　（定価はカバーに表示してあります）

編著者　笹本 正治

発行者　山口 章

発行所　名古屋市中区大須1丁目16番29号
電話 052-218-7808　FAX052-218-7709
http://www.fubaisha.com/
風媒社

乱丁・落丁本はお取り替えいたします。　＊印刷・製本／シナノパブリッシングプレス
ISBN978-4-8331-0185-1

古地図で楽しむ近江

中井均 編著

日本最大の淡水湖、琵琶湖を有し、さまざまな街道を通して東西文化の交錯点にもなってきた近江。その歴史・文化・地理を訪ねて、しばしタイムトリップ。〈近江〉の成り立ちが見えてくる一冊。

一六〇〇円＋税

古地図で楽しむ金沢

本康宏史 編著

江戸から近代へ――。地図が物語るユニークな歴史都市・金沢の知られざる貌を地元の地域研究者たちが読み解いた。金沢地域の近世・近代の歴史や文化について新しい知見を加えながら浮かび上がらせる今昔物語。

一六〇〇円＋税

古地図で楽しむ尾張

溝口常俊 編著

北の犬山城、南は知多半島の篠島まで、尾張地域に秘められた歴史エピソードを、絵図や地形図を読み解きながら立体的に浮かび上がらせる。名所旧跡案内とは一味違った地域再発見の楽しみ。

一六〇〇円＋税

上杉和央／加藤政洋 編著

地図で楽しむ京都の近代

地形図から透かし見る前近代の痕跡、あったかもしれない景観、八十年前の盛り場マップ探検、くっきりと刻まれていた占領期京都の生活……地図をひもとけば、街の記憶たちが蘇る！

一六〇〇円＋税

今井春昭 編著

岐阜地図さんぽ

地図に秘められた「ものがたり」を訪ねて——。観光名所の今昔、消えた建物、盛り場の変遷、飛山濃水の文学と歴史の一断面など、地図に隠れた知られざる「岐阜」の姿を解き明かしてみよう。

一六〇〇円＋税

加藤理文 編著

古地図で楽しむ駿河・遠江

古代の寺院、戦国武将の足跡、近世の城とまち、街道を行き交う人とモノ、災害の爪痕、戦争遺跡、懐かしの軽便鉄道…。今も昔も東西を結ぶ大動脈＝駿河・遠江地域の歴史を訪ねて地図さんぽ。

一六〇〇円＋税

三河国名所図絵 絵解き散歩

松岡敬二編著

江戸の昔、人々はどんな景観を好み、楽しんだのか。かつての「名所」はいま、どうなっているのか？ 幕末の愛知県三河地方の名所・旧跡を紹介した地誌『三河国名所図絵』を紐解き、かつての面影を訪ねる。

一七〇〇円＋税

街道今昔 美濃路をゆく

日下英之監修

かつてもいまも伊吹山と共にある十五里七宿の美濃路。大名や朝鮮通信使、象も通った街道の知られざる逸話や川と渡船の歴史をひもとく。より深く街道ウオーキングを楽しむために！

一六〇〇円＋税

街道今昔 佐屋路をゆく

石田泰弘監修

東海道佐屋廻りとして、江戸時代、多くの旅人でにぎわった佐屋路と津島街道を訪ねてみよう。街道から少し離れた名所・旧跡も取り上げ、読み物としても楽しめるウオーキングガイド。

一六〇〇円＋税